臨床ハンドテストの実際

吉川眞理・山上栄子・佐々木裕子 著
河合隼雄 序文

誠信書房

序

河合隼雄

　ここに，吉川眞理，山上栄子，佐々木裕子の三氏による共著『臨床ハンドテストの実際』に序文を書くように，吉川さんに要請され，喜んでお受けすることにした。吉川眞理さんとは京都大学教育学部の大学院生のときに指導教官をして以来，その臨床の実践や研究についてよく知っているし，かつて，ロールシャッハ法の研究に力をつくした者として，それから発展してきた投映法のひとつである「ハンドテスト」に関する，日本人による最初の著作の出版を嬉しく思い，お引き受けした次第である。

　わが国の臨床心理士も 8,000 人をこえ，いろいろな現場で活躍している。臨床心理士養成の大学院も充実して，今後ますます盛んになるようで，大変嬉しいことである。これは有難いことであるが，ここで非常に大切なことは，臨床心理士の能力の高さを維持し，ますます進歩させねばならないことである。臨床心理士に対する社会からの要請はきわめて高いものがあるが，これに応える実力をわれわれは持っていなくてはならない。

　そこでひとつ気がかりなのは，事例研究会などに参加して思うに，臨床心理士の「見たて」の能力が十分とはいえない，ことである。医学の病理的な「診断」と異なり，臨床心理の場合は，診断が確定すれば「処置」がきまり，治癒に至る，というのではない。クライエントと歩む道を共感しつつ，共に進み共に考えることによって，あらたな発展や解決が見出される。

　しかし，そのときに，全体的な見とおしがなく，ただクライエントと共に，とだけ考えて面接を続けても，相当な危険が生じるし，実際に何らの見とおしなく，そこにほんとうにコミットすることは，不可能に近い。そこで「見たて」ということが必要になる。

「見たて」が必要ということは臨床心理士の間に相当に理解されてきたようであるが，ときに事例報告のなかで「見たて」というところに，「不登校」とか「強迫神経症」とだけ書いてあって，残念に思うことがある。これは何も「見たて」になっていない，素人でも少し医学書を繙(かじ)っただけでこんなことは書けるだろう。われわれは「心の専門家」として，クライエントの状況をどのように理解したのか，そして，自分自身はそれにどのように関与し，どの方向に向いて歩んでゆこうとするのか。それは大体どのくらいの期間を要するかなどについて「見たて」を述べねばならない。

　「見たて」は「診断」のように確定的ではない。むしろ自分の「見たて」にこだわりすぎると失敗するだろう。あくまで，クライエントと共に進む経過のなかで，自分の「見たて」を検討し，変更することもあるだろう。しかし，最初のところで，前述したような意味での「見たて」をしなくてはならない。

　「見たて」をするときに，投映法はひとつの有力な方法である。クライエントには必ず投映法を実施しなくてはならない，ということはないが，臨床心理士は，自分の使いこなし得る投映法の技法を，身につけているのが望ましい。

　ハンドテストは，投映法のなかでもユニークなものである。何よりも実施しやすいし，クライエントの拒否に会うことも少ないであろう。手は人間にとって，きわめて実用的な道具であると共に，記号的，象徴的な意味をもって用いられることも多い，という面をもっている。ここに注目したのは，創始者のE. E. ワグナーの素晴らしいところである。

　ハンドテストは，心理テストに抵抗を感じる人に対しても，いわば「遊び」的に導入できる利点をもっている。これは非常に有難いことであるが，それだけに，そこから手軽で恣意的な解釈を引き出すことのないよう，くれぐれも注意しなくてはならない。その点で，すでに出版された『ハンドテスト・マニュアル』に引き続き，このように実践に結びついた書物が出版されることは非常に嬉しいことである。ハンドテストを用いる人は，ぜひとも本書を読み，ここに述べられた知見を踏まえて解釈をするようにお願いしたい。自分の考えのみに頼ってすると独善的になり，失敗を犯すことになろう。たとえば，ある手が「盗みをはたらこうとしている」と反応した被検者は，実際に「盗みをする」可能性が高い，などと単純にはきめつけられないだろう。

本書の三人の著者は，それぞれ職種の異なる現場において，ハンドテストを用いる経験を積み，このテストの創始者であるワグナー博士にも直接に接する機会もあったようで，ハンドテストに関する，わが国最初の実際的な書物の著者として，まことにふさわしいと思う。

　これを機縁として，わが国においても，ハンドテストを用いる人が増加し，その成果を学会に発表して，お互いに切磋琢磨していけば，わが国の心理臨床学会の発展のためにおおいに寄与することであろう。ハンドテストは他のテストとバッテリーを組んで用いることが望ましいとされているが，そのような使用によって，ハンドテストのみではなく，他の心理テストの研究に資することも大きいであろう。

　本書がひろく臨床家に読まれ，臨床心理学の発展に一役担うことをおおいに期待している。

　　　　平成14年8月

目　次

　　序　　河合隼雄

第1章　ハンドテスト入門——————————————————1
　　1　ハンドテストの誕生　1
　　2　ハンドテストの広がり　2
　　3　ハンドテストの施行　3
　　4　ハンドテストの解釈仮説　4
　　5　手をめぐる発達のプロセス　5
　　6　手による表現の豊かさ　7
　　7　外界との接点としての手の機能について　8

第2章　ハンドテストのスコアリング体系と解釈の検討——————10
　　1　ハンドテスト・スコアリング体系の概要　10
　　2　日本文化特有のハンドテスト反応のスコアリング　21
　　3　ハンドテスト・スコアリングにおけるゆらぎについて　24

第3章　ハンドテストQ&A——————————————————26
　　1　ハンドテストの適用　26
　　2　ハンドテストの施行　27
　　3　スコアリングと解釈　33

第4章　精神科臨床におけるハンドテスト——————————37
　　1　精神科臨床における心理査定の実際とハンドテストの
　　　　位置づけ　37
　　2　精神科臨床事例　44

【事例1】 解離性障害の20代女性　44
【事例2】 虐待経験をもつ青年期女子事例　54
【事例3】 パニック障害のある男性会社員　69
【事例4】 被害妄想から分裂病が疑われた男性事例　79
【事例5】 過食・過飲の止まらない主婦の事例　92
【事例6】 20代摂食障害女性の入院事例　103
【事例7】 アスペルガー症候群と考えられる20代男性　118
【事例8】 精神分裂病女性の混乱期と静穏期の比較　126

第5章　学校臨床におけるハンドテスト ―――― 137

1　ハンドテストを用いた学校臨床心理アセスメントの実際　137
2　学校臨床心理アセスメント事例　142
【事例1】 週に一〜二日，登校を渋るU男　142
【事例2】 無気力な不登校状態にあったJ子　149
【事例3】 しばしば体調不良を訴えて保健室で過ごし早退するG男　156
【事例4】 他者を厳しく非難するN子　162

第6章　ハンドテスト図版の特徴 ―――― 169

1　ハンドテスト図版の刺激価　169
2　調査方法　169
3　調査結果　170
4　考　察　178
5　ハンドテストのカード特性とその"流れ"　180

第7章　ハンドテストにおける投映のプロセス ―――― 186

1　ハンドテスト・カードの手は誰の手か　186
2　手の絵に対する動作感覚移入過程の障害　187
3　ハンドテスト・カードの脅威性　192

  4 ハンドテスト・ショックへの対処から積極的な動作感覚移入へ 193
  5 ハンドテスト反応の内容と行動傾向の関連性についての再検討 195
  6 ハンドテストにおける反応の困難が示唆する問題 199
  7 身体感覚にもとづく共感的他者理解過程の指標としてのハンドテスト 202

第8章　テスト・バッテリーとしてのハンドテスト 205
  1 心理検査法の統合 205
  2 投映法検査の位置づけ 206
  3 統合解釈のための人格論——「構造分析」 207
  4 構造分析と心理検査法 210
  5 テスト・バッテリーとしてのハンドテスト 217

第9章　象徴としての手 219
  1 はじめに 219
  2 社会，文化，宗教などにおける手の象徴 220
  3 美術における象徴としての手 224
  4 近代詩のなかで詠われた手のイメージ 230
  5 実際生活のなかで表現される手の象徴 233
  6 おわりに 237

注・文献 239
あとがき 247

第1章　ハンドテスト入門

　ハンドテストは，手の描かれたカードを示して「手が何をしているところか」を問う投映法である。小さなカード10枚を見て「この手は〜をしている」と答えるハンドテストは，小さなゲームに似て，子どもにも親しみやすい。いったい，このテストから，どんなことが分かるのだろうか。

　ハンドテストは，ほかの投映法と比べて，より表層的な心的内容が投映されるといわれてきた。つまり，意識に近く，行動傾向として表に出やすい内容である。このため，このテストの特徴として，被検者の日常的な行動傾向を反映するとともに，心の深層への侵襲性が少ないことが掲げられている。

　また，慣れた検査者であれば，ほぼ10分で施行できるので，ほかのテストと組み合わせて用いて査定の幅をひろげることができる補助的な査定用具としても有用といえるだろう。

1　ハンドテストの誕生

　私たちが夢のイメージについて語るとき，そのイメージは映画フィルムに似ている。私たちの心像，イメージは，制止した像ではなく，一連の動きを伴っているのである。ハンドテストは，このイメージの動的側面に直接アプローチしようとする投映法の一つである。そして，そのルーツは，ロールシャッハ法にさかのぼる。

　ロールシャッハ法を発案したロールシャッハは，その運動反応にイメージの動的側面が投映されていることに着目した。彼は，これらの反応を，内的生活，空想の豊かさの指標として捉え，その動きは内的なイメージであり，反応内容は，必ずしも被検者の現実の行為とは結びつかないとしてとらえていた。

　これに対してピオトロフスキー（Piotrowski）は，その著書『知覚分析』(1957)[1]のなかで，人間運動反応の内容は「生活における役割の原型」である

ことを示し，現実行動との間に正の相関があるという逆の考えを強調している。これは，被検者のなかに深く根づいていて，対人関係において繰り返し用いられる明確な傾向であるという。

　　ロールシャッハは，M反応（人間運動反応）と現実の運動活動との間には負の相関があると主張しているが，私は1937年以来，現実の運動活動との間には正の相関があるという逆の考えを主張してきた。M反応（人間運動反応）は個人が現実に適応していく際の基盤となる生活についての「考え方」を示す。

(Piotrowski, 1957)

この問題は，人間運動反応の解釈仮説をめぐる重要な論争である。

　ハンドテストは，このピオトロフスキーのもとでロールシャッハ法を学んだワグナー（Wagner）によって，ピオトロフスキーの述べる「生活における原型的役割」をより効率的に捉える投映法として開発された経緯をもつ。
　彼は，その著書『ハンドテスト・マニュアル』において，「ロールシャッハにM反応をほとんど出さない人，またはまったく出さない人も，行動しているのである。そこで，表面に現れやすい態度や行動傾向を映し出し，その人の行動を明らかにすることを，その本領とする投映法が必要である」(Wagner, 1983)[2]と，ハンドテストを開発したねらいについて述べている。

2　ハンドテストの広がり

　こうして1960年代に米国のワグナーによって開発されたハンドテストは，米国を中心に実用化されるようになった。ワグナー自身は，本テストを心理査定バッテリーにおいてほかの心理テストと組み合わせて使うことで，特に行動の背景にある心理傾向についての情報をもたらす補助的な技法として位置づけている。1996年7月にボストンで開かれた第15回ロールシャッハおよび投映法国際会議（International Congress of Rorschach & Projective Methods）で

は，ハンドテストにおける文化比較的研究をテーマにシンポジウムが企画された。もちろんワグナーも臨席したこのシンポジウムには，アメリカ以外にもカナダ，イタリア，日本から話題が提供された。また，その後の合同研究プロジェクトでは，ノルウェー，スリランカなどの国の研究者が参加している。

日本では1970年に箕浦により紹介されて以来（箕浦，1970）[3]，矯正臨床領域，病院臨床，また心理テスト研究領域で試行的に利用され，すでにいくつかの研究が発表されてきたが，ようやく近年，マニュアル（Wagner, 1983）[4]が翻訳された（山上，吉川，佐々木訳，2000）[5]。このマニュアルには日本人の標準データ（吉川，山上，佐々木訳，2000）[6]が添えられ，これをもって，ようやく日本においてもハンドテストを心理臨床の場で活用する可能性が開かれることになった。

3　ハンドテストの施行

ハンドテストは個別に施行されるカード式の投映法である。施行の実際については，ロールシャッハ法に準じる点が多い。また，白紙カードを含んでいる点はTATと共通している。被検者の反応を逐語的に記録する点も，これらのテストと同じである。

ハンドテストは，1セット10枚の刺激図版（11.2 cm×8.6 cm）より構成され，そのうちの9枚にはさまざまなポーズの手の絵が簡略な線で描かれている。これらの絵の表現は写実的ではなく，むしろ受け手によって異なる印象を受けるようなあいまいさを含みもっている。被検者は順番に呈示された手の絵に対して「手が何をしているように見えるか」答えるように求められる。また，最後の白紙カードに対しては「これには何も書いてありません。まず，手を頭のなかに思い浮かべてみて下さい。さてその手は何をしていますか」と問われる。

詳しくは『ハンドテスト・マニュアル』を参照されたい。また実際の施行場面で生じやすい疑問点については，その回答を，第3章ハンドテストQ＆Aに呈示している。

4　ハンドテストの解釈仮説

　ハンドテストは，人間の手を刺激図版として，その教示において「何をしているところに見えるか」を問うことで，ほぼ強制的に「運動反応」を産出させる投映法であることは，すでに述べた。また，刺激は，より構造化された現実的な線画であり，描かれた手を自己の身体の一部として認めやすいことから，ロールシャッハ法の運動反応以上に日常的な役割の原型を投映することが期待される。

　ワグナーは，『ハンドテスト・マニュアル　初版』(1962)[7]において次のようなハンドテスト解釈のための仮説を提案し，この仮説は『ハンドテスト・マニュアル　改訂版』(1983)[8]でも，そのまま踏襲されている。

(1)　人間の行動はいくつかの要素が有機的に組み合わさったものである。

(2)　それ自体はっきりした構造をもっていない刺激を特定しようとする知覚には，優位な行動傾向が何らかの形で反映される。

(3)　あいまいなポーズの手に対する反応は，行動の背後にある階層的構造を反映し，こうした反応は心理学的にも診断的にも有効なまとまりに分類されよう。

　ここで述べられている有機的で階層的な構造は，興味深いことに，後の認知心理学者のノーマン (Norman, 1981)[9]が述べたスキーマ理論につながる概念と思われる。ノーマンは，そのスキーマについて，①熟練行為にはスキーマが形成されている，②スキーマは階層的な構造をもつ，と述べている。

　ともあれ，ワグナーによれば，ハンドテスト反応には，有機的で階層的な構造をもつ「原型的な行為傾向」(Prototypal action tendency) が反映されることが仮定されている。

　ワグナーはその論拠として，まず手が，個体発生的にも，機能的にも，外界と関わる際の接点であることをあげている。また，発達の過程で，大脳と手の

間のフィードバックが繰り返されることから，あいまいなポーズをとる手の線画の認知に，優位な知覚‐運動傾向が反映される可能性を指摘している。

5　手をめぐる発達のプロセス

　ここで手をめぐる発達の様相について概観してみたい。

　赤ん坊は生後1カ月ほど手を握ったままである。やがて社会的な反応としての微笑が生じる3カ月頃になると，はじめて身近にあるものをつかもうとする動作が始まる。そして4カ月になると，自分の手を見る（ハンド・リガード）ようになり，手に触れたものや注意をひくものをさかんにつかもうとするようになる。4カ月を発達の節目として捉えた田中と田中（1981）[10]は，この時期の手について，「4カ月になって目立ってくることに，物に触れると指が開いてくることがあります。そこで手の開きぐあいをみると，仰向けの姿勢のときには，手足を活発に動かし，両手を胸の真上に出してながめたり，触れあわせたり，手がシーツなどに触ると，親指と人差し指を開いてつかむようにします。手が届かないところにあるものには，それを見つつ，両手を横に広げたり，手を上に上げるようにします。けれどもまだその手は目的物に行かないで，両手指が組み合わさったり，口へ行ったりします」と述べ，ハンド・リガードの出現や，興味や注意に付随して手が動作するようになることを明らかにしている。また，愛着の対象を弁別して人見知りが始まる生後7カ月頃には，手の動きはかなりスムーズになり，手のひら全体を使って物を握り，さらに，これをもう一方の手に持ちかえることができるようになる。さらに9カ月に入ると指の使い方も分化して，親指と人差し指との内側が向き合って物をはさめるようになる。これにより，かなり細かいものも，うまくつかめるようになる。そして，1歳前後になると，言葉に先行して「指差し」が出現するのである。

　発達の節目には手の機能も大きな発達を遂げる。これを利用して日本では田中が乳幼児の発達指標として手の機能の変容をこまやかに捉えた発達診断基準を提案している（田中，田中，1981-1988）[11]。乳幼児は手にめざめ，手によって外界と交渉しつつ内的世界を構築していく。手の機能の発達は，意識の発達

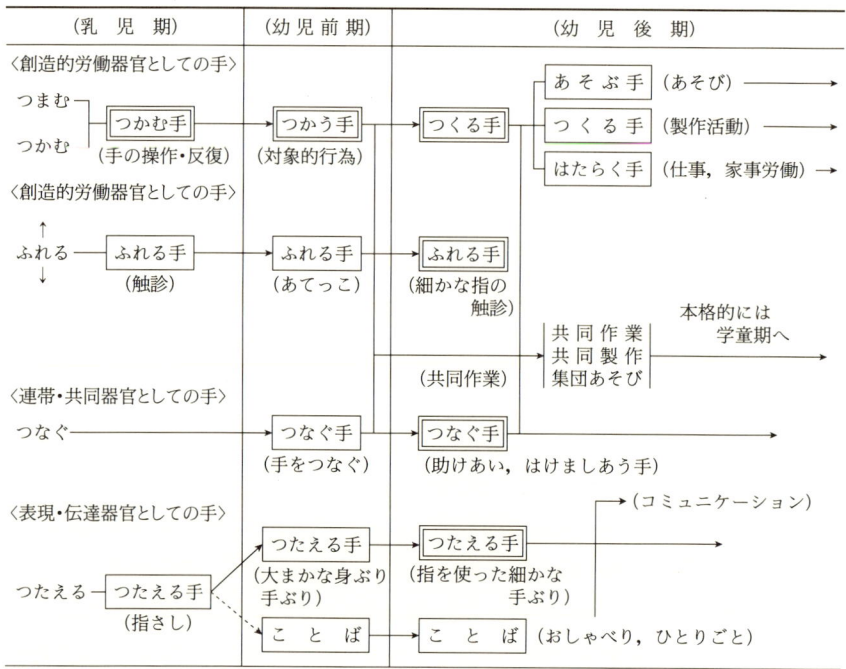

図1-1　手の発達（0〜6歳）〔丸山尚子『手の運動を育てる』林邦雄他編著，1986, p.27〕[13]

を先導し，同時に，これを反映しているのである。

　生後まもなくから1歳半までの生活と密着した手の運動の発達について，丸山（1986）[12]は図1-1のようにまとめている。また，丸山（1987）[14]は，乳児期の手の機能を，創造的労働機能の萌芽として「つかむ手」，探索的認識機能として「触れる手」，表現・伝達機能として「伝える手」（指差し）の三つにまとめている。このように手は，発達的にも意識のありかたと深く結びついており，さまざまなポーズの手の絵が触発する心的イメージのヴァリエーションが相当豊かであることが予想できる。また発達の初期から意識と深く関連した器官であることから，発達的にも原初的なイメージとの関連が期待できるのである。

6　手による表現の豊かさ

　発達的に最も早い意識的なコミュニケーションは前節で述べたとおり指差しに始まる。指差し行動の発達について秦野（1983）[15]は，第一段階「驚き・興味・再認」，第二段階「要求」（一般に 11 カ月前後に出現），第三段階「叙述」（対象を指示し他者にそれを教える），第四段階「質問」（一般に 12 カ月頃出現），第五段階「応答」（12 カ月前後から 1 歳代後半）と分類している。この指差しに始まり，私たちは多くの自然発生的あるいは習慣的な身振りを用いてコミュニケーションをしている。この音声言語を補助する身振りによるコミュニケーションを体系化したものが身振り言語であるが，代表的なものとして聴覚障害者のための手話がよく知られている。

　聴覚障害者のための手話において，手は，単にデジタルな記号として使われるのではなく，むしろその自然な動作にもとづいたアナロジカルな表現が活用されている。しかも，その表現には触覚・運動感覚を伴うために，音声言語よりも多元的な感覚的要素を盛り込むことができるのである。ここに，手の豊かな表現可能性が証明されている。

　ヴント（Wundt, 1900）[16]は，晩年の著作『身振り語の心理』で身振り語について著述している。彼は身振り語の起源を「伝達したい・理解したいという衝動によって特別な資格を与えられた，表出運動の体系にほかならない」と述べ，文化圏によって異なる複数の聴覚障害者のための手話，北米インディアンの種族の身振り語，南部イタリア・ナポリの住民の身振り語，シトー会修道士の身振り語体系を分析し，それぞれの身振りについて指示的身振りと叙述的（模倣的）身振り，さらにこれらが発展して何らかの精神的内容を象徴する象徴的身振りに分類した。この作業を通して彼は「身振り語はしばしばきわめて多様な発生条件にもかかわらず，多くの要素を共通にもっている一種の普遍的な言語である」（Wundt, 1900）[17]と述べている。この普遍性の基盤は，人間の身体構造の普遍性すなわち，民族が異なっても身体の基本構造は同じであり，それゆえに刺激に対する体験および反応が同型であること；自‐他同型性（麻生, 1980）[18]につながっていると考えられる。

7　外界との接点としての手の機能について

　ハンドテストの独自性は，何よりも，この自己と外界の境界領域である身体の一部位，そして豊かな表現可能性をもつ「手」が選択されたことにあるといえるだろう。
　ほかの器官と比較して，手は人間の能動性を担う器官である。発達の節で述べたように，生後 7 カ月頃，外界に働きかけようとする意思が発現するや否や，「手が出る」という言葉どおり，まず手が動いてその執行にあたる。手は意思の発現とともに，外界との交渉の担い手となる。こうして，手は，身体の各器官のなかでも自己の能動性，積極性，主体性を担い，最もすばやく精緻に動いて事をなす，優位な器官として位置づけられるのである。
　ワグナーが，手は外界との関わりの接点であると述べるとき，外界に向けて働きかけようとする手の能動性が強調されている。ワグナーは，人格の機能のうち，このような対外的な能動的機能を Facade Self（FS：外面自己）と名づけている。彼によればハンドテストには，この FS 機能がよく反映されるのだという（ワグナーによる FS：外面自己と，さらに，これに対する IS：内面自己に関する理論については第 8 章参照のこと）。
　精神分析理論は，このような能動的な心的機能を自我の機能として捉えてきた。フロイト（Freud, S.）[19]は，自我をエス（衝動）から分化した「表皮」にたとえている。自我は「境界的存在として，外界とエスの媒介をしようとし，エスを外界に親しみやすくしようとし，筋肉活動によって外界をエスの欲望に合致させようとする」。つまり，衝動を適切に充足させながら外界に適応しようとする現実対処機能である。ハンドテスト反応に投映される「原型的な行為傾向」は，そのまま自我の現実対処機能につながるものと考えてよいだろう。
　またユング心理学の用語では，いわゆる外的な態度，社会的役割機能であるペルソナがこれにあたる。ユングが人生の前半の課題を，このペルソナの形成であると述べているように，これは，社会場面での適切な対人関係に不可欠なものとされている。

このように，さまざまな心理学理論において論じられている「人が外界に対してとる，表面に現れやすい態度や行動の傾向」が，あいまいなポーズの手の図版に関して「手が何をしているか」を答える反応に映し出されることが期待されるのである。

（吉川　眞　理）

第2章　ハンドテストのスコアリング体系と解釈の検討*

1　ハンドテスト・スコアリング体系の概要

　ハンドテストのスコアリング体系は，反応数や反応時間など検査場面行動を数値化した指標のほかに，量的スコアリングおよび質的スコアリングの二系列よりなる。

　まず，量的スコアリングについて述べると，すべての反応は，その内容によって15種類のサブカテゴリーのいずれかに分類される。このサブカテゴリーは，反応の性質や反応された行為の対象によって四つの複合カテゴリーグループにまとめられる。

　一方，質的スコアリング**とは，各反応の発話の状態やニュアンス，さらに特定の葛藤に関わる特徴的な内容をもつ反応に対して付されるもので，現在17種類の質的スコアリングカテゴリーが定められている。

A　反応数・初発反応時間および反応時の特殊な行動による解釈

　ハンドテスト場面における反応行動を数量化した指標は，解釈のための貴重な資料を与えてくれる。これらの指標のうち反応数について日本人の一般成人群（吉川，山上，佐々木，2000）[1]と米国人の一般成人群（Wagner，1983）[2]の標準値を表2-1に示した。これによると日本人一般成人の反応数が多くなっている（$t = 3.98$, $df = 212$, $p < .01$）。これは日本人が，ハンドテストを

---

　*　本章は以下の論文に加筆修正したものである。
　　吉川眞理「日本人のハンドテスト反応のスコアリングにおける問題」『山梨大学教育学部人間科学紀要』2，1，2000，385-391頁。
　**　「質的スコア」は，反応記録に表記する際，「量的スコア」と区別するために括弧（　）でくくって表記される。そのため「括弧付スコア parenthesized score」とも呼ばれる。反応記録に量的スコアと質的スコアとを分けて表記する欄を設けている場合は，必ずしも括弧をつける必要はない。また，質的スコアは，反応の内容をとらえるためのスコアでもあるため，内容スコア content score と呼ばれることもある。

表2-1　一般成人群の反応行動指標の平均値日米比較

反応行動指標	米国 Mean (SD)	日本 Mean (SD)	t 値
R 反応数	14.64 (6.22)	18.41 (7.42)	3.98**
	$n = 100$	$n = 114$	** $P < .01$

一種の課題として捉えて，少しでも多くの反応を産出しようとする「がんばり」の結果ではないかと推測されている。

このほかにAIRT（平均初発反応時間）やH-L（初発反応時間差）も，解釈に際して貴重な情報を与えてくれる。日本人一般成人群のAIRTの典型範囲は4秒から14秒であるが，これより短いAIRTは，衝動性の強い行動スタイルを示唆しており，また長いAIRTは，心理的エネルギーの低下や，強い葛藤の存在を示唆する。またH-L（初発反応時間差）が大きい場合，特定のカードが何らかの心理的コンプレックスに触れている可能性がある。また継列分析においては，10枚のカードに対する初発反応時間の変化を注意深く観察すると役立つことが多い。

また，ハンドテスト場面での被検者の行動のうち，カード図版を見て，カードと同じ手をしてみようとする行動（E）や反応を説明するときに自分の手でやってみようとする行動（D）は，経験的に器質的な障害と関連して出現しやすいことが報告されている（ワグナー，2000)[3]。

B 反応の分類体系：量的スコアリング

量的カテゴリーの分類は図2-1のように構成されている。まず，「手が何をしているように見えますか」という課題の遂行に成功した反応は，図2-1の実線に沿った流れに入る。ここで反応された行為の対象が対人的なものはINT［対人］カテゴリー反応に分類され，人以外の対象に働きかけるものはENV［環境］カテゴリー反応とされる。

INT［対人］カテゴリー反応は，その内容によってAFF（親愛），DEP（依存），COM（伝達），EXH（顕示），DIR（指示），AGG（攻撃）の6個のサブカテゴリーのいずれかに属する。

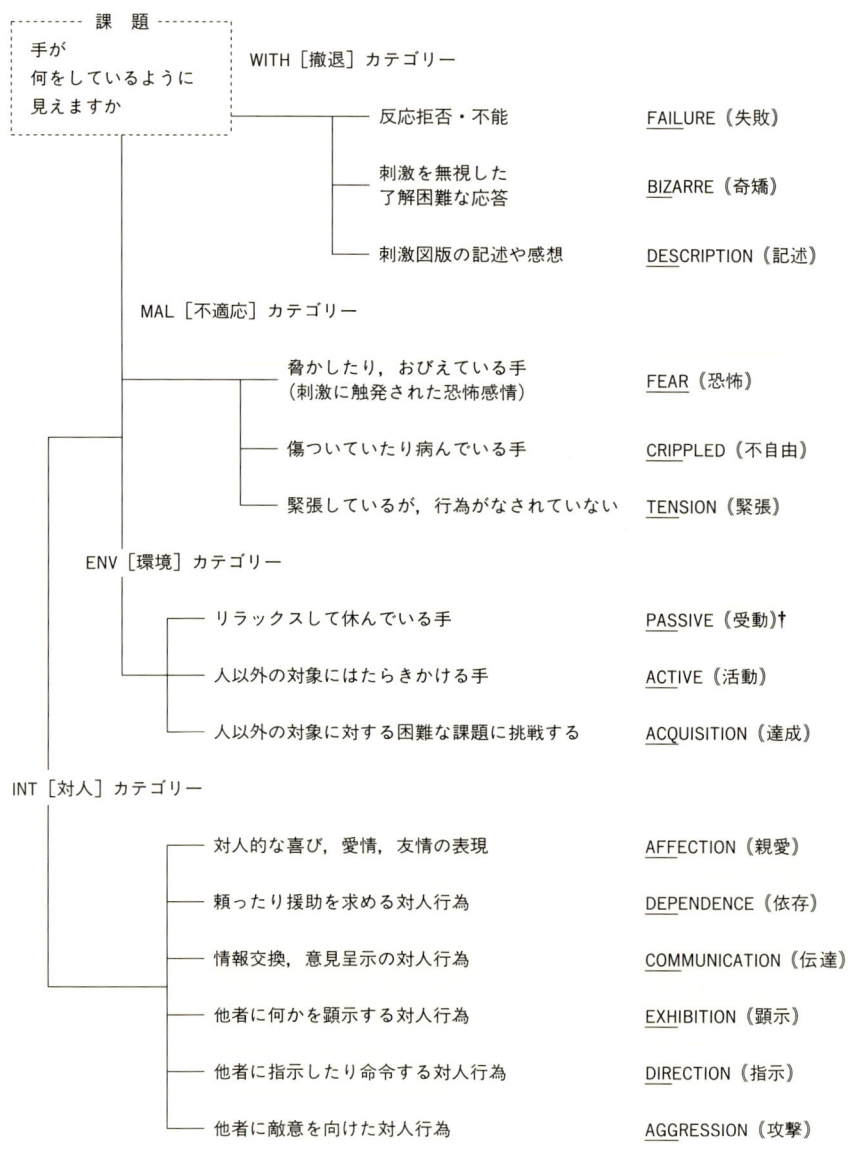

図2-1　ハンドテスト・スコアリングシステムの概要

† PAS（受動）反応は，「passive」もしくは「passivity」の略称である。どちらも同じ く PAS（受動）反応をさしており，どちらを用いても構わない。

一方，ENV［環境］カテゴリー反応は，人以外の対象に働きかける一般的な行為であるACT（活動）反応のほかに，困難な行為に取り組む状況であるACQ（達成）や，「何もしない，休んでいる状況」が投映されたPAS（受動）にわかれる。

さらに，特殊な反応として，手の絵に心理的葛藤が投映される反応群がMAL［不適応］カテゴリー反応にまとめられる。

手という刺激図版に恐怖の感情が触発され，これが表明されたり投映された反応をFEAR（恐怖），また傷ついていたり，病んでいたり，不自由である状態を反応した場合をCRIP（不自由），さらに，不安，緊張，不快といった感情を伴い，エネルギーは使われているが，たいしたことはなされていない反応をTEN（緊張）とスコアする。これらの反応には主観的に体験される内的な弱さや外的な抑制のために行動傾向がうまく発現されないことが示唆されており，いわゆる神経症的な葛藤の指標と解釈されている。

これらに対して，反応できなかったり，反応を拒否したりしたものはFAIL（失敗）とスコアされる。また，求められた反応から逸脱して刺激図版の記述や感想を述べた場合はDES（記述）とスコアされる。これらの課題からの逸脱は重要な病理指標として取り扱われている。

日本人でハンドテストを施行すると，一般成人の10％前後にこのFAIL（失敗）やDES（記述）が出現する。これは米国の一般成人での出現率が3～4％であることと比較して高い出現率だといえるだろう。このことから，日本の一般成人が病理的であると結論づけるよりも，いわゆる検査場面の受けとめ方の文化差と考える必要がある。日本人被検者は，ハンドテスト場面を厳密なテスト場面として受けとめるよりも，課題から逃避したり（FAIL），第三者的なコメントを述べる（DES）など，真正面から取り組まず，どこか斜に構えて逃げてしまうような気配が感じられるのである。

一方，より重篤な病理指標としてBIZ（奇矯）が挙げられる。これは「描かれている手の形を部分的に無視するか，まったく無視した反応で，奇妙で，その人にしか分からないような病的な反応」「手以外のものが知覚されたり，反応が特に病的であるときにスコアされる」とされている。いわば，刺激図版に触発されて被検者の非現実的な空想が展開し，刺激図版とは関わりのない反

応に至ってしまう場合がその典型である。しかし，たとえば日本の一般成人のうち何人かがVカードを「手」でなく「タコ」と反応している。これは，たしかに教示から逸脱した反応であるが，なるほどVカードは日本文化においてよくなじまれている戯画化されたタコの絵に似ているのである。それを指摘した反応を病理性と関連づけることにはためらいも感じるが，それがたとえユーモアを交えた反応であろうとも，やはり教示から逸脱した反応であることは否定できない。そこで，スコアは，マニュアルにしたがってBIZ（奇矯）となる。

　これらの教示から逸脱した反応FAIL（失敗），DES（記述），BIZ（奇矯）は，まとめてWITH［撤退］カテゴリー反応と分類され，「手の絵に適切な行為を投映する」過程が何らかの理由で阻害されていることを意味しているという。

　これらのカテゴリースコアおよびサブカテゴリーについて，日本の一般成人群（吉川，山上，佐々木，2000）[4]と米国の一般成人群（Wagner, 1983）[5]の標準値を並べて示したものが表2-2である。

　表2-2により，各カテゴリースコアおよびサブスコアの日米差について調べたところ，まずENV［環境］，MAL［不適応］，WITH［撤退］カテゴリースコアに有意差が見られた（$t = 4.08$，$t = 2.32$，$t = 3.07$）。

　反応を解釈する際には，まず複合カテゴリースコアであるINT［対人］カテゴリー，ENV［環境］カテゴリー，MAL［不適応］カテゴリー，WITH［撤退］カテゴリーの出現比率を，体験比率として重視する。この体験比率に関しては反応している被検者自身，無意識であることが多く，その意味で解釈上有効な指標である。そこで，一般成人群の全反応数に対する各カテゴリー反応数が占める割合の平均を産出し，日米を並べてドーナツグラフに示したものが図2-2である。

　この図によれば，日本の一般成人群は，米国の一般成人群に比較してINT［対人］カテゴリーの比重が低く，一方，ENV［環境］カテゴリーの比重が高くなっていることが明らかになった。

　サブスコアでは，日本群は，米国群に比較してDEP（依存），ACT（活動），FEAR（恐怖），DES（記述）スコアが有意に高くなった（$t = 3.67$，$t = 5.45$，$t = 2.45$，$t = 2.36$）。

表2-2 一般成人群の量的スコア平均値の日米比較（t検定）

Category	米国 ($n=100$) Mean	(SD)	日本 ($n=114$) Mean	(SD)	t
Interpersonal	8.28	(3.69)	9.31	(4.56)	1.79
Affection	1.80	(1.20)	2.19	(1.71)	1.90
Dependence	0.31	(0.58)	0.67	(0.81)	3.67**
Communication	2.81	(1.89)	2.70	(1.52)	0.47
Exhibition	0.61	(0.98)	0.66	(0.97)	0.37
Direction	1.58	(1.37)	1.73	(1.43)	0.78
Aggression	1.17	(0.91)	1.43	(1.61)	1.42
Environmental	5.23	(3.31)	7.36	(4.17)	4.08**
Acquisition	0.78	(0.98)	0.56	(0.86)	1.74
Active	3.77	(2.93)	6.29	(3.69)	5.45**
Passive	0.68	(0.85)	0.51	(0.75)	1.55
Maladjustive	1.08	(1.21)	1.51	(1.46)	2.32*
Tension	0.69	(0.86)	0.84	(0.99)	1.17
Crippled	0.30	(0.67)	0.44	(0.87)	1.30
Fear	0.09	(0.29)	0.23	(0.50)	2.45*
Withdrawal	0.07	(0.26)	0.31	(0.74)	3.07**
Description	0.03	(0.17)	0.15	(0.48)	2.36*
Bizarre	0.00	(0.00)	0.02	(0.13)	1.53
Failure	0.04	(0.20)	0.14	(0.49)	1.90

* $P<0.05$　** $P<0.01$

　まず，ACT（活動）スコアについて考えてみたい。ACT（活動）反応は建設的な被検者がふつうに出す反応といわれている。そこには何ら葛藤や不安が投映されておらず，葛藤から自由な反応とされている。このような反応を多く産出する日本人においては，対人的な葛藤が回避あるいは否認される傾向があるのかもしれない。

　また，INT［対人］カテゴリーでは，DEP《依存》が多く，MAL［不適応］カテゴリーではFEAR《恐怖》が多くなっている。これは，外的な脅威に脅かされやすく従順な対人関係スタイルをもつ傾向と関連づけられるかもしれない。

　また，DES《記述》反応の多さは，何らかの葛藤状況に巻き込まれることを好まず，第三者的な立場をとる傾向と関連づけられるかもしれない。

　以上の日米の比較から，日本人においては，権威に対して従順な行動様式に

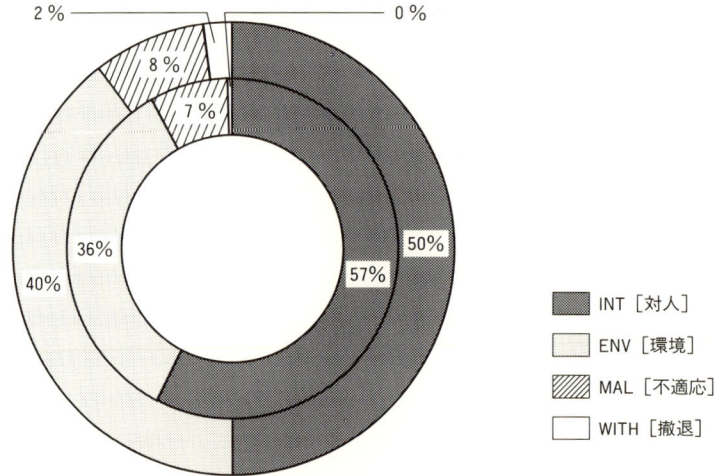

図2-2　一般成人カテゴリースコア％平均値の日米比較（外円：日本／内円：米国）

なじんでおり，外的な脅威が認知されやすい。また，現実に対して第三者的な立場をとろうとする弱い防衛の様式が示唆されている。一方，日本と比較して，米国では対人的な感情をストレートに表現する傾向が推測された。

　さらに，ハンドテストにおいては各サブスコアを組み合わせた AOR（行動化比率）あるいは AOS（行動化スコア）と PATH（病理スコア）という集約スコアが作成されている。これらは臨床的に有効なスコアとして実践的な場面でよく活用されている。

　AOR（行動化比率）は，INT［対人］カテゴリーのなかでも他者に親和的な意味をもつ AFF（親愛），DEP（依存）および COM（伝達）の和と，これに対する AGG（攻撃）と DIR（指示）の和の比率をさす。この比率において後者のスコアの比率が多いほど，攻撃的な行動化の蓋然性が高まると仮定され，攻撃的行動化の指標として用いられている。この比率を日米別にドーナツグラフに示すと図2-3なった。

　図2-3より，日本の一般成人群の（AFF＋DEP＋COM）は（AFF＋DEP＋COM）＋（AGG＋DIR）の63.8％となり，（AGG＋DIR）は36.2％となった。これは，米国の（AFF＋DEP＋COM）64.1％，（AGG＋DIR）

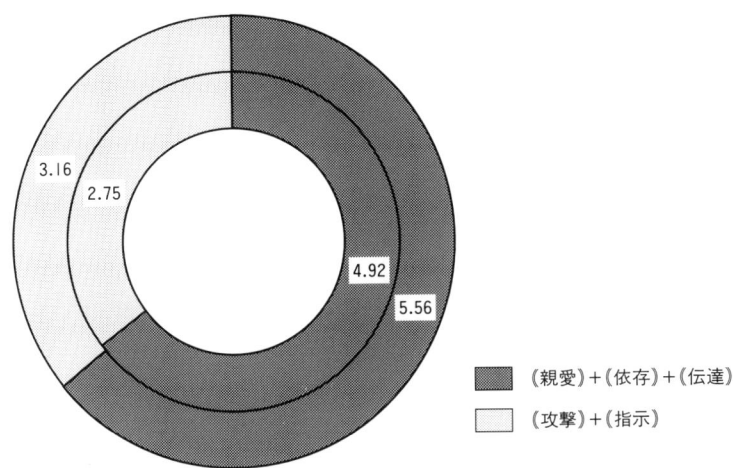

図2-3 一般成人の肯定的INTと否定的INTの比率日米比較（外円：日本／内円：米国）

35.9%と非常に近いパーセンテージとなっている。これを比になおすと，ともにおよそ5：3となる。このAOR（行動化比率）の値が日米の文化差を越えて安定していることは興味深いことである。

なお，ここで，このAOR（行動化比率）を統計的に扱う際には，AGG（攻撃）とDIR（指示）の和からAFF（親愛），DEP（依存）およびCOM（伝達）の和を引いたものを算出したAOS（行動化スコア）で代用する研究が多いことを特記しておきたい。これは，たとえばAGG（攻撃）とDIR（指示）が一つも見られないプロトコルの場合には，比として扱うことができないという計算上の理由による。また，ハンドテスト・マニュアルの標準値表を作成する際，ワグナー自身は，AFF（親愛），DEP（依存）およびCOM（伝達）の和からAGG（攻撃）とDIR（指示）の和を引いたものを行動化比率の代用にしている点にも注意しておく必要がある。

次にPATH（病理スコア）は，複合スコアのMAL［不適応］スコアとWITH［撤退］スコアを2倍したものの和で，精神病理性の指標として用いられる。ここで，とりわけWITH［撤退］スコアは，病理性の指標として重要視されていることが分かる。日本の一般成人群の平均は2.12であり，米国

表2-3 反応産出スタイルによる質的スコアリング一覧

	質的スコアリング	内容
Ambivalent	AMB《両価性》	述べられた行動傾向に関するためらいや躊躇の表明
Automatic Phrase	AUT《自動句》	反応の最初か最後に出てくる口癖、決まり文句 例：えっと、何これ？
Denial	DEN《否定》	いったん見えたり、言ったりされた知覚像を否定する
Emotion	EMO《情動》	個人的な強い感情が言葉や行動で示される。
Impotent	IMP《無力》	被検者自身がテスト課題を遂行する能力・理解力がないと表明する
Perplexity	PER《困惑》	刺激が難しすぎることの表明。刺激には「答え」があると認識されている
Original	O 《独創》	知能と想像力を示唆する刺激と十分一致した独創的な反応
Repetition	RPT《反復》	同じ反応か似た反応を固執して繰り返す。

の一般成人群の1.22よりもかなり高い値となった。これらの原因については，文化特有の傾向が推測されるので，日本人の場合は，84％臨界値が4であることから，5以上の病理スコアが見られた場合には慎重な精査を考える必要がある。

C 指標となる特殊な反応の抽出：質的スコアリング

質的スコアリングは，臨床的に有効であることが経験的に明らかになった指標である。表2-3，表2-4は，『ハンドテスト・マニュアル』（ワグナー，2000）[6]に掲載された質的スコアリングを一覧にまとめたものである。これらの臨床的に有用な質的スコア・カテゴリーを大別すると，表に示されるように反応産出のスタイルに関わるものと，内容に関わるものとに二分される。

質的スコアは非常に簡単なものであるが，実際にハンドテストを施行する

表2-4 反応内容による質的スコアリング一覧

	質的スコアリング	内容
Cylindrical	CYL《筒状》	円筒状で手のひらにおさまるくらいのものを操作したり使う手
Gross	GRO《粗野》	通常の攻撃行動を超えた暴力表現 原始的で統制・社会化されていない
Hiding	HID《隠蔽》	手が何かを隠している
Immature	IM《未熟》	子どもや動物に関わる手
Inanimate	INA《無生物》	絵画や彫像・映画の人物のような無生物の肖像とされる
Movement	MOV《運動》	目的なく、ただ繰り返される運動
Oral	ORA《口唇》	食物・飲み物・薬物の摂取に関わる
Sensual	SEN《感覚》	人や物に触れることで心地よさを感じている手の反応
Sexual	SEX《性的》	直接に性的行為に結びついている手の反応

と，反応産出のスタイルに関するスコアは脳器質障害の指標として，一方，反応内容によるスコアは行為障害や神経症的葛藤の指標として有効なことが多い。これらの指標の出現だけで特定の疾患や病理の可能性を決定することはできないが，多くのテストの組み合わせから得られるサインの一つとして考慮されるべきものであろう。また，『ハンドテスト・マニュアル』において，付加的カテゴリーとして紹介されている質的スコアリング・カテゴリーが各臨床家にとって重要と感じられる場合，スコアリング・シートに記入して解釈のとき生かされることもあるようである。

なお質的スコアリングについて，日本の一般成人群の標準値（吉川，山上，佐々木，2000）[7]と米国での標準値（Wagner，1983）[8]と比較したものを表2-5に示した。

質的スコアのなかでは日本の一般成人群の特徴としてIM《未熟》反応の平

表2-5　一般成人群の質的スコアの平均値日米比較（t 検定）

質的スコア Scoring Category		米国（$n = 100$） Mean　(SD)	日本（$n = 114$） Mean　(SD)	t 値
AMB	《両価性》	0.07　(0.26)	0.10　(0.35)	0.70
AUT	《自動句》	0.01　(0.10)	0.02　(0.19)	0.47
CYL	《筒状》	0.30　(0.58)	0.24　(0.48)	0.82
DEN	《否定》	0.07　(0.26)	0.07　(0.32)	0.00
EMO	《情動》	0.02　(0.14)	0.08　(0.48)	1.20
GRO	《粗野》	0.00　(0.00)	0.00　(0.00)	検定不能
HID	《隠蔽》	0.13　(0.37)	0.09　(0.28)	0.89
IM	《未熟》	0.57　(1.03)	1.84　(1.54)	6.96
IMP	《無力》	0.11　(1.00)	0.00　(0.00)	1.17
INA	《無生物》	0.02　(0.14)	0.04　(0.24)	0.73
MOV	《運動》	0.06　(0.24)	0.04　(0.28)	0.55
ORA	《口唇》	0.17　(1.03)	0.15　(0.42)	0.19
PER	《困惑》	0.00　(0.00)	0.03　(0.16)	1.87
SEN	《感覚》	0.08　(0.31)	0.02　(0.13)	1.88
SEX	《性的》	0.03　(0.17)	0.01　(0.09)	1.09
O．	《独創》	0.01　(0.10)	0.00　(0.00)	1.06
RPT	《反復》	0.25　(0.61)	0.02　(0.13)	3.91

均値が米国の約3倍と大変高くなっている。これは，日本の一般成人群が子どもや動物をかわいがる反応や，子どもの遊びに関わる反応を多く出したことによる。このことは，日本では比較的子どもっぽい自己表現に対する抑制が少なく，親子関係が重要視され，子ども時代に対して郷愁をもつ大人が多いことと関連しているのかもしれない。

　また，もう一つの理由として，文化的に日本人に「じゃんけん」反応が多いことがあげられる。じゃんけんは英語圏で Rock-Paper-Scissors として知られており，汎文化的なゲームともいえるが，日本ほど日常生活に根づいてはいないようである。日本文化において特徴的に多いⅥカードの「グー」や，白紙カードで「チョキ」などは，すべて COM《伝達》IM《未熟》としてスコアされるため，相対的に IM《未熟》が多くなると考えられる。

　実際の臨床実践において，これらの質的スコアは，しばしば有意義な情報を与えてくれる。たとえば筆者の中学生を対象とするハンドテストの臨床経験では，GRO《粗野》は行動化の指標，MOV《運動》は落ち着きのない行動傾向の指標，また HID《隠蔽》は言明されない（できない）「秘密」が存在するこ

との指標として有効であるという印象をもっている。

2 日本文化特有のハンドテスト反応のスコアリング

　日本文化圏のハンドテスト反応の標準化作業において，日本人の反応をスコアリングする際に，英語圏で作成されたハンドテスト・スコアリング体系になじみにくい日本文化特有のニュアンスをもつハンドテスト反応の存在が明らかになった。また，非常に分かりやすいかたちに構成されたハンドテスト・スコアリング体系ではあるが，それでも，すべての反応を明確に分類することはできない。このため日本人特有の反応に限らず，スコアリングが難しい反応がいくつか存在することも事実である。
　そこで，スコアリングが困難な日本人のハンドテスト反応を抽出し，これらの反応のスコアリングについて，直接，原著者のワグナーに質問して，スコアリングを決定する作業を行なった。原著者のワグナーに問い合わせて確定したスコアリングの実例をここにまとめると，次のとおりである。

a 挨　拶

　『ハンドテスト・マニュアル』を訳出する際にも強調しておいたが，「やあ」「ハーイ！」「こんにちは」「さよなら」「バイバイ」「手を振る」といった日常的な挨拶は，COM（伝達）とスコアリングされる。ただし，「久しぶりに会った友人に手を振っている」など，特別な親しみの感情が込められているときは，これを AFF（親愛）とスコアリングする。同じ挨拶でも，そこに込められた親しみの感情によってスコアリングが変わることに注意する必要がある。

b 挙　手

　日本人に多い「手を挙げる」反応であるが，この反応が出た場合は，質問段階でどんな状況で手を挙げているのかを明らかにする必要がある。たとえば横断歩道で手を上げている場合，車に対して「横断する」意思を明らかにしているので，いわゆる交通サインとして COM（伝達）となる。実際には，教室場面で手を挙げているという反応が多くなるが，何か質問があって手を挙げている場合ばかりでなく，意見を言ったり，答えが分かった場合に発言しようとするときも，スコアリングは DEP（依存）となる。これは，教室での挙手が教

師という指導者の発言の許可を求めているという状況ゆえである。日本文化では，答えが分かって得意になって手を挙げている状況はEXH《顕示》に近いと感じる人もいるかもしれないが，それは副次的なことであり，発言するためには教師の指名が必要であり，行為自体はその教師の指名を求める状況だということである。この教師・生徒間の指導‐従属の関係について，日本人はあまりに当然のこととして受けとめ，充分意識しない傾向があるのかもしれない。この挙手反応のスコアリングをめぐってのワグナー氏とのやりとりは，権威に対する生徒の従属が意識されないほど暗黙の前提になっている日本文化特有の偏りを感じさせる印象深いものであった。

c 「どうぞ」

「どうぞ」と客人を室内に案内したり，飲み物・食べ物をすすめることは，相手に対して主人としての主導権を発揮することであり，DIR《指示》とスコアリングされる。一見，好意的で，相手に対する親愛の情が感じられるのでAFF《親愛》とスコアされやすいが，表面的な態度とは別にそこには確かな主体性が投映されている。

d 楽器演奏

「ピアノを弾く」「ギターを弾いている」「バイオリンとか弦楽器を弾いている」など，楽器演奏はEXH《顕示》とスコアされる。演奏は聞き手がいることが前提になっている。質問段階で自分の楽しみで弾いていることが明らかになった場合はACT《活動》とスコアされることもあるだろう。

e 虫取り

虫を取るという行為はAGG《攻撃》とスコアされる。虫に対して，その自由を奪うことであるという側面を重視しているようである。また，この反応には質的スコアのIM《未熟》が付加される。

f ノック

ノックする行為は，ドアに対して向けられた対物行動であると解釈されACT《活動》とスコアする。ノックの目的はなかにいる人とのコミュニケーションであるが，ここでは行為それ自体を捉える。同じように，字を書く，電話をかける，など行為の目的は対人的伝達であっても，それと関わりなく，スコアリングはACT《活動》である。

g スポーツ

　日本人のハンドテスト反応には，スポーツにまつわる反応が多いことを箕浦が指摘している（箕浦，武田，1972)[9]。これについてワグナーは「スポーツは，日本人にとっては大変習慣的な儀式化されたものになっているため，一連の手が社会化を意味するスポーツ活動に結びついたものとして認知されるように感じられる。AGG（攻撃）反応の反社会的な意味でさえも，日本人がスポーツからの連想として出す場合には，そこには人と協調しようとする努力や統制しようとする努力としての意味が付加的に加わっているため，その意味が和らげられてしまう」（ワグナー，2000)[10]と述べている。

　「すもうの張り手」「チョップ」「空手」「ボクシング」などは対人的でありAGG（攻撃）とスコアされる。またボールを使う競技で「バスケットのドリブル」「バスケットのシュート」「キャッチボール」「バレーボールのブロック」「バレーボールのパス」「ボーリングで玉を投げたところ」，さらに「泳いでいる手」などは ACT（活動）である。また，なかでもその行為の達成に難しさが伴う行為：「リレーのバトンを受け取る」「野球でゴロが転がってきて，パッととる」「サッカーでゴールキーパーがボールをとる」などは ACQ（達成）となる。

h 頬づえ／手を見る

　「頬づえをついている」「あごに手をあてて考えごとをしている」などは，PAS（受動）となる。また，「自分の手を見ている（手は見られている対象）」も PAS（受動）となる。また，同じ「見られる手」も，他者に見られる手は，そこに込められた意図によって「怪我をしてみてもらっている」→ DEP（依存），「指輪をはめて人に見せている」→ EXH（顕示）となる。

i 伸 び

　「伸びをしている」「筋を伸ばすために，指を開いている」「気持ちがいいので，手を思いきり開いている」「手首のストレッチ体操」は TEN（緊張）とスコアリングされる。マニュアルに述べられている TEN（緊張）の定義は，エネルギーは使われているが，たいしたことがなされない場合で，不安，緊張，不快を含むとなっている。この定義からこれらの反応が TEN（緊張）とスコアされる必然性は理解されにくいが，原著者によればこのような反応には

TEN（緊張）スコアが付されている。

j 搔く

同様に「引っ搔く」反応も TEN（緊張）とスコアされる。「ガラスを引っ搔く」「痒くて背中を搔いている」も TEN（緊張）である。力が入っていながら，その力がスムーズに発現されずに矯められている点に着目されている。

k 指をポキポキ・手をブラブラ

したがって，指をポキポキ鳴らす運動動作は，TEN（緊張）特有の性質をもっており，TEN（緊張）とスコアされる。一方，手をブラブラさせる日本人になじみ深い準備運動の動作は，ACT（活動）（MOV）とされる。

l おばけの手

日本人はカードⅤに「おばけの手」と反応することが多い。この反応はそのままであれば，DES（記述）となる。質問段階で「本物のおばけか」「おばけは何をしているのか」を問い，単に会話のなかでおばけを表現するジェスチャーであれば COM（伝達）であり，人を驚かしたり，怖がらせたり，襲ったりする意図が見られたり，何かしている場合には AGG（攻撃）となる。また，特にこの「おばけ」に触発された恐怖の感情が表明されている場合はFEAR（恐怖）となる。「おばけの手……怖い！」「幽霊の手……なんか不気味な感じがする」「おばけが首を締めようとやってくる」などの反応はこれにあてはまる。

3　ハンドテスト・スコアリングにおけるゆらぎについて

前節で述べてきたように，ハンドテスト・マニュアルのスコアリングの定義をどのように理解するかについては，文化差や個人差のために，理解のゆらぎが生じることも多い。そのために標準データを対照する際に不都合が生じることも予想される。特にハンドテストが作成された米国と日本との文化差が影響することも多いようである。そこでこのゆらぎを最小限にとどめるために，日本人のハンドテスト反応をスコアリングするなかで，スコアリングの決定が難しい反応を抽出して，これらのスコアリングのガイドラインを示す必要があったのである。

しかし，本来，ハンドテスト反応のスコアリングは，反応とスコアを一対一で結びつけるものではないと思われる。むしろ，一人対一人の検査場面のなかで検査者が感じとった反応の心理的な意味を重視し，継起を考慮しながら反応を決定すべきものであろう。このことについては原著者のワグナーも指摘しているとおりである（ワグナー，2000)[11]。検査者は，スコア・カテゴリーの定義の基本的な共通認識を踏まえることを求められるが，反応例の表面的な属性にとらわれる必要はなく，むしろ個々の反応を充分に精査したうえでのスコアリングが最も重要であることをここに強調しておきたい。

（吉川　眞理）

第3章　ハンドテストQ＆A

　本章ではハンドテストの適用から，施行，さらにスコアリングおよび解釈についてよく問われる質問を抽出してQ＆A形式により『ハンドテスト・マニュアル』（ワグナー，2000）[1]にもとづいた回答を掲げている。

1　ハンドテストの適用

【Q1】　ハンドテストはどんな臨床現場で使えますか。
【A1】　いろいろな現場で使えます。日本でのハンドテスト実践の試みは，少年鑑別所や少年院などの矯正関係分野で始まりましたし，その後，精神科の病院や診療所などの精神科臨床で用いられています。最近ではスクールカウンセリングにおいても有効に使えることが分かってきています。これからは，その簡便さと親しみやすさから，企業などで働くサラリーマンを対象に，産業カウンセリングでも使ってほしいテストです。

【Q2】　ハンドテストはどんなとき役立つのですか。
【A2】　その人の行動傾向や，その背景にある心的傾向を見たいときに使用します。とりわけ査定のために長い時間をとれないとき，たとえば一日に何人もの外来患者と面接しなければならない状況で性格検査を依頼されたときなどに役立ちます。ただし，鑑別診断など微妙な病態レベルを測るときはハンドテスト単独では無理があります。必ずほかの方法を加えてテスト・バッテリーを組むようにして下さい。
　　また治療やカウンセリングの効果判定にも有効です。たとえば精神科病院入院時と退院時の比較や，学校カウンセリング場面で問題行動の出現したときとカウンセリングをしたあとに適応を取り戻したときの変化など，同一の人の態度や行動の変容を査定するのにもよいでしょう。

【Q3】 ハンドテストはどんな人に適用できますか。

【A3】 男女を問わず，幼稚園児から老人まで可能です。とりわけ，一つの課題に集中できる時間の短い幼児や児童，また，体力的にも気力的にも低下が目立ってくる老人には負担の少ない検査です。また発達上に困難のある人にとっても，手という日常的で身近な刺激は，比較的了解しやすく施行しやすいテストと思われます。そして精神科的な障害のある方も，教示が日常的で簡潔なので，比較的取り組みやすいテストといえるでしょう。

　このように各々の個性が反映されるよい査定だと思いますが，施行している途中で侵襲が強すぎると思った場合はただちに中止して下さい。あくまで被検者の状態を見ながら進めていきましょう。

2　ハンドテストの施行

【A4】 反応時間の測定にはストップウォッチを使わないのですか。

【Q4】 マニュアルでは，初発反応時間（カードを被検者に呈示してから，被検者がスコアできる反応を出すまでの時間）を記録するようになっていますが，その際，ストップウォッチを使って被検者にプレッシャーを感じさせるよりも，検査者が頭のなかで数をカウントする方が望ましいとされています。しかし，同じカードに対する反応と反応の間に長く時間があいた場合などは，その時間を括弧でくくって記録するようにともされており，頭のなかだけでカウントするには限界があると思われます。

　ある程度熟練することで，記録を取りながらの時間測定のコツもつかめてくるとは思われますが，反応の逐語録，質疑応答，さらに時間の計測となると実際には困難な場合が多いでしょう。そのため，必要であればストップウォッチの使用も考えられるのではないでしょうか。被検者に計測しているプレッシャーをあまりかけたくないのであれば，秒針付きの腕時計をうまく使って記録することも可能だと思います。どちらにしても，まず被検者にかけるプレッシャーを最小にできるよう考慮して

計測方法を工夫して下さい。

【Q5】 反応時間は，初発反応時間だけを記録しておけばよいですか。

【A5】 先に述べたように，各カードの初発反応時間と，一つのカードで二つ以上の反応が長い時間間隔をおいて出された場合は，反応と反応の間の時間を記録するか，もしくは反応にかかった全体の時間を記録するようにとされています。ストップウォッチや時計を使用していれば，これらの時間を記録することができます。被検者の反応のペース，特定のカードに対するショックや反応継列などを解釈するためにも，これらを記録しておくと役立ちます。

【Q6】 ハンドテストカードは，どのように呈示するのですか。

【A6】 まず検査者と被検者が机をはさんで対面していることが前提です。検査者はカードを机の上に伏せて置きます。このとき，Ⅰカードから順に上に来るようにしておきます。そして，一番上にあるⅠカードを手に取って表に向け，被検者から見やすいように呈示して下さい。ここで，被検者にさりげなくカードを手渡すような流れが理想です。もし手が伸びないようであれば，カードは静かに机の上におきます。なお，反応が終わったら検査者はカードを受けとり，わきに伏せておきます。

【Q7】 Ⅰカードの反応が一つしか出ませんが，次のカードに進むときに，どのように声をかければいいのでしょうか。

【A7】 Ⅰカードに限って，反応が一つ出たところで沈黙された場合に「ほかには？」と声をかけます。これは，被検者が各カードにつき反応が一つであると思い込むことを防ぐ意味があります。しかし，この声かけから反応がたくさんあった方がよい，と誤解されることがないように，控えめなニュアンスで言葉をかけて下さい。また，この声かけはⅠカードに対してだけです。

　また，反応が途切れ沈黙が続く場合には，「次のカードに進んでいいですか」と被検者に許可を求めるニュアンスで声をかけます。この言葉

かけは，被検者自身が次のカードに移る意思決定の主体者であると感じてもらうことをめざしています。また，同時に，少しでも多くの反応を出すように求められているという思い込みを防ぐねらいもあります。

【Q8】 最初の反応を産出するまでに時間がかかる被検者の場合，何分くらいまで待てばよいのでしょうか。

【A8】 マニュアルでは，被検者が反応を出そうと考え続けていても，百秒を越えたら静かに図版を伏せて，次のカードに進むようにとされています。この場合，このカードはFAIL（失敗）とスコアされることになります。基本的にはこの方法に従うことが必要です。

　ただし臨床的には，被検者の反応ペース，そのときの様子，検査中の雰囲気など，さまざまな要因を考慮します。一分以上の沈黙がその被検者にとって非常に苦痛な時間と判断されるような場合，たとえば，図版に対して特別な恐怖心を抱いているときや，明らかに反応を出すのが困難と感じているような場合などは，百秒を待たずに静かに図版を伏せてあげることもあるでしょう。反対に，明らかに被検者がまだ反応を出そうとしていたり，何か言いたそうにしていたりする場合は，百秒を越えたからといって，さっさと伏せてしまうようなことはしないように心がけます。

　あくまでも一対一の人間関係のなかで行なわれているのですから，被検者のペースに合わせた実施が求められます。

【Q9】 IカードからFAIL（失敗）となり，何枚か続く場合，そのまま検査を続けるべきでしょうか。

【A9】 基本的には，カードを見るなり「分からない」と答えられても，これを反応の拒否と受けとめ，FAIL（失敗）とスコアして，次に進みます。しかし，ハンドテストは，投映法としては脅威の少ない検査法であるため，特別な問題を抱えた被検者でなければ，Iカードから反応が出せないということはめったにありません。もしIカードからFAIL（失敗）となりそれが続く場合は，何かしら理由があることになります。

まず，被検者がハンドテストの課題を正しく理解できていない場合が考えられます。これは，教示を正しく行なっていなかったために生じる場合と，被検者側が何らかの先入観によって教示を誤って解釈した場合が想定されるでしょう。したがって，ⅠカードでFAIL（失敗）となった場合には，Ⅱカードに移る前に検査について質問をしてきた場合と同様の説明を，それとなく付け加えておくとよいでしょう。たとえば「この手が単に何をしているように見えるかを答えてくれればいいですから」といった具合です。検査課題を正しく理解していなかった被検者も，実際にカードを見ながらこの教示をされることで，たいていの場合は理解できるはずです。

　しかしながら，一部の被検者にとっては，手の刺激そのものが非常な脅威となり，運動を投映するという反応生成過程そのものが困難となってしまう場合もあります。こういう被検者の場合は，検査そのものに困惑を示したり，明らかな恐怖心を示したりするため，FAIL（失敗）そのものが非常に重要な意味をもつこととなります。したがって，被検者の不安があまりにも強すぎる場合は中断も必要となりますが，FAIL（失敗）がその被検者のハンドテストに対する反応であると考えれば，10枚のカード継列のなかでどのような変化が生じるか検討する必要もあるでしょう。

　また，明らかに被検者が検査そのものを拒否しているような場合には，そのまま検査を続けたとしても，意味のある反応を出してくれないでしょう。この場合，検査を実施することについて被検者ときちんとした話し合いがなされていたかどうかが問題となります。被検者が検査を強制的な課題として捉えているのであれば，検査を続行する前に一度中断し，検査についてきちんと話し合いをもち，了解を得たうえで，日を改めるなど仕切り直しをしてから検査を実施した方が好ましいと思われます。

【Q 10】　反応に関する質問は，いつ，どのように行なうのですか。
【A 10】　被検者の出した反応が，あいまいでスコアしにくいと判断したと

きは，その場で質問を行ないます。一般的には，「それについてもう少し説明してもらえませんか」と聞くのがよいでしょう。その他，手の行為の目的や対象を明確にすることで，スコアリングしやすくなる場合もあるので，「何のため？」とか「何か特別な意味があるのですか」といった質問も可能です。質問をするかどうかは，反応がスコアリングできるかどうかにかかっています。したがって，理想を述べれば，検査を行なう場合には，あらかじめ検査者がスコアリング基準を正しく理解し，検査をしながら（つまり，反応を聞いたらすぐに）スコアリングについて判断できるようになっておく必要があります。以下のＱ＆Ａに，ハンドテストの施行に際してしばしば検査者が出会う場面と，そのときの質問の仕方について具体的に呈示しておきますので参考にして下さい。

【Q 11】　Ⅲカードでは，しばしば「何かを指差してる」という反応がかえってきます。このままではスコアリングできないのですが，どのように質問をしたらよいですか。

【A 11】　基本的には先に述べたような「それについてもう少し説明してもらえませんか」や，「何のために？」「何か特別な意味があるのですか」といった質問を行なうことになるでしょう。

　　ただし，このⅢカードの「何かを指差してる」という反応は，非常にポピュラーな反応であるにもかかわらず，多様な意味が含まれているため，特に注意する必要があります。一般的には「あれを見てと言ってる」や「あっちですよと教えてる」といったコミュニケーション行動（COM（伝達）反応）と考えられますが，正しくスコアリングするためには，別の意味や行為が含まれていないかを確認するために，必ず質問する必要があります。

　　たいていの場合，「たとえば，何を？」とか「どんな意味で？」といった質問をすると，多くの被検者が次のような説明を付け加えてくれるため，スコアリングが可能になります。「知らない人に道を聞かれて，あっちって教えてる」：DIR（指示）とか，「あれを取れと命令してい

る」：DIR（指示）といった具合です。

　しかし，こういう状況をすぐに呈示してくれる被検者は，最初からそのように応えてくれるはずで，わざわざ単に「何かを指差してる」と言ったりしないものです。こういうあいまいな反応を最初に出す被検者は，やはりあいまいな体験しか持てていなかった人で，そういう人は，先ほどのような質問をしても，「何か物。あれって感じ」としか答えてくれず，結局行為の目的は不明のままとなってしまうことがあります。正しくスコアリングするためには，「目的は？」とか「何のために？」といった質問によって行為の意図を明確にさせる必要があります。ここまで質問すれば，特別な問題を抱えた被検者でなければ，「あそこにあると教えてる」：COM（伝達）とか，「あれをちょうだいと，おねだりしてる」：DEP（依存）といった答えを出してくれるでしょう。

　ただし，検査に何らかの抵抗を感じていたり，自信のない被検者にとって，こうした質問は，自分の反応が間違っていると言われたかのような感じを与えてしまい，以降のカードに反応を出すことをためらわせてしまう可能性があります。したがって，質問は最低限にとどめ，どのような質問をどの程度するかは，被検者によって臨機応変に行なう必要があります。これは検査の習熟と合わせて，臨床的なセンスにも依存するものでしょう。検査はあくまでも"いま，ここで"の被検者との相互交流を通して行なわれるものであるため，単に言葉そのものにこだわるのではなく，検査中に生じるさまざまな内的・外的現象（これは，検査者・被検者ともに）に注意を払いながら実施する必要があります。そうした多くの情報に注意を払えるためには，同じ「何かを指差してる」といった反応に，COM（伝達），DEP（依存），DIR（指示）といったさまざまなニュアンスがあることを充分に承知しておくことでしょう。

【Q 12】　反応の記録は逐語的に行なうのですか。

【A 12】　被検者の語る言葉は，その口癖や感嘆語まで含めてできるだけ，そのまま記録用紙に書きとめるようにします。たとえば，「えー！」という口癖が，重要な質的スコアであるAUT《自動句》の対象になるの

です。文法的に不完全な言葉も，できるだけ被検者が口にしたそのままのかたちで記録しておきましょう。

【Q 13】 白紙カードで被検者に戸惑われた場合，どのように言葉をかければよいでしょうか。

【A 13】 教示は「手を頭のなかに思い浮かべてみて下さい。さて，その手は何をしていますか」というものでしたが，戸惑われた場合も，ただ「何かをしている手を思い浮かべてみて下さい」と繰り返します。百秒たっても反応が出ない場合は「これで終わりにしてもよいですか」と声をかけて FAIL（失敗）とスコアします。

3 スコアリングと解釈

【Q 14】 ハンドテストでは，反応を聞きとりながら同時にスコアリングについて見当をつけておくことが必要といわれました。このとき，何を基準に，どのあたりまで検討をつければよいのかについて教えて下さい。

【A 14】 まず，出された反応の行為の対象が人間（または動物）であるのか，物であるのかが大きなポイントです。これによって対人カテゴリーか環境カテゴリーかが決定されます。次に対人的な反応であれば，そこにどんな感情が投映されているかについてまで見当をつけるようにします。

　たとえばよくあるのですが，単に「たたいている」という反応など，行為の対象がはっきりしない反応には「たとえば何を？」と，明細化を求めます。ここで，「人の肩を，たたいている」と出てきたら，対象は人間であることが明らかになります。さらに「どんな目的で？」と尋ね，「久しぶりに会った人に。ポン！　という感じ」と悪意でない，好意的な感情が関わることが明らかになったら，AFF（親愛）となります。

　また，「つかもうとしている」というのもよくある反応です。ここでも「もう少し教えて下さい」と問いかけて，対人カテゴリーか環境カテ

ゴリーなのかについて確認しますが,「何か,物を」と言われたら,「どんな状況なのかもう少し教えて下さい」と問いかけながら,行為の達成確実性についての情報を得るようにします。もしその行為の達成が不確実であることが言及された場合は,(たとえば,「大きなものを何とかして持とうとしている」とか「大きなものをこれから持とうとしている」など),ACQ(達成)を付すことになります。

【Q 15】 スコアリングに迷う場合は,どのように解決すればよいでしょうか。

【A 15】 スコアリングに迷う場合は,二つの可能性のあるスコアのうちどちらを選ぶべきかについて迷うことが多いようです。実際にその反応は,可能性のある二つのスコアリングの中間領域に位置する性質をもつと考えられ,そのように両義的な反応を出すことが被検者のパーソナリティ特性の反映である場合も多いようです。しかし,計算の便宜上,あえてどちらか一方のスコアリングを選ばなければなりません。どちらが優位なスコアかを決定するには,ほかのカードへの反応と対照してみると参考になることがあります。その結果,優位なスコアがDIR(指示),もう一つのスコアの可能性がAGG(攻撃)とすれば,DIRを量的スコアとしてカウントし,(AGG)ともう一つのスコアを括弧でくくって併記して,これは質的スコアと考えて継列分析で解釈の資料として活用する方法をとっています。

　　［例］ 「死ね！と言っている手」　　DIR（AGG）

　ほかに反応を明細化しているうちに反応のスコアが変化してしまう場合があります。たとえば「待て,えーと,友達にちょっと待ってと言っているところ」という反応は最初の「待て」はDIR（指示）と考えられますが,後半の「ちょっと待って」はDEP（依存）と考えられます。このように,反応が途中で変化してしまう場合,それぞれを別の反応としてカウントし,量的スコアを計算します。

　　［例］ 「誰かが何かで手を挙げている。(Q) 小さな子どもが教室で手を挙げているのだけれど,すごく力が入っている。指がはなれて

　　　　　いて。(Q) 緊張のせいで」　　　TEN（DEP）

【Q 16】　ハンドテストの所見は，どのように書けばよいですか。
【A 16】　解釈手順としては，ロールシャッハ法と同様，形式分析と継列分析を行ないます。最終的な検査所見としては，これらを統合した臨床アセスメントが呈示されていればよいのですが，ある程度熟練するまでは，丁寧に所見をまとめる練習をする方が好ましいのではないでしょうか。

　まず，形式分析では，集約スコア，量的スコアの反応数（比率），質的スコアの反応数（比率）を標準データと比較しながら，反応のバランスなど被検者の特徴について記述します。

　次に継列分析では，形式分析で指摘した被検者の特徴が，どのカードにどのような形で表われているのか，各カードのカードプル（ハンドテスト・スコアリング用紙：誠信書房発行の「ハンドテスト反応の質的分析の項」参照）を参考にしてカード毎に検討して記述します。

　また，特に被検者特有の心理が投映されていると感じられた反応を取り上げ，それについて解釈をしてみることも可能です。多くのハンドテストを行なっていると，刺激特性に影響されたポピュラーな反応と，そこに被検者特有の投映が見られるポピュラーでない反応の見分けがつくようになります。この，ポピュラーでない反応に，被検者のパーソナリティの重要な側面が投映されている可能性が高いと思われます。この解釈には，臨床家としての相当な経験と直観が求められるといわれています。詳しくは『ハンドテスト・マニュアル』の第3章，特異反応についての節を参照して下さい（ワグナー，2000）。

　最後に，形式分析と継列分析とをまとめた総合的所見として被検者の特徴を記述します。実際には，それぞれの解釈がバラバラに存在するわけではないため，総合所見が書ければ充分ですが，貴重なデータを見落としてしまう危険性を最小限にするためにも，まずはこうした丁寧な所見で練習し，ある程度の解釈が可能となるよう経験を積む必要があるでしょう。また，本書の第4章，および5章の所見も参考にして下さい。

【Q 17】 ハンドテストの結果を被検者にフィードバックするときの注意点を教えて下さい。

【A 17】 まず，その被検者が知りたいことは何なのかを考えてみましょう。対人関係の持ち方なのか，現実生活での対処能力なのか，もし具体的な問題意識をその人がもっているのなら，それに焦点を当てて話を進めましょう。また何となく自分という全体を知りたがっているのなら，こちらから「このことについては，ハンドテストではこんなように見受けられますが」というように示していくことになります。ただこのとき注意しておかなければならないことは，被検者の分かる言葉で話すことです。心理学用語をそのまま使わないで，一般的な日常語で話しましょう。そして伝える内容もその人が受けとめることのできるところまでを，相手の反応をうかがいながらすることです。したがって，フィードバックは検査者が検査によって把握したことを一方的に伝えるのではなく，了解し合いながら進めていく点に妙味があるともいえるでしょう。さらに忘れてはならないことは，「あくまでこのハンドテストを通して出てきたあなたの特徴であって，これがすべてではない」という限界を押さえておくべきです。そうすることで，変に有頂天にもならず，落胆もせず，自分のある側面についての認識が増えたという適切な満足感で終わることができるのです。

(山上栄子・佐々木裕子・吉川眞理)

第4章　精神科臨床におけるハンドテスト

1　精神科臨床における心理査定の実際とハンドテストの位置づけ

A　容器としての病院および診療所（クリニック）における検査場面の構造

　精神科臨床で心理査定をする場合，その容器となる現場が，病院か診療所（クリニック）かによって実施の実際も左右される。ただし病院については総合病院のなかの精神科か，あるいは単科の精神病院なのかによって，また事情が異なってくるが，ここではその相違については触れず，一括して病院と診療所に二分して論じたい。

　まず病院臨床では，外来患者への心理査定実施の条件は診療所とほぼ同じであるが，入院患者への施行には独自の要素が加わる。つまり入院中は病院生活全体がその人にとっての受療体験であり，心理査定もその生活の一コマとなるのである。とりわけ精神科病院では，本来は非日常的であるはずの入院生活が日常生活と化した長期入院の慢性精神病者も多く，そのなかでさまざまな日程が組まれている。たとえば主治医の診察を始めとして作業療法やレクリエーションなどの治療的意味合いの強いものから，食事や入浴という基本的な事柄まで日々のスケジュールはいろいろあり，心理査定もこれらとの調整のもとで行なっていかなければならない。

　しかし，この生活の場のなかで心理査定が行なわれる状況は，ほかのいろいろな生活場面において，その人の姿を捉えられるという利点を備えている。たとえば，筆者は病院勤務の合間に病棟のホールや中庭のベンチに何ということなく座すことが，しばしばであった。すると，そこに必ず患者の誰かが寄ってきて，自分のことやほかの患者のことを話してくれるのである。そのときの情

報が後の査定に膨らみをもたせてくれたり，データを再考するきっかけになった経験も少なくない。

実際，心理検査場面と病棟での姿がかなりずれる人がいるのも事実である。もっとも診察室や心理室で検査を受けるということ自体，少なからず緊張を生み出すものであり，したがってそこで得られた検査データはそのような検査状況すべての反映であると考えなければならないだろう。たとえば病棟内でのざわざわした雰囲気に気持ちが落ち着かなかったり，次のスケジュールが気になったりする人もいる。空間的にも時間的にも適切な心理査定の場を確保することは案外難しいものである。

また病棟内ですでに顔見知りになっていると，後に主治医からの検査依頼を受けて査定をすることになったときに，すでにラポールが形成されていることになり，スムーズに検査に入りやすい。一方，初対面で検査に入らなければならないときも，看護者に呼んでもらうのでなく，検査者が病室まで出向いて行って自ら声かけをしたいものである。病室という患者のテリトリーに検査者がまず入り，いっしょに出てくるのと，一人で馴染みのない検査室に入るのとでは，安心感の程度が大きく違ってくるからである。

次に診療所（クリニック）での心理査定についてであるが，検査者はそこで出会う被検者の日常生活について目にすることはなく，あくまで本人や家族の陳述にもとづいて想像するしかない。したがって心理査定も検査場面での態度や行動と検査データから主に判断するのである。もっとも心理査定状況にその人らしさが凝縮して現れる側面もあり，少ない情報源からの推測が妥当性をもつことも可能である。また多職種のスタッフが幅広く関わる病院と異なり，主治医と心理職だけが心理査定に関与する診療所では，検査者と被検者の関係が検査結果に直接反映するであろう。

以上，心理査定をする容器としての病院と診療所（クリニック）についてそれぞれの特徴を述べたが，いずれにしても被検者ができるだけ自然な姿で自己表出できるように，検査状況を整える配慮が求められ，施行に際しては被検者の了解を得て始めるのは言うまでもないことである。

B 治療構造と心理査定

　前節で述べた病院か診療所（クリニック）かという外枠のほかに，いわばその内枠としての治療構造の問題がある。同じ外枠をもっていても異なった治療構造をもつことがあるし，またその逆もありうる。ここでは治療に役立つ心理査定という観点から，治療構造との関係を考えたい。モデルとしては，①患者と主治医の二者の治療構造があり，しかも主治医が身体管理のみならず，心理療法も積極的に行なっている場合，②患者と主治医の二者の治療構造があるが，主治医が心理査定を通して何らかの臨床心理学的接近を心理査定者に期待している場合，③患者と主治医と心理療法を担当する心理士の三者の治療構造があり，心理査定をする検査者と心理療法担当の心理士が異なる場合，④患者と主治医と心理療法担当の心理士の三者の治療構造があり，心理査定をする検査者が心理療法も担当する場合である。

　①と③の場合，心理査定をする者の心得としては，できるだけ治療過程を妨害しないような介入をするべきである。つまり心理査定をすること自体に，転移を生じやすい要素が含まれているということを自覚しながら，検査者として関わるべきであろう。したがって検査結果も直接患者に伝えるのでなく，主治医を通して聞いてもらうような配慮が必要である。

　②の場合は，検査者は比較的自由に心理査定の結果を話したり，査定を通じて治療的接近ともいえる面接をすることが許される。これは精神科の病院で普通に見られる構造であり，入退院の鍵を握られている（と少なからず患者は感じている）主治医には防衛的になってしまいやすく，充分自分の気持ちが話せない人も，心理査定をきっかけに深い表現が検査者になされるということがある。またさらにそれが発展拡大して，④の治療構造へと移行していく可能性もある。

　最後に診療所臨床によくある構造の④の場合であるが，このときの心理査定はより退行促進的な効果をもたらすことを留意しておかなければならない。つまり，治療者 - 患者関係という転移を生じやすい状況で，さらにテスト・バッテリーという客観的媒介物を通して自己表現をし，受容される体験は治療者への依存をより強固にする場合がある。しかし一方，防衛の少ない自由な自己表

出ができた後の陽性転移を支えに，治療が進展するという可能性もあるので，心理査定の効用の多様性を認識しておくべきであろう。

　いずれの場合も，どのような治療構造のなかで，どのような心理査定をしようとしているのかを，自覚しながらとりかかることが必要である。

C　精神科臨床における心理査定へのオーダーとテスト・バッテリーの決定

　精神科臨床で心理査定をするとき，心理検査に習熟した医師が具体的にロールシャッハ法を，あるいはバウムテストをと指示してくる場合を除いては，一般的に知能検査か性格検査かのオーダーがくるのが普通である。もっとも患者自身が心理療法の過程で直接心理検査を要求することもある。また心理療法担当の心理士が治療を始めるにあたって，あるいは治療の途上で，心理査定の必要性を感じる場合もある。いずれの場合も主治医や心理療法担当の心理士（＝検査者の場合もある）と，あるいは患者と，心理査定において何が知りたいのかを充分話し合っておく必要がある。そのうえで適切なテスト・バッテリーを決めなければならない。言い換えれば不適切なテストをすることは，被検者にとって負担になりこそすれ，何の役にも立たないのである。

　例を挙げると，知能検査に関して言えば，申請書類に必要な大体の目安の指数が分かれば良いとき，患者にとって負担の少ないビネー式検査などを，言語的な指示の了解が困難なときはコース立方体検査などを選ぶことになろう。またもっと詳しい知能の下位項目を知りたいときはウェクスラー式を選ぶことになるかもしれない。

　また性格検査を実施する場合でも，精神病か神経症かの鑑別診断や病態レベルなどの詳しい力動を見たいときは，ロールシャッハ法などの投映法を主としたテスト・バッテリーを組むことが多い。一方，患者が自分の性格傾向を尺度で知りたいというようなときはY-G性格検査のような質問紙法を使うことも可能である。どのテストも万能ではないし，たとえ妥当性や信頼性が高いテストでも，その適用が難しい被検者もいる。精神科の病院における心理査定では，そのようなテストの効用と限界について認識をもつことが重要である。

D テスト・バッテリーにおけるロールシャッハ法と
　ハンドテストの比較

　たとえば，ある精神分裂病者の症状が軽減してきているので作業療法に参加させたいが，どの程度可能か，またあるときは，退院するだけの社会性が回復しているかどうかなど，心理検査からの情報を主治医から要求されたとき，ロールシャッハ法を実施するとどうであろうか。その人の病棟内での態度や行動の変化は，ロールシャッハ法に反映されるだろうか。残念ながら，必ずしもそうとは限らないのである。行動とロールシャッハ法の結果が一致しないことについては，河合（1969）[1]も言及しているが，筆者自身の経験においても少なからずあった。発病後十数年を経たある精神分裂病者は，不穏時のロールシャッハ法で多くのカードに「性器」反応をし，症状が落ち着いたときもやはり「性器」反応であった。しかしこの患者の場合，同じ投映法でもハンドテストではACT（活動）反応やCOM（伝達）反応が増えていたのである。ここに深層レベルを主とした基本的人格を捉えるロールシャッハ法に対して，態度や行動というファサード（FS）を反映するハンドテストの違いがある。

　結局，どのようなテスト・バッテリーを組むのかによって，得られる情報もかなり規定されるのであり，心理査定においてテスト・バッテリーの選択はもっとも熟慮しなければならない点の一つである。したがってそれぞれの査定法の特徴——人格のどの側面を，あるいはどのレベルを捉えるのか——を認識しておくべきである。また，たとえ適切だと思われるテストの実行中でも，被検者への侵襲が強すぎると感じたときは，即座に中止する決断力を検査者はもっていなくてはならない。実際，ロールシャッハ法に比べると構造性が高く，侵襲の少ないといわれるハンドテストであるが，虐待体験をもつ人は手に脅威を感じることが多い。筆者の経験でも「きゃあ，怖い！　お父さんがたたきにくるみたい」とおびえてしまった人がいた。しかし，このハンドテストが，脅威を感じながらもその辛いトラウマを想起し，心におさめなおす作業をするきっかけになることもある。したがってその中止か続行かの決定は検査者の力量を問われるところであり，受容できないのに反応させるような無責任さは慎まなければならないだろう。あくまでテスト遂行が目的ではなく，被検者

理解が第一だからである。

E　心理査定に求められる熟達

以上述べてきたようないくつかの要因の影響を受けながら、心理検査を実行し、その結果から査定をするのであるが、まずそれぞれのノーム（基準）に忠実に評価するところから始まるだろう。言い換えれば、ほとんどの心理検査のオリジナルには原著者の哲学なり理論なりが含まれているのであるから、それに準じたデータ処理と解釈がまず必要となる。たとえば、ハンドテストをバッテリーの一つとして加えるなら、まずマニュアル通りのテスト遂行とスコア化をし、その後、原著者ワグナーの提唱する構造分析やファサードの概念を用いて一つの解釈仮説がたてられる。しかしその際、検査者の依って立つ理論が否応なく侵入してくるものである。ほかの検査法においても同様であり、その事実をきちんと自覚していなければ、ひとりよがりの偏った査定になってしまうであろう。とりわけ自由度の高い描画や投映法を用いたときは、その解釈はより検査者の準拠する理論——たとえば精神分析、現象学、行動論、知覚論などが前面に出てくることになりやすい。

F　心理査定のフィードバックについて

このように注意深くなされた査定をフィードバックするわけであるが、フィードバックについては誰に、いつ、なされるかによって、どのようにという返し方も変化してくるであろう。つまり精神科臨床で心理査定をした際は、主治医、患者、患者の家族、そして他職種のスタッフのいずれかにフィードバックする場合がほとんどである。まず主治医にフィードバックするときであるが、心理検査に習熟している医師にはデータを呈示しながらともに患者理解を深める方が良い場合もある。しかし一般にはデータを伏せて、心的力動や病態レベルを心理学的言葉で伝えることが多い。

この医師への報告について氏原ら（1987）[2]は、精神医学用語を用いないで、仮にロールシャッハ法を施行したのならそれを通して語るべきであると述べている。たしかに了解し合う基礎知識として精神医学用語を認識しておく必要はあるが、心理査定はあるテスト・バッテリーに映されたその人の一側面につい

ての評価であり，それらを通して語るところに心理査定の独自性があるのだといえるからである。

　次に患者かあるいは患者の家族にフィードバックする場合であるが，聞き手と共有できる言葉で伝えることが必要である。また言葉のフォームだけでなく，伝える内容も相手が受け入れることができるところまでを述べるのが親切であろう。この患者へのフィードバックについては，中村と中村が（1999）[3]ロールシャッハ法を用いてのフィードバック・セッションの方法と効用について報告している。それによると，「アセスメントあるいは見立ての結果を患者やクライエントに分かる言葉で伝え，どのような治療選択の可能性があるかを呈示するという行為が，いままでのわが国の心理療法界に浸透していなかったように思える」と述べられている。たしかにロールシャッハ法を用いてのフィードバックには独特の難しさがあるが，ハンドテストを臨床適用していると，その刺激図の親しみやすさのせいか，被検者の方から，「これで何が分かるの？」と興味をもって聞いてくることが多い。それに対して相手に分かってもらえる範囲で説明していると，それが自然なハンドテストのフィードバック・セッションになっているのである。最後に，精神科病院では病棟のカンファレンスなどで，主治医を始めとして作業療法士，ケースワーカーや看護者などの他職種のスタッフに心理査定結果をフィードバックする機会も多い。チームプレイである病院臨床において，臨床心理士の報告する心理査定に反映された患者の姿は，他職種の人には新鮮に写ることがある。毎日の病棟での行動観察はもちろん欠くことのできないものであるが，それ以上に一枚の絵や，投映法に表現されたイメージがその人のあり方を象徴的に表わすことがあり，インパクトが強いからであろう。

　結局，どのようにフィードバックするかを考えることは，フィードバックが治療にどう活かされるかを考えることでもあろう。

（山　上　栄　子）

2　精神科臨床事例

【事例1】　解離性障害の20代女性
T子さん　未婚女性　ハンドテスト実施時21歳

A　問題あるいは主訴

（1）　肩や頭が痛くなり始め，どこか穴のような所にすとんと落ちて行く感じがあると，その後はまったく記憶がない。気がつくと部屋は荒れ放題で周囲に物が散乱している。職場の人からも「突然気性が荒くなる」と言われ，自分は，おかしいのかもしれないと感じるようになった。

（2）　小学生の頃からの耳鳴りと一年前からの悪夢を伴った睡眠障害，最近特にひどくなった頭痛について困っている。

B　生育歴および問題の経過

幼少より皮膚が弱く，動物アレルギーで全身発疹に覆われることも度々であったが，現在は手と首にアトピー症状が残っている程度に改善されている。元来おとなしく対人関係をもつのが苦手で，「人と打ち解けるのに3年かかる」と言うが，中学・高校時代は音楽関係のサークルに入って楽しく過ごすこともできた。しかし一方で，高校時代から「思いもかけない行動に出る変わった子」と友人に評されることがあり，その頃から解離症状が出始めていたのかもしれないが，表だった問題にはならずに過ごしていた。高卒後は専門技術を身につけて技術サービス業に就職した。

一年位前より交際していた男性といるときに，表情がなくなり，「どうしたの」と話しかけられて，初めてはっとすることが何度かあった。その頃より人といっしょにいるといらいらしてくることが多くなり，この男性と別れ，技術サービス業を退職している。

このような対人接触困難や引きこもり傾向を引きずりながらも，半年前に販売業に再就職した。以後，接客中に突然黙り込むなどの対応の悪さを指摘されることはあったが，それ以外のときは比較的平静に勤務できていた。しかし，

ここ二, 三カ月前から職場で突然大声で叫び,「お前が悪い!」「謝れ!」などと激しい怒りを表わし, 壁をたたき破り, 物を投げつけるなどの暴力行為が生じ始めた。職場の上司が止めようとすると殴る, 蹴るの暴行および, その後泣きながら次第に静かになっていき, すっと目が覚めたようになり, その間のことはまったく記憶にないという。最近ではその異変が連日のように頻繁に出現し, 危険を感じた上司が来院を勧めた。

家族内のコミュニケーションは悪く, 父と少し会話をするだけでほかのメンバーと顔を合わすことはほとんどない。気性の激しい母は感情的になりやすく, T子さんの幼少の頃より父母のけんかが絶えなかった。これらの生活史上のできごとについて, 面接当初は「覚えていない」と言って具体的にはほとんど語られず, 面接過程のなかで少しずつ明らかになっていった。とりわけ, 母についての陳述内容は葛藤的なものであったが, 面接初期には淡々と述べられていた。たとえば「動物が大好きな母は常時犬や猫を10匹以上飼っており, 母に動物アレルギーによる皮膚症状の悪化を訴えると, 犬や猫のせいにするな! と怒り出した」など, 母に受容されず, むしろ心理的虐待といえるエピソードが他人事のように語られた。なお解離症状が顕著になってきたのは, それまで離れていた祖父母と同居を始めた時期と一致している。以来, 祖母の看病に携わるようになり疲れが顕著な母とは, ほとんど会話のない状態が続いていた。

C 臨床像

色が白く, 細くて小柄。面接場面での話しぶりは抑揚がなく力が入らないもので, 頼りなげな微笑みをときにつくろうことがある。

D ハンドテスト (表4-1)

a 検査時の様子

こちらからの誘いかけに抵抗なく応じるが, とりたてて関心を示すのでもなく, 淡々と課題をこなしているという様子である。解離症状が出現しているときのことはもちろん, 生活史上の体験や日常生活についても記憶が定かでないことがあり, 他人事のような話し振りである。

表 4-1 【事例1】 解離性障害の20代女性のハンドテスト・プロトコル

カード番号	IRT	被検者の反応	スコアリング 量的	質的
I	8″ ∧	手を振っている。(Q) 友達に会ったとき。	COM	
		誰かを止めるとき。(Q) ちょっと待って下さい。呼び止めるとき。	DIR	
		たたくとき、手拍子。(Q) リズム (Q) 音楽を聞いているとき。	ACT	
II	3″ ∧	窓の外を見ているとき。(Q) へばりついているとき。	PAS	
		何か押さえてる。(Q) 何かが落ちてくるのを押さえる。	ACQ	
		誰かを起こすとき、こう。(Q) ゆすって。	DIR	
		手をついてる、自分の体を支える。	TEN	
III	2″ ∧	景色を見てるとき、指差して何かを差してる。	COM	
		インターホンを鳴らすとき。	ACT	
		学校の先生が黒板を差してる。	DIR	
IV	7″ ∧	握るとき。(Q) 人の肩を。	AGG	
		(Q) 何かを捕まえようとしている、猫をつかむとき。	AGG	(IM)
		(Q) 人を呼ぶとき。	DIR	
V	5″ ∧	しがみついている。(Q) 鉄棒か何か。	ACQ	(CYL)
		何かを抱っこしている。(Q) 猫。	AFF	(IM)
		何かを持っている。(Q) 大事なもの。	ACT	
VI	4″ ∧	石を握っている。	ACT	
		くいしばっている。(Q) 苦しいとき。	TEN	
		ドアをたたこうとしている。	ACT	
VII	5″ ∧	何かを埃とかはたいてる。	ACT	
		手を見ている。(Q) じっと。	PAS	
		飛んでいく紙とかを押さえてる。	ACT	
VIII	8″ ∧	つねっている。(Q) 何かをつぶしている。(Q) さくらんぼ。	ACT	
		鉛筆とかを持っている。	ACT	
IX	5″ ∧	何かをたたく。(Q) 猫を追っ払う。	AGG	(IM)
		虫を追っ払う。	AGG	(IM)
X	4″ ∧	何かを握る。(Q) グーで何かを握る。	ACT	

AFF = 1	ACQ = 2	TEN = 2	DES = 0	R = 27	IM = 4
DEP = 0	ACT = 10	CRIP = 0	BIZ = 0	AIRT = 5.1″	CYL = 1
COM = 2	PAS = 2	FEAR = 0	FAIL = 0	H-L = 6″	
EXH = 0				PATH = 2	
DIR = 4				AOR = 3:7	
AGG = 4					
INT = 11	ENV = 14	MAL = 2	WITH = 0		

b 形式分析

日本の一般成人平均・臨界値・典型範囲の検査結果に関しては，『ハンドテスト・マニュアル』付録247頁の表Ⅲ-2「日本の一般成人群（20-58歳）のハンドテスト・スコア標準値」を基にしているので，そちらを参照されたい。

1） 集約スコア 総反応数は26個で平均よりかなり多く，面接での言語表現の少なさと対照的に，本テストは内面からわきだしてくる思いを汲み上げる格好の媒体となった。体験比率のINT［対人］：ENV［環境］：MAL［不適応］：WITH［撤退］は10：14：2：0でバランスに問題はなく，TEN（緊張）が2個からなるMAL［不適応］は緊張感の存在をうかがわせるが，典型範囲内であり極端に多い数ではない。しかし，AOR（行動化比率）に関して言えば，AFF（親愛）＋DEP（依存）＋COM（伝達）：DIR（指示）＋AGG（攻撃）＝3：7であり，この年齢の女性としては支配性や攻撃性が高すぎ，DIR（指示）とAGG（攻撃）は84％の臨界値を越えている。

本比率の妥当性については論議のあるところであり，単に比率のみならず反応内容の吟味やほかのスコアとのバランスを考慮に入れて行動化の可能性を推断すべきであるが，本例ではAGG（攻撃）の対象は動物で，DIR（指示）の対象が人であり，巧みに置き換えのメカニズムが働いており，その点からは自我は機能しているといえる。したがってここでは即時の行動化の可能性は低いと思われるものの，行動化への準備状況は整えられており，しかもDEP（依存）がまったく出現しないうえに，AFF（親愛）が一つしか出ていないことは，親しい対人的接触や甘えの感情を表出するのにためらいがあることを予想させ，行動化を緩和させるカウンターパワーが弱いといえる。

2） 量的スコア ACQ（達成）が2で，PAS（受動）が2であることから，積極的にがんばる姿勢と受け身的で退却的な姿勢という両極性が拮抗していることを予想させる。ただACQ（達成）の内容を見ると，Ⅱカード「何かが落ちてくるのを押さえる」，Ⅴカード「しがみついている。鉄棒か何か」であり，自ら何かに働きかけて目標達成しようとするACQ（達成）ではなく，危機的な状況におかれ，必死で耐えてがんばっているという努力である。

ここで見逃してならないことは，この努力の前提として危機的状況での恐怖感が示唆されていることであり，基本的安全感が弱いことが想像される。また

耐える傾向は，MAL［不適応］反応の TEN《緊張》でも顕著で，VIカード「くいしばっている。苦しいとき」と述べ，追い詰められてぎりぎりのところでがんばっている姿がある。本カードのカードプルが AGG《攻撃》であることを考え合わせると，攻撃性を誘発する刺激に動揺はするが，すぐ反応はしないことがうかがわれる。

一方，攻撃性が表出される場合，すべての AGG《攻撃》反応の対象は動物であり，しかもそのうち2回が猫に向けられるという特徴が生じている。この猫は，たった一つの AFF《親愛》である「抱っこしている猫」でもあり，愛憎の両価性を猫が引き受けているのかもしれない。このキー・アニマルである猫については，母との複雑な関係の実際の媒介者として，あるいはその象徴として重要な役割を担うことが面接のなかで明らかになっていった。

3） **質的スコア**　「猫」（IV，V，IXカード）と「虫」（IXカード）というともに動物の投映に対して IM《未熟》がスコアされた。ワグナー（Wagner, 1983）[4]によると，「IM《未熟》反応は，必ずしも否定的な意味をもつわけでなく，若々しい活力や無邪気さや自発性とも関わっている」とされるが，本事例の IM《未熟》反応は，すべて攻撃性と，他者に対する親しい感情に関するものであり，基本的な対人感情を表出するとき上手にコントロールできないことを予想させる。とりわけ攻撃的な反応と結びついた IM《未熟》反応は，意識水準が低下した状況において突発的に出る攻撃行動の指標とされることがあり，本事例が解離状態で暴力行為に出ることと一致しているのである。

c　継列分析

【Iカード】

初発反応時間は平均より少し長く，初めての場面に少々躊躇したものの無難な COM《伝達》で応じた。次に DIR《指示》を出して，対人関係でほどほどの自己主張ができることを示し，最後に手拍子をとるという楽しい身体感覚で終わり，自我の強さを示唆する反応群で始まった。

【IIカード】

神経症的ショックが生じやすいカードであるが反応遅延もなく，「窓の外を見ている。へばりついている」と観察者的態度で自分を守るかにみえた。しかし，次の第二反応に移るまでに十数秒の時間がかかったことや，その後の反応

が「何か押さえてる」「誰かを起こす」「自分の体を支える」という主体者に同一化したものであり，第一反応との質的な相違が大きく，第一反応と第二反応の間に大きな断絶があったことが予想される。さらに観察者的態度は，同時に離人感的であるとも考えられ，本ケースの主たるメカニズムである解離を示唆している。

【Ⅲカード】

前カードの緊張感は何事もなかったかのように過ぎ去り，回復してごく日常的な場面が想起される。しかしⅡカードとの落差はあまりに強く不自然でスプリットを感じさせる。

【Ⅳカード】

少々反応が遅れて「握るとき」と述べる。〈どんなふうに〉と質問すると「人の肩を」とまだ実際性に乏しく，さらに〈どんなとき？〉の問いに「何かをつかまえようとしている，猫をつかむとき」で終わる。ここではAFF（親愛）とAGG（攻撃）が出たり入ったりしながら攻撃性がはぐらかされ，愛情希求も率直に表現されないままである。また最後の「人を呼ぶとき」も指示なのか依存なのかはっきりしない反応であり，本カードが父親イメージを想起させるという仮説を採用するなら，T子さんにとっての父親は捉えどころのない不確かな存在であると同時に両価的感情の対象でもあるだろう。なおヤング（Young，1994）[5]らの研究でも，解離性障害をもつ人の特徴はAFF（親愛）とAGG（攻撃）を同じプロトコルのなかに産出することだと述べている。

【Ⅴカード】

「しがみついている」対象は人ではなく「鉄棒か何か」であり，確かだが固い物にしがみつかざるを得ない志向性が，情緒的に混乱させられると出てくる。

【Ⅵカード】

AGG（攻撃）が出やすい本カードで攻撃性が率直に出されず，我慢したり物に当たる（「ドアをたたこうとしている」）ことで処理しようとする。

【Ⅶカード】

「埃をはたいてる」と汚れたものを排除し，「手を見ている」と観察者的態度の後，「飛んでいく紙を押さえてる」と，地に足が着かない不確かな自分を必

死でひきとめておこうとする動きが見られる。

【Ⅷカード】

反応遅延し,「つねっている」と述べ,〈どういう状況ですか〉とたずねると,「何かをつぶしている」と答え,〈何を〉の問いに,「さくらんぼ」と変わっていく。つねる対象は明らかに人であるはずなのに,攻撃性は防衛されて小さな果物をつぶすことになる。しかし一度は攻撃性ショックで動揺したものの,その後の反応は「鉛筆とかを持つ」という日常的な行為であり,立ち上がりの良さをうかがわせる。

【Ⅸカード】

ここにきて初めて何のためらいもなく攻撃性が表明された。しかしあくまで対象は小動物であり,人には近づけない。

【Ⅹカード】

白紙カードで,自らの能動的想起を促されたとき,「何かを握る」という無難だがあまり具体性をともなわない反応をすることによって,自己の攻撃衝動の防衛を図ったようである。

E 風景構成法（図4-1）

本ケースは解離性障害の性質上,自我レベルでの言語を中心とした面接ではあまり問題が意識化されにくいことや,また早急で過度の言語化は侵襲的であると考えられたこともあり,さらに本人の好みも取り入れて描画を中心とする治療的接近を試みた。ここではその治療経過については触れないが,治療への導入でもあり,統合力など自我の強さがどの程度なのかを見るために施行した風景構成法を取り上げたい。

その大きな特徴としては,画面の左半分が生き生きと描かれ,右側面はほとんど空白であること,各アイテムはほぼ構成されているが,川と石のみがほかから離れて唐突にあることである。これらから現実世界がおろそかにされていることや,衝動性と心の引っ掛かり（あるいはトラウマ）が自我の統制下に統合されず,切り離されていることが予想される。この行き場を失った衝動性とは対照的に,左上方の冬の夜の世界は躍動的ですらある。三日月の出ている夜,猫が走り回り,人は木にぶら下がって遊んだりしていて,家を除き,萩原

図4-1 【事例1】 解離性障害の20代の女性の風景構成法

朔太郎の世界(「猫」『月に吠える』)⁶⁾を彷彿とさせる。猫の登場や，見る世界と見られる世界の分断などはハンドテストでも投映された事象であり，解離症状を反映しているとも考えられる。

F　ロールシャッハ法

ロールシャッハのプロトコルを表4-2に示した。

解離的なエピソードがほぼおさまった頃に施行したロールシャッハ法については，R総反応数=17，P=4，M：FM=2：0，F%=56%，SumC=2，CR=7であり，量的には大きな逸脱はないが，形態水準にむらがある。つまり，ⅠカードからⅦカードまではP反応を出しては次のカードに形態水準の低い反応を出し，次にまた無難な反応に戻るというように，崩れてはまた立て直しの繰り返しをしている。このように危ういようでいながら，もちこたえるという自我の在り様を示していたが，Ⅷカードの色彩ショックで反応失敗した後，Ⅸカード「煙」と回復し切れず，Ⅹカードで形態水準マイナスの「岩を登って行く人」で終わった。ハンドテストでは最後のカードで自我防衛を働か

表 4-2 【事例1】 解離性障害の 20 代女性のロールシャッハ・プロトコル

I	①∧	2″	こうもり	頭, 羽	W F± A P
	②∧		顔	デビルマンで目, 口	WS F± (Hd)
	③∧	40″	何かの後ろ姿	手で体, 羽, マントかな	W F± (H)
II	①∧	16″	血	全体的に血痕, 黒いのが変, 赤の感じ, べちゃっとついてる。	W CF-+ Bl
	②∧	33″	泥	このへん, 黒, イメージが	W C'F-+ Mud
III	①∧	4″	人, 二人の人間	顔, 体, 足, 手, 何かを作ってるみたい, ここがなべみたいなの。	D M± H P
	②∧	45″	なんか怖い, 火	なんとなく	D CF-+ Fire
IV	①∧	3″	人	目で顔で手で足で, 怖そうな, 偉そうな	W F± H
	②∧	40″	猛獣	しっぽ	W F± A
V	①∧	11″ 30″	こうもり	触角で羽, 耳	W F± A P
VI	①∧	5″	キツネ	鼻でひげで, ここキツネの髪, 体	W F± A
	②∧	27″	動物の死体	横たわっている, べちゃっと, 倒れているような	W F± (A)
VII	①∧	20″ 35″	二人の子ども	女の子で髪, 顔, 体	W F± H P
VIII		50″	分からない		
IX	①∧	13″ 40″	煙	全体が, なんとなく	W KF∓ Smoke
X	①∧	20″	崖	ここらへん, 岩みたい	D cF∓ Na
	②∧		登って行く人たち	目で, 子どもみたい	D M∓ H
	③∧	35″	遠くの景色	ここにたどりつくまで	D kF∓ Lds

R=17 RT=36.1 R1T=7.1 R1T(N.C.)=8.2 R1T(C.C.)=13.3 P=4
W=11 WS=1 D=5
M±=1 F±=9 CF-+=2 KF-+=1 cF-+=1 kF-+=1
M-+=1
H=4 (H)=1 (Hd)=1 A=4 Na=1 Lds=1 Bl=1 Mud=1
Fire=1 Smoke=1 (A)=1

せた状態で終わることができたのに対して，ロールシャッハという退行促進的な刺激は，あまりに深いレベルへの侵襲が強すぎたのか，動揺したまま不安感を吐露して終わることになった。また「何か怖い」あるいは「べちゃっと」という否定的な表現を10カード中4カードに表現したり，IIカードの「血」，VIカードの「動物の死体」，IXカードの「煙」には，恐怖，不快が根底にあり，その核たる部分に抵触するような刺激に出会うと，自己存在が脅かされる不安がいっきに噴出し，おさまりのつかない状態になることが示唆された。

G　まとめ

「幼い頃よりおとなしいがいつも前向きの姿勢をもち，人と争ったこともない気配りもよくできる優しい子」（父親の評価）という主人格をもったT子さんが高校生の頃から解離症状を徐々にもつようになった。さらに一年前からは極度の不眠，頭痛，健忘にも襲われるようになったが，ちょうどこの頃に男性と交際し始めたばかりで，親密になっていくにつれて「父の娘」であるT子さんにとって父との関係が改めて問われ始めたのかもしれない。父との関係については「幼い頃肺炎で入院してたときも父がついてくれていた」と想起されたり，治療に通っていることも母には告げず，父のみに話していることなどから，父との心的距離は近いものと考えられる。

このように父の投影を一身に受けているT子さんに対して，母は複雑な感情をもっていたであろうし，その母から受けた慢性的な心理的虐待と孤立は激しい怒りと憤りを伴った暴力行為の解離症状を噴出させ，社会生活に支障をきたして受診に至ったのである。斎藤（1997）[7]は日本での多重人格の現れるタイプの一つとして，虐待体験のみならず，夫婦間葛藤に巻き込まれる場合もあることを挙げているが，本事例では両者を兼ね備えていたといえるであろう。

このようなT子さんの心の世界が，ハンドテスト，風景構成法，ロールシャッハ法の三つの投映法それぞれのスクリーンを通して描き出された。ハンドテストではファサード・セルフ（FS）が投映されやすいといわれるが，本事例では親密と攻撃，依存と指示など両極的な事象が拮抗してあるためスムーズに出ることができず，我慢したりためらったり，迷ったりという抑制が顕著なFSが示された。この抑制された衝動は，岡野（1995）[8]の述べる「MPD

（多重性人格障害）ではスプリッティングが投映や外在化の対象とならず内在化され，解離へと向いていきやすい」傾向につながるものである。

また風景構成法ではイメージを通して自己表現する安心感があったのか，生き生きした闇の世界が表出された。

一方，ロールシャッハ法ではそのあいまいな構造のために退行が生じ，T子さんのもつファンタジーが投映されたが，ここでは拒否される恐れとともに無価値で不確かな自己，その自己消滅への不安と願望などが表出されたと思われる。

以上，三技法をまとめてみると，ごく平静に日常生活を過ごしている自我と，コントロールのきかない衝動性の唐突な出現が，ともに投映されていた。心的メカニズムとしては，抑圧でなくスプリッティングが優勢で，しかも抑制が働くために衝動は内在化され，解離へと導かれることが推察された。

【事例2】 虐待経験をもつ青年期女子事例
L子さん　高校生　女子　ハンドテスト実施時18歳

A　問題あるいは主訴

(1)　過食嘔吐による極度の痩せ
(2)　家族に対する葛藤を契機とした過食嘔吐の繰り返し

B　生育歴および問題の経過

L子さんの母親は飲酒による問題で精神科入退院を繰り返した人であった。幼少期からL子さんは，そうした母親に暴力を振るわれ，また母親自身が「淋しい」からとの理由で，幼稚園や学校にもあまり行かせてもらえず，家事をしなければいけない暮らしを続けてきた。しかし，L子さんが15歳のとき，その母親が事故で亡くなってしまった。彼女がこの事故を目撃したことは大きな心的外傷となったと推測されるが，母親の死後，祖父母に引き取られ「生まれて初めて生活の心配をしなくても良い暮らしができるようになった」と述べている。そんななかで，L子さんは次第に拒食・過食を繰り返すようになった。祖父母には「入院したのになぜ病気が治らないのか」と言われ，期待を裏切ってしまったと感じており，本格的な治療を希望して再入院した。

C 臨床像

体重は30 kg以下と非常に痩せているものの，小柄のせいかそれほど痩せは目立たず，手足のすらりとした目の大きな西洋人形のような少女である。年齢よりも幼く見えるが，物腰は落ち着いており，丁寧に挨拶して愛想良く検査を受ける。しかし，母親のことに関しては「子どもがそのまま大人になったような人」と冷たく答え，母親の死についても「そのときは涙を流したけど，別に悲しかったわけではないです」と語る。

D ハンドテスト

a 検査時の様子

ハンドテスト・プロトコルを表4-3に示す。検査には大変協力的であるが，どこかしら感情を抑えたような冷静な態度が感じられた。

b 形式分析

1） **集約スコア** 総反応数19と日本の一般成人平均（18.41個）（吉川，山上，佐々木訳，2000)[9]と同程度出ており，外界に対する基本的な反応性，活動エネルギーは充分である。しかしながら，ER（体験比率）をみると，一般的にはINT［対人］カテゴリーとENV［環境］カテゴリーがほぼ等しく出現する（日本平均INT：ENV＝9：7）のに対して，INT：ENV：MAL：WITH＝13：5：1：1と，INT［対人］カテゴリーに偏ったものとなっている。現実世界に対する働きかけであるENV［環境］カテゴリーが少ないことは，INT［対人］カテゴリーの反応が現実生活にはもとづかないファンタジーの世界のものであることが指摘され，L子さんの対人関係が日常生活において決して豊かなものとはなっていないことが推測される。これは，L子さんの人格構造として，IS機能がFS機能を過剰に上回っていることを意味していると考えられる。

また，攻撃的な行動化の予測指標として用いられるAOR（行動化比率）は，6：6と非常に高く（日本の一般成人平均では，差を用いた行動化スコアが2.4），INT［対人］カテゴリーの反応がファンタジーにとどまっているとはいえ，外界に対する攻撃的な反応様式が非常に活発なものとなっていること

表4-3 【事例2】 虐待経験をもつ青年期女子事例のハンドテスト・プロトコル

カード番号	IRT	被検者の反応	スコアリング 量的	質的
I	6″ ∧ < ∨	ちょうど外人が挨拶する感じ。(Q) ハイって感じ。(Q) 友人に軽く。 握手 (Q) 自分と同じか目上の人。 あと、おいでって感じ。(Q) 犬とかペット。餌を与える感じで。	COM AFF DIR	(IM)(AFF)
II	2″ ∧ <	印象、ぱっと見た感じで、助けてっていうか、助けを求める手で、あと、砂をつかむ瞬間。(Q) ぱっと。 握りつぶす。(Q) 分かんない。怒りで、怒りみたい。	DEP ACT AGG	
III	4″ ∧	恐る恐る何かを指してる。(Q) 何あれ？ (Q) 怖がった感じ。	FEAR	
IV	4″ ∧ < ∨	小さい子どもを撫でようとしてる手。 あと、襲おうとしたときに押さえつけようとしてる瞬間の手。 何かを手のひらにのっけて、見せようとしてる手。	AFF AGG EXH	(IM) (GRO) (DEP)
V	3″ ∧	絵が分からない。どういう手の形っていうか。(自由に見て良いよ) どうしようとしてるのか、分からない。	FAIL	(PER)
VI	6″ ∧	何かを手に隠し持ってる。(Q) 驚かす。びっくりさせてやろうとしてる。 花束とかをさしあげようとしてる状態。 ジャンケン	AGG AFF COM	(HID) (IM)
VII	10″ ∧	そのまま自分の手の様子を見せている (Q) 分かんない。自分で自分の手を見てるみたい。(Q) 自分の状態、きれいだとかじゃなくて、ペットで手をあげて、自分はどうなるんだろうって感じで見てる。	PAS	
VIII	3″ ∧ <	これは、花の種をまこうとしてる。 針に糸を通そうとしてる。 子犬、子猫をなつかせようとしてる。そっと、おいでって、感じ。	ACT ACT DIR	(IM)(AFF)(RPT)
IX	4″ <	襲おうとしてるとき。首を絞めようとしてる。ちょうど母親の手みたい。この手が誰かを襲う感じ。それ以外見えない。	AGG	(RPT) (GRO) (EMO) (FEAR)
X	20″ ∧	こんな状態。(D 軽く握る) 意味的には、自分が探していたものが見つかったって……まだ、自信がないせいか、せいで、捕まえたものがすり抜けていく……つかみかけたものがなくなっちゃったっていうのを想像した。今の心理がそんな状態。	PAS	

AFF=3	ACQ=0	TEN=0	DES=0	R=19	EMO=1	
DEP=1	ACT=3	CRIP=0	BIZ=0	AIRT=6.6″	GRO=2	
COM=2	PAS=2	FEAR=1(1)	FAIL=1	H-L=18″	HID=1	
EXH=1				PATH=3	IM=4	
DIR=2				AOR=6:6	RPT=2	
AGG=4					PER=1	
INT=13	ENV=5	MAL=1	WITH=1			

は確かであろう。MAL［不適応］カテゴリーの反応が心的な葛藤を反映することから、行動化への抑制的役割を果たすことがあるが、L子さんの場合はそうした葛藤を示唆する反応であるTEN（緊張）やCRIP（不自由）ではなく強い不安を表わすFEAR（恐怖）反応＝1となっており、行動化の問題を複雑にしていることが予測される。

一方、PATH（病理スコア）は3と、日本の一般成人の84％臨界値である4を越えていない（日本の一般成人平均は2.12）。これは先に述べたようにMAL［不適応］カテゴリーが比較的少なかったためであるが、実際には出現頻度としては稀であるFEAR（恐怖）反応や、FAIL（失敗）反応が出ているため、これらの反応の病理性について量的カテゴリーで精査する必要がある。

カード刺激に対する防衛の様子を反応時間からみると、AIRT（平均初発反応時間）は6.6秒と日本の一般成人平均の7.3秒とそれほど変わらず、H－L（初発反応時間差）も18秒と日本の平均18.4秒とほぼ同じである。ⅦカードとⅩカードに若干の遅れが見られるため、継列分析によってその内容を吟味する必要があるが、全体として著しい防衛の破綻や反応の抑制はない。

2）　量的スコア　INT［対人］カテゴリーが13個と日本の一般成人の平均9.31個と比べて若干多めである。特に多かったのはAGG（攻撃）反応で、典型範囲（0～4個）に対してぎりぎりの値である。L子さんに特徴的なのは、これだけのAGG（攻撃）反応を出しながら、AFF（親愛）やDEP（依存）反応を平均と同程度出していることである（AFF（親愛）の平均が2.19個、DEP（依存）の平均が0.67個）。そのために全体としてINT［対人］カテゴリーが多くなったと考えられる。その反面INT［対人］カテゴリーでもっとも多くなるとされるCOM（伝達）反応が2個にとどまっている（日本の平均2.70個）。これはL子さんが他者との基礎的な信頼関係を前提とした対人交流を欠いたまま、偏った対人関係を築いているということを推測させる。

このように偏ったINT［対人］カテゴリーにエネルギーが集中しているため、当然のことながらENV［環境］カテゴリーは若干少なく、日本の平均で6.29個出ているACT（活動）反応が3個である。日常生活活動への基本的な関心は失われていないものの、生きていくための課題、遂行、活動に対して積極的に関わろうとしていないことが考えられる。

内的な弱さや外的な抑制によって行動傾向がうまく発現できない困難さを表わしているとされる MAL［不適応］カテゴリーは1個と少ない（日本の平均で1.51個）。しかし，サブカテゴリーの TEN（緊張）や CRIP（不自由）反応よりも病理的には重い意味をもつとされる FEAR（恐怖）反応が出ている。TEN（緊張）や CRIP（不自由）反応は，緊張や無能感や心配に悩まされていることを反映するものであり，ある意味で心的な葛藤や防衛の表われでもあると考えられる。L子さんはこうした苦悩や葛藤的な反応は出さずに，FEAR（恐怖）反応のみを出しているのである。FEAR（恐怖）反応は，「心理的，身体的な傷つきに関わっている。他者や状況に関わる恐怖症的な体験，すなわち被検者自身の内在化された敵意が FEAR（恐怖）反応を生み出す。この反応は，自我の統合性を脅かす脅威に対する切実な心配を反映している」とされており，典型範囲が0～1個と一つでも出ていると非常に重要な指標となる反応である。しかも，これをもっとも構造化された刺激であるⅢカードに出していることは，ほかの人にとって何でもない日常的な刺激が L子さんの自我を脅かす可能性を推測させる。

　さらに問題となるのは，一般成人ではめったにない FAIL（失敗）がカードⅤに生じていることである。これは，「ある生活役割を行動化することに関わる両価性や解離的な傾向，現実接触の崩壊」を表わすとされており，L子さんの現実接触が非常に不安定なものであることを示唆している。この反応失敗が L子さんのどのような体験様式を反映しているかについては，継列分析で精査する必要があるが，これら FEAR（恐怖）反応や FAIL（失敗）は，L子さんの FS 機能が非常に弱体化していることを意味しており，このことが内的葛藤の行動化の可能性を高めていると考えられる。

　3）質的スコア　4個の AGG（攻撃）反応のうちの2個が GRO《粗野》（日本の平均0個）を伴い，そのうちの一つであるⅨカードの反応は EMO《情動》（日本の平均0.08個）と付加的カテゴリーである PERS《私事化》を伴う非常に個人的で感情的な反応である。L子さんの攻撃的な反応が，直接自己の体験と結びついた生々しいものであることを推測させる。こうした生々しい反応が直接露呈していることは，L子さんがこうした体験や攻撃的な感情を緩和したり中和したりする経験をもってこなかったためではなかろうか。

そうした人格発達的な未熟さも反映していると考えられるのが4個のIM《未熟》(日本の平均1.84)である。"犬とかペット""小さい子ども""子犬，子猫"とかわいらしいものが出ており，お人形のようなL子さんの印象に重なるものを感じさせる。これに隠されたように前述の生々しい攻撃性が表出され，まさしく1個出ているHID《隠蔽》(日本の平均0.09)の「びっくりさせてやろうとしてる」通りである。L子さんが内に秘めたものの激しさにL子さん自身が困惑しているのかもしれない。

c　継列分析
【Iカード】
　新奇場面にもかかわらず，無難に6秒で「外人が挨拶する感じ」，続いて「握手」と標準的な反応を出している。L子さんの初対面での人当たりの良さを彷彿とさせ，ある意味でL子さんの環境への順応力をうかがわせる。しかしながら，第三反応では「おいでって感じ。犬とかペット。餌を与える感じ」と近寄ってきてもらうことを意図した特殊なDIR《指示》反応となっている。このカードでのDIR《指示》反応の多くは「止まれっていっている」というもので，初対面でのためらいや緊張を推測させる反応であることを考えると，L子さんの反応にはそうした戸惑いや迷いが見られない。そのうえ，友人→同じか目上→餌を与える（主従関係）というように次第に対象（相手）との関係が一方的なものとなっていくなど，L子さんの対人関係の深まり方に限界を感じさせる。

【IIカード】
　2秒と非常に短時間で「助けを求める手で」と率直な恐怖の伴った依存反応を出している。このカードは神経症的なショックを引き起こすとされているが，L子さんの場合はショックを抑制したり，統制したりする試みがなされないまま，反応として表出してしまったようである。その後，一応は抑制的な働きが生じたのか「砂をつかむ瞬間」と情緒的内容から離れたものの，このカードの刺激を充分には統制できなかったらしく，依存的な反応とは正反対の「握りつぶす。(Q)分かんない。怒りで」と攻撃的な反応となっている。同じカードに依存と攻撃という相反する反応を見るというL子さんに特徴的な反応パターンがすでに現れている。

【Ⅲカード】

かなり構造化された無害でやさしい刺激とされているこのカードで,「恐る恐る何かを差してる」と明らかなFEAR（恐怖）反応を出し,出しやすいCOM（伝達）やACT（活動）反応を出せていない。このカードに標準的な反応が出せないことは重篤な問題を示唆するとされており,L子さんの外界に対する非常に強い警戒心,恐怖心が推測される。Ⅱカードからの継列を考えるならば,依存→攻撃の後の恐怖反応と考えられ,非常に象徴的な意味をもっていると考えられる。

【Ⅳカード】

Ⅲカードの恐怖から立ち直って「小さい子どもを撫でようとしてる手」とAFF（親愛）反応を出すことができている。しかし,その後に「襲おうとしたときに押さえつけようとしてる瞬間の手」と相反する反応を続けて出している。「瞬間の手」という言い回しは非常にリアルで,L子さんの虐待体験を反映するかのようである。L子さんの反応の多くが現在進行形のまま終わっているため,一般的な手としての抽象化がなされておらず,その分非常に生々しいものとなっているようである。外的刺激に対する防衛機能を果たすFSの未熟さが推測される。

【Ⅴカード】

受動性への態度や神経症的なショックを反映するとされているカードである。L子さんにとっては,このカードの被害的な刺激が強烈だったのではなかろうか。「絵が分からない」と認知的な機能そのものも破綻し,統制不能となっている。このカードの被害的なテーマは,母親の死とそれに同一視している自らの虐待体験とを刺激したことが推測される。L子さんのモーニング・ワークが手つかずのままであること,また,傷つけられた自己像の問題が根深いものであることを感じさせる。

【Ⅵカード】

攻撃的な反応を出しやすいカードであるが,直接的な攻撃ではなく「隠し持って」「驚かす。びっくりさせてやろうとしてる」反応となっている。L子さんの非常に生々しい攻撃性がまさしく隠されているかのようである。しかし,それを詫びるかのように「花束とかをさしあげようとしてる」と反転して

いる。Ⅳ・Ⅵカードでは，一つのカードに AFF（親愛）と AGG（攻撃）反応を出すという両価的な反応様式が繰り返されており，L子さんにとって対象の意味が非常に不安定なものであることを推測させる。

【Ⅶカード】

10秒とほかのカードに比べていくぶん反応が遅れている。「自分の手の様子を見せている」「自分はどうなるんだろうって感じで見てる」と，カードの手が自分の手と重なってしまうという特殊な反応を出している。青年期には若干見られる反応で，自己愛的なテーマを感じさせる反応ではあるが，L子さんの場合，このカードの無難な刺激が自己存在や将来もしくは生きていくことそのものに対する漠然とした不安を喚起させたように感じられる。Ⅳカードの攻撃的な刺激の後，Ⅴカードの被害的な刺激，そして，Ⅵカードの攻撃的な刺激の後のこのカードの動きのない刺激は，Ⅴカードほどではないにしても，同じような傷つき無力な自己の存在を刺激されたのではなかろうか。

【Ⅷカード】

Ⅲカードに続く反応の容易なカードとされている。カードの刺激系列も変化するせいか（佐々木，1999)[10]，再び立ち直ってカードプルの ACT（活動）反応を二つ出している。カード刺激の変化によってこれだけ回復できるということは，L子さんの力ではあるが，ある意味で環境に影響を受けやすいことでもあると考えられる。Ⅰカードと同様に適応的な反応を出した後に，「子猫をなつかせようとしてる」と特殊な DIR（指示）反応を出している。愛他的な内容に一方的な関係が隠されており，こうした反応が標準的な反応の後に抵抗なく出ていることから，こうした関係が L子さんにとっては非常に日常的なものであったことが推測される。

【Ⅸカード】

もっとも反応の難しいカードとされているが，4秒と短時間で「襲おうとしてるとき。首を絞めようとしてる。ちょうど母親の手みたい」と被害体験がそのまま加工されずに生々しい攻撃反応となっている。母親の手と言及してしまうなど，虐待体験を連想させるものの，自分が襲われる FEAR（恐怖）反応とはならず，「誰かを襲う感じ」と他人にすることで何とか防衛されたようである。

【Ｘカード】

　20秒ともっとも反応の遅れたカードである。白紙カードであることから，将来の生活役割を思い描く能力と関係するとされているが，Ｌ子さんの反応は「探していたものが見つかった」が，「自信がないせいか，せいで，つかまえたものがすり抜けていく」という，将来への諦めや虚無感，無力感を感じさせる反応である。前半の「探していたものが見つかった」で終われないところに，Ｌ子さんの不確かさが感じられ，自分が何かを得ること・達成すること・幸せになることを自らが否定しているかのようである。これまで確かなものが安定してとどまる体験（安心感や信頼感）を経験してきていないことを考えると，Ｌ子さんがそれを求めながらも，決して自分には得られないものとして体験様式が固定化されてしまっていることが推測される。

d　まとめ

　ファサード・セルフ（FS）を捉えるとされるハンドテストであるが，Ｌ子さんのハンドテスト・プロトコルには，その量や質的な豊かさから彼女の豊かな内的世界（IS）が充分に表現されている。これは，彼女の辛い生い立ちを考えると，そうした生活のなかでＬ子さんがさまざまなファンタジー（これはISの機能である）を発達させ，それによって必死で生き残ってきたことを想像させるものである。このことは，ISを捉えると考えられるほかの投映法（ロールシャッハ法等）によって確認すべきことであろう。

　しかしながら，プロトコルにはっきりと現れているのは，Ｌ子さんの危うい人格構造（FS機能の未発達）であり，Ｌ子さんが自らを守る自我機能を充分に発達させることができないまま，脅威的な外的世界におびえて生きていることが全体を通して理解される。まず，ほとんど自我防衛が働いていないかのような恐怖反応からは，彼女が脅威的な外界を中和することをほとんど経験してこなかったことをうかがわせる。Ｌ子さんがどれだけISで補ったとしても，Ｌ子さんの現実は脅威的なままで，Ｌ子さんは支えのない不安定な自己を経験してしまう。このことは，岡野（1995）[11]が「外傷体験は自我形成の途上にある小児や思春期においてもっとも大きな痕跡を残す」と指摘するように，Ｌ子さんが小児期・思春期において慢性的な虐待，それに続く母親の死と，非常に深刻な外傷体験を経験してきたことを考えると充分に了解されることである。

こうした状況のなかでL子さんは観念的な（現実ではない）ISに依存することになったと考えられる。これは，上芝（1995）[12]が外傷体験を根にもつと考えられる多重人格のロールシャッハ特徴として，「多重人格者が心の内に，よく言えば豊かなものを，悪く言えば厄介な問題をたくさん抱えているということができよう。極言すれば，はち切れんばかりに内が詰まり，あるいは外へ現れ出んと待ち構えているといった様子がうかがわれるのである」と指摘していることと一致する現象と思われる。しかし，L子さんのFSは"はち切れんばかりの"ISを支えるだけのエネルギーはもち合わせていない。L子さんのFSは最後のXカードに象徴されるように，自らの人生，世界に対して，打ちひしがれた無力な反応様式しか形成することができないのである。このことは，お人形さんのようなL子さんが醸し出している現実感のなさとも一致するものと思われる。L子さんがこれから本当に生き残っていくためには，空想世界ではなく現実世界のなかで彼女が本当の安心感を体験できるような基本的な対人環境から整えていく必要があるのであろう。

E　ロールシャッハ法

ロールシャッハ・プロトコルを表4-4に示す。

1）基本的な体験様式　総反応数は23。初発反応時間・反応時間ともに一定のペースであり，一図版に正位置と逆位置で反応するなど規則正しい反応をしている。反応の幅は豊かで（$CR=10, DR=7$），体験型は両向型で内的な豊かさも充分（$M:\Sigma C=5:4$）で平凡反応も多い（$P=6.5$）など，いくぶん固い融通のきかないパターンではあるが，基礎的な社会適応力はもっている。

しかし，冷静に客観的な判断をした場合と，情緒的な影響を受けた際の現実検討力のギャップが大きく（$F+\%/\Sigma F+\%=100\%/58\%$），実際には情緒刺激に強く影響を受けており，その際，情緒統制が極端に崩れ（$CF+C>FC$），環境に対して受動的に関わる（$nonFW=4$）ことになっていると考えられる。こうした情緒的な統制の弱さをもつ一方で，情緒表出に関しては非常に抑制的（$Ⅷ+Ⅸ+Ⅹ/R\%=22\%, FC=0$）で，自らの情緒的な動揺を充分に内省しようとしていないと思われる。これは，陰影や濃淡反応の形態水準が低いことからも指摘され，内的な動揺に対する感受性はもっているもののそれらが充分に

表4-4 【事例2】 虐待経験をもつ青年期女子事例のロールシャッハ・プロトコル

I	①∧ 14″		これは，あ，まず，お面	①→ここに穴があったし，耳に見える。蝶々は，ここを堺に二つ同じ。蝶々が羽を広げたような感じ。（お面からいい？耳で，それから？）輪郭。ここら辺は，分からない。ここが耳？目で，小さな角がついてる。（何のお面？）仮装パーティーとか，森に行って，葉っぱで作るような。楽しいときに使うお面。（楽しいとき？）自然のなかで（？）どんなものでも作れる，楽しんで作ってる感じ。小道を散歩しながら，変わった葉を使ってお面を作ったような。 ①お面　W, S　F±　Mask
	②∧		と蝶々	②→羽で，とっき。 ②蝶々　W　F±　A　P
	③∨		あとは，何かお城。お城っていうか，お城に似た土器。古い遺跡みたいな。	③→ここら辺が，分かんないけど，祭壇に飾られてるような感じ。そんな気がした。だから，大切なもの。一人の人じゃなくて，みんなに大切にされてる，拝まれてるような感じのもの。（お城？）見えたけど。（何？）ん……これが，蓋のようになってて，そのなかに大切なものが入れられてる。（古い遺跡？）単純にいえば，今現代にないもの。現代なら，大切なものっていうと金庫だし，そういうんじゃなくて，昔の人が大切にしてたもの。
		47″		③土器　W　FK∓　Obj
II	①∨ 6″		まず，花。	①→ここが雄しべと雌しべがなってて。まわりが，こう（g）包んでる状態で，ここがガク。（包んでる？）チューリップみたいにはなってないけど，波打った感じで包んでる。（花って？）ここの突起が，雄しべと雌しべかなって。ここ二つ同じ形で。（何の花？）特にない。 ①花　W　FK∓　Pl.f
	②∧		何だろう。あと，何か，二人の人が，何かこうお互い向き合って，手を合わしてる状態。	②→手の部分で，頭を下げてる，下を向いた状態で，跪いて，何をしてるっていうと困るけど，何かそんな感じ。赤い部分の意味は分からない。（関係ない？）あると思うけど，何かは分からない。
		39″		②人　D　M±　H
III	①∧ 6″		これも，二人の人が楽しそうに会話してる様子。	①→これが人で，ここら辺にお茶があった感じで，暗いイメージはない。楽しく明るい感じ。ここの端は意味なし。（人）顔で，とぎれた部分から足。ここが腕。（お茶）テーブルになってる。楽しいイメージで，これが二人のハート，恋人同士ではなく，大切な人。二人をつなげてるような印象を受けた。二人の関係を表わすもの。ただの友人ではない，もしかしたら親子かもしれないし……。 ①人　Wcut　M∓　H, Abst, Obj　P
	②∨		あと，何か虫，虫でも頭部の部分で，カブトムシか，カマキリか，そこら辺の。	②→ここら辺は，口。これが手。これは模様。端は，意味がない。ここら辺は頭部。
		41″	以上です。	②カブトムシ　Wcut　F±　Ad

IV	①∧	5″	悪魔。	①→大きい悪魔。黒い影を表わしてて，ここら辺が，顔は見えるけど，悪魔だから，人の心を表わした悪魔。(？)色の濃さからして，周りからだんだん濃くなってて，本当の心は，何考えてるか分からないって感じ。(体？)ない。悪魔はいろんな形に変えられるから形はない。心を表わしてる。	
				①悪魔 W C'F (H)	
	②∧		あと，大きな木。樹木。	②→ここが幹。こう。大きな，この木，何の木みたいな感じ。ぜったい小さくない。(？)幹の太さから。(らしさ)木は木でも，変わってる。長年生き続けてきたから，台風とかで変形してる。大木になった木。(変形？)ここら辺。幹のここら。
				②木 W F± Pl
	③∨		あと，ドレス。	③→人で，頭部で，あとは分かんない。両手を広げた状態。(g)美空ひばりみたいなドレスを想像してた。頭部で，何かをかぶってて，バサッて開いた瞬間。で，後ろ姿。(？)黒さで影を表わしてる感じがしたから。
		41″	かな。	③ドレス W M∓, C'F H, Cg
V	①∧	4″	これも蝶々で，	①→そのまま，全体的に蝶々。(？)ここが突起っていうか，そんな感じで，羽ばたいてて，そういう状態。
				①蝶々 W FM± A P
	②∨		あとコウモリ。	②→逆さにして，こっちが頭部で，足，で，羽。コウモリ。以上です。
		39″		②コウモリ W F± A P
VI	①∧	7″	何っていうんですかね。ギター。	①→弦っていうかに見えて，変わった形してるだけで，楽器のように見えます。
				①ギター W F± Music
	②		狐。狐の下にひくやつ。下にひくようにあるやつ。羽毛じゃないけど，あれ。	②→床にひく。ここが髭みたいで，口とかとがってるじゃないですか。皮を広げられて，床にひかれた感じ。(狐？)ここら辺，耳，こうなってる。(羽毛，毛？)毛の感じと耳。
				②狐 W F± Aobj P
	③∨		あとは，一つの大きな花。	③→これは拡大した状態。茎で，まだ咲きかけて間もない状態の花。ここがうすーくなってるから，今から咲くぞって象徴した感じ。(何の花？)椿系。椿は丸いけど，この辺のとげとげ感が椿の感じした。(細長いつぼみなのかな？)丸いけど，花びらが変わった形してる花。
		44″		③花 W Fc∓ Pl.f
VII	①∧	6″	これは，小人がダンスしてる様子。それ以外はない。	①→小人でもあり，兎でもある。とにかく小さな生き物。向かい合って，ダンスしてる。この下は意味が分からない。ここがちょうど靴で，ここらは分からない。頭部。兎の場合は，ここが耳。小人の場合は，靴に見える。(あとは？)ここが上体で下半身。ここが鼻。もちろん。(兎？)ここが手で，下は分からない。あとはない。

			(伏せたあと，もう1度見る)	①小人　W　M±　(H), Cg　(P) add. 兎　D　M±　A　P
	②∨		あ，あと，凱旋門みたいな通りに。門みたいに見える。	②→半分切った状態だと考えると，同じだから，外国のお墓に行く途中の門。柵がある感じ。暗いイメージを受けた。(?)しょっちゅう出入りしてるのではなくて，あまり使われていない門。本当はここに柵があって，ここが開いて奥に行く感じ。(開く?)こう開く。出入り以外は，常に閉められてる感じ。常に閉められてて，暗いイメージがある。
		42″		②門　W，S　FK∓　Lds, Arch
VIII	①∧	7″	葉っぱに蛙が2匹ついてる。両端に。	①→ここら全体が葉。ここ，岩とか。土台みたい。自然のもので，2匹の蛙が，上の方に登って，卵を産み付けようとしてる。そんな感じの印象を受けた。(葉っぱ?)いや，色。 ①蛙　W　FM∓，CF　A, Pl
	②∨		それと，色鮮やかな花。それも暖かいところにしか咲かない。だけど，何か毒を持ってそうな。	②→大きな花。ここら辺が茎で，何か。暖かいのは，色からして珍しい花。色の配分が変わってるから。山奥にしか咲かなくて，ジャングルとかに咲く，珍しい花。(花?)ここら辺の印象で，花かなと。ここら辺は，ここの分を守るように包まれてて，ここは，透明，透けてるような状態に見える。(なかが透けてる?)はい。
		42″	以上。	②花　W，S　CF，KF　Pl.f
IX	①∨	21″	クラゲ？かな。何かクラゲに見えます。	①→こう，丸いから，クラゲが，3匹じゃない，2匹つながってて，足じゃない，毒を持った部分に見える。(2匹?)1匹，2匹。1匹はここまで，2匹は，ここ全部。(らしさ)ここ丸くなってるところが，クラゲの丸い部分に見えた。色が鮮やかだから，クラゲってきれいな印象があるから。 ①クラゲ　W　CF　A
	②∧		あと，何か物語に出てくるみたいな町。	②→町っていうか，大きな建物。海に囲まれてて，町を高く作ってる。一面の町じゃなくて，上に沿っていく感じの町。いろんな建物がある。ここにいろんな建物が建ってる。真んなかに，お城みたいな，シンボルみたいなお城があって。……もしかしたら噴水かも。中心部を表わす噴水みたいなものがある。(ここは?)まあ，海か何か。ここら辺に町がある。島になってて，崖にそって，上に町を作ってる。真んなかのみ空いてて，噴水か何か。端の方に行けて，その中心にお城か噴水かみたいのがある。(物語?)色が，夢のなかの世界みたい。
		51″		②町　W　FK−，CF　Lds, Arch
X	①∨	12″	お花の国であり，妖精の国であり，雰囲気が暖かい感じの，お花とか，お花畑みたいな。部分的なものが，いろいろ見えて，黒い部分は，それを支えてる大きな柱に見える。これが，その	①→色と形がバラバラ。明るい感じがしたから，それが妖精とかではなくて。(?)上にある世界を守る住人っていったのは，中心にいたし，みどりが，これが包むものである印象を受けたから。ここが天使みたいな感じ。お偉いさん。でも，優しい人。(人の形)あるけど，どこが何かは分からない。(お花の国?)そういう感じ。ここが，黒いっていうのからして，しっ

世界を守る住人です。　　　　　かりした印象で，国を守る，支えてる印象を受けた。で，柱。（ほかは？）いろんなものが，仲良くって感じ。これは何というのはなくて，やわらかくて暖かいイメージを受ける。
　　　65″ 以上。　　　　　　　①花の国　W　CF, FC, Fantasy, Pl.f, (H)

R＝23　RT＝45.1″　　R 1 T＝8.8″　　R 1 T (N.C.)＝7.2″　　R 1 T (C.C.)＝10.4″
W：D＝21：2　　W：M＝21：5　　M：FM＝5：2
M：ΣC＝5：4　　FM＋m：Fc＋c＋C'＝2：2.5　　Ⅷ＋Ⅸ＋Ⅹ／R％＝22％
FC：CF＋C＝0：4　　FC＋CF＋C：Fc＋c＋C'＝4：3
F％／ΣF％＝26％／83％　F＋％／ΣF＋％＝100％／58％
H％＝22％　　A％＝30％　　At％＝0％　　P (％)＝6.5 (28％)
Content Range＝10　　Determinant Range＝7

は機能していないのであろう。特にFK＝4と立体反応の存在は，対象そのものの立体感が強調された反応であり，自己不確実感や自己の不安定感，支えの欠如の意識と関係するものを推測させる。

　一方で，全体反応が多いなど，環境に対して過剰に関わろうとしていることが推測され，その際の現実検討の失敗と，適度に関わることで適応性を保てた際とのギャップが非常に大きい。

　2)　認知・思考の特徴　全体反応が多く，図版の刺激に一通り目を通して反応を出しているかのようである。要求水準が高く，非常に律儀に環境と関わっていることがうかがえる。しかしながら，反応はきれいで華やかなものとなったり，風化したり毒をもったものになるなど，非常に恣意的な観念活動が働いており，具体的で現実的な世界にもとづかないものとなっている。とりわけ，Ⅰカードの「お城っていうか，お城に似た土器。古い遺跡みたいな」や，Ⅳカード「木は木でも，変わってる。長年生き続けてきたから」，Ⅶカード「外国のお墓に行く途中の門。柵がある感じ。暗いイメージを受けた。あまり使われていない門」などは，老朽化して闇（死）の世界を内に秘めた独特の世界を感じさせる反応である。

　3)　情緒統制・対人関係の特徴　Ⅱカード，Ⅳカード，Ⅷカードの最初，Ⅸ・Ⅹカードと情緒的負荷が加わった際の情緒統制は非常に低い。内的体験から距離をおくか，知的で観念的な加工をするかで処理されている。特に，Ⅸカード「物語に出てくるみたいな町」，Ⅹカード「お花の国であり，妖精の国であり，雰囲気が温かい感じ」では，具体的・現実的な意味から解離し，空

想的・主観的な世界へと傾倒していく様子がうかがえる（現実との接触を回避し，空想世界への逃避）。また，Ⅳ・Ⅶ・Ⅸカードなど濃淡刺激が加わった際は，非常に独善的な判断が下されている。これは，安全感や安心感，未熟な依存性が刺激されたことが推測され，これらが充分な愛情・依存欲求とはなっていないためと考えられ，L子さんの対人欲求が現実の対人関係に向かうことなく，非常にプリミティブな安全欲求を抱えたままの状態であることが推測される。

F 風景構成法

図4-2に掲げた風景構成法は，細部まで非常に丁寧に描かれている。本人も満足した様子であった。しかし，中央の鮮やかな花と丁寧な描画に惑わされるが，細部までリアルに描かれているのは画面右側であり，左側にある水をなみなみとたたえ「水面が（黄色に）反射している」川（「上に向かって流れている」）と，枠におさまりきらない巨大な山は，空虚なままである。L子さんにとって手をつけることのできない，脅威的な世界となっているかのようである。右側の畑は先に行くにしたがって荒れ地になっており，将来（未来）に対する漠然とした不安が感じられる。中心に描かれた「ボロ家」と「古い木」は，まるで一心同体とでもいうかのように寄り添い合い，そこだけ別世界を保つかのようにしっかりと柵に囲われている。丁寧に描かれた"わだち"が家へと向かっているせいか，「家出して，ふらっと散歩に来た」「男の子」が吸い寄せられてしまうかのような錯覚を起こさせる。

G 統合解釈

どの検査も一見するとL子さんの豊かな体験世界を想像させ，辛い生い立ちのなかでL子さんが必死で生き残ってきたことを想像させるものである。しかし，詳しく検討するとL子さんの危うい人格構造が露呈しており，L子さんが自らを守る自我機能を充分に発達させることができないまま（ロールシャッハ法の情緒統制の低さ，現実検討の破綻，空想への逃避），脅威的な外的世界におびえ（ハンドテストの恐怖反応），と同時に支えのない不安定で空虚な自己の存在（ロールシャッハ法のvoid shock）に打ちひしがれている（風景構成法のボロ家と古い木，ハンドテストのXカード）ことがうかがえる。

図4-2 【事例2】 虐待経験をもつ青年期女子事例の風景構成法

これらは，L子さんの現実感のなさを感じさせるものである。

この検査の後，体重増加を具体的目標としての入院であったため，目標体重を越えた時点で退院となった。その後，男性と交際を始めた様子であったが，L子さんの方から別れ話を持ち出し，自殺に至った。状況から衝動的な行動化が既遂に至った痕跡がうかがわれた。改めてL子さんの検査を振り返ると，L子さんが恋愛のように深い対人関係(二者関係)を生き抜けるようになるために，今しばらく心の傷を癒す時間が必要であったのに，と思われてならない。

【事例3】 パニック障害のある男性会社員
事例　K男さん　既婚男性　ハンドテスト実施時53歳

A　問題あるいは主訴

(1)　動悸，発汗，震え，胸痛を伴うパニック発作に襲われることが一年に一〜二回ある。
(2)　過去に体験した過呼吸発作時の死の不安が忘れられず，またあのよ

うなことになるのではないかと不安である。
（3） パニック発作を予期するために，一人で電車バスなどの公共機関を利用することができない。結果として出張などが充分できないために会社での立場が悪くなっている。

B 生育歴および問題の経過

　兄弟の多いなかで育ち，父をめぐっての長兄との同胞葛藤が強かったために，早くから家を出て自立することを望んでいた。卒業後何度か転職した後，現在の会社に移り，それ以後20年近く技術者として勤務している。家族は妻（50歳代，パートタイム勤務），長男（20歳，専門学校生），長女（18歳，高校生）であり，家族内では日常会話は普通になされているが，妻は勝ち気で，小さなことを気にかけないタイプである。
　30歳代前半の頃，勤務先から2時間ほど離れた所に出張し，その帰りの電車のなかで，息苦しさ，胸痛，しびれに襲われ，救急車で運ばれた。過呼吸発作だと分かり帰宅し，その後数年は何事もなく過ごしていた。しかし仕事での負担が増えたことや，両親の看病をめぐっての兄弟間の争いが生じたことなど，避けることのできない問題が表面化してきたのと相前後して再び発作にみまわれ，内科を経て精神科を受診。十数年にわたり服薬を中心に治療を受けていたが改善が見られず，むしろ症状はきつくなった。とりわけ月曜日の朝は不安が高まり，出勤の途中に携帯電話で家族と連絡を取り合わずにいられなくなったり，日常勤務外の営業所に出張するときは妻に付き添ってもらったりなど不都合なことが増えた。また日々進歩する技術を習得するために研修会に参加したいが，予期不安のために出張ができず遅れをとっているのが悩みの種である。（DSM-Ⅳ〈1994〉[13]）による広場恐怖を伴うパニック障害にあたると考えられる。）何とか早く治したいという本人の希望と，医師の勧めもあって面接を開始した。ハンドテストなどの諸テストは心理療法の過程で実施された。

C 臨床像

　中肉中背で，背筋が伸びて姿勢が良い。声も張りがあり，力強い。
　面接の10〜15分前には来院しており，一度も遅刻をしたことがなく生真面

表4-5 【事例3】 パニック障害のある男性会社員のハンドテスト・プロトコル

カード番号	IRT	被検者の反応	スコアリング 量的	質的
I	11″ ∧	ちょっと待ってくれというポーズ。 ここより先には行かないで下さいと何か制止されているよう。	DIR DEP	
II	25″ ∧	ものすごく指に力が入ってる，入れてる感じ，岩なんかに登るときに力がものすごく入って支えてる。	TEN	(ACQ)
III	3″ ∧	あなたですよと差している。 じっと見てると自分が差されてるように，私自身に言われてるような気もします。	DIR DEP	
IV	10″ ∧	ものすごく力が入ってますね。頭の上から力で押さえつけられているような（Q）おすもうさん，プロレスラー，体格の違う人，大きい人に上から押さえつけられている，体力の差感じる。	TEN	(FEAR)
V	19″ ∧	じっと見てたらこちらへおいでという感じ。 招かれてるような，幽霊にでも招かれてるような涼しい感じ。	DIR DEP	(FEAR)
VI	8″ ∧	殴られそうな感じ，殴られそうで危険を感じる。	FEAR	
VII	16″ ∧	手で押さえてる，虫なんかを捕まえたとき，小さな虫。	AGG	(IM)
VIII	11″ ∧	指をならしてる（Q）誰かに合図する。 誰かに来てほしいとか，知らせるとか合図するとか，他人に知ってもらう。	COM DEP	
IX	14″ ∧	体型的に苦しい感じ，手を逆さにしてるから手を決められる。 逆手にとる，けんかとか格闘で。	FEAR AGG	(GRO) (TEN)
X	17″ ∧	踊りの手，阿波踊りとか四国のよさこい。女性が踊ってる，最近見たから。	EXH	

AFF = 0	ACQ = 0	TEN = 2	DES = 0	R = 15		IM = 1
DEP = 4	ACT = 0	CRIP = 0	BIZ = 0	AIRT = 13.4″		GRO = 1
COM = 1	PAS = 0	FEAR = 2	FAIL = 0	H - L = 22″		
EXH = 1				PATH = 4		
DIR = 3				AOR = 5 : 5		
AGG = 2						
INT = 11	ENV = 0	MAL = 4	WITH = 0			

目な印象を与える。

D ハンドテスト

ハンドテスト・プロトコルを表4-5に示す。

a 検査時の様子

面接開始後3年ほどして，自分を知る客観的なデータがほしいというK男さんの希望で実施。非常に熱心に取り組む。「ものすごく力が入ってますね」

というコメントが繰り返し述べられた。

b　形式分析

1）集約スコア　反応総数は 15 でほぼ平均である。体験比率は INT［対人］：ENV［環境］：MAL［不適応］：WITH［撤退］＝11：0：4：0 であり，極端に INT［対人］に偏り，ENV［環境］反応がまったく出現しないのは成人としては稀である。このことは対人関係への過敏さをうかがわせる。また MAL［不適応］反応が多く（山上〈2000〉[14]による日本の不安障害の典型範囲は 0～5），ENV［環境］，WITH［撤退］がともに産出されないのは神経症の一つの典型的なパターンともいえ，緊張感が強く，日常生活に何らかの支障が生じていることが示唆される。

AOR（行動化比率）は AFF（親愛）＋DEP（依存）＋COM（伝達）：DIR（指示）＋AGG（攻撃）＝5：5 であり，比率としては問題ないが，サブカテゴリーを見ると DEP（依存）が 4 もあり，臨界値を越えてかなり高い。しかしこの DEP（依存）はほとんど DIR（指示）に促されて出てきているものであり，Ⅰカード「ちょっと待ってくれ」「制止されているよう」，Ⅲカード「指を差してる」「差されてる」など対人関係での指示的行為において主体と客体が混在し定まらない。このことから社会生活での支配／被支配関係に非常にこだわりがあることが予想される。

2）量的スコア　本事例の量的スコアについての顕著な特徴は ACT（活動）が一つも出現していないことであり，非対人的な現実対処力が極端に低下していることである。これとは対称的に対人関係に関する反応は AFF（親愛）以外はすべてのカテゴリーを反応している。このことは対人感情の豊かさを示すこともあるが，ここでは，DIR（指示）と DEP（依存）が対で出現しており，まったく異なった方向性を同時にもとうとする補償的傾向の可能性の方が強く，強迫的防衛傾向と考えたい。また COM（伝達）という中立的な反応が一つしかなく，前述した指示と依存に加えて攻撃や顕示という他者との関係に特別な意味をもたせる反応ばかりである。このように対人関係へのエネルギー充当はさまざまな思惑を含んだものになり，疲弊しかねない。このようなファサードで世界に対していることは，笠原（1981）[15]のいう内から湧いてくる神経症的不安の素地をもっているといえるかもしれない。また TEN（緊張）と

FEAR《恐怖》も平均以上に産出され，外界は自分にとって脅威的なものとしてあり，被害者意識を感じやすく，この点からは高橋（1976）[16]の述べる対人恐怖の心理も合わせ持っているといえるであろう．

3） **質的スコア**　質的スコアのIM《未熟》反応はⅦカードの「小さな虫」で出現しており，攻撃性の発現は幼児性を伴うようである．

c　継列分析

【Ⅰカード】

「ちょっと待ってくれ」と少し遠慮して述べ，命令指示なのか依頼懇願なのかはっきりしない．「～というポーズ」と述べてカードと距離をとる防衛的な構えが見られる．「～しないで下さい」と反応し，丁寧語ではあるが秘めたる攻撃性を示す．「～と制止されている」と自分の行動が他者により制限されるというフラストレーション状況にいることが想像される．

【Ⅱカード】

反応時間が遅れて，本刺激に動揺したことが示され，複雑な刺激への許容性が小さく神経症的ショックが生じた．「ものすごく」という言葉で始まり感情移入が大きく過剰投映されやすい．「指に力が入ってる，入れてる感じ」と述べ，自分から力を入れてしまう姿勢が顕著である．「岩なんかに登るときに力がものすごく入って支えてる」と困難な仕事を一生懸命やろうとするが，危険性もはらんでいる．

【Ⅲカード】

「あなたですよと差してる」「じっと見てると自分が差されているように，私自身に言われているような気もします」．能動態から受動態へと，一つのコンテクストのなかで主体の姿勢が変わり，他者によって自分の生活がコントロールされると感じやすい．

【Ⅳカード】

「ものすごく力が入ってますね」と，カードとの距離が少なくなり感情移入をして緊張感を述べる．「頭の上から力で押さえつけられているような（Q）おすもうさん，プロレスラー，体格の違う人，大きい人に上から押さえつけられている，体力の差感じる」と反応する．本カードは男性カードともいわれ，力強さを含んでいるのだが，このような男性的な刺激に対しては初めから受動

態で臨み，力ある者からの圧迫感が強く，男性として立ち向かって行くときに困難が生じることがうかがわれる。

【Ⅴカード】
「こちらへおいで」「招かれてるような」とⅢカードと同様に能動態から受動態へと移り，行為をおよぼされる側に立ってしまう。

【Ⅵカード】
「殴られそうな感じ，殴られそうで危険を感じる」と反応し，即座に恐れを表明する。本カードの男性成人のカードプルがAGG（攻撃）であることと考え合わせると，攻撃的行為の主体になり得ず，Ⅳカードでも同様の恐怖感を表出していることから男性としての性同一性に問題があることを予想させる。

【Ⅶカード】
「手で押さえてる，虫なんかをつかまえたとき，小さな虫」と反応し，やっとAGG（攻撃）を主体者としての立場から述べるが，力のない弱い虫が対象に選ばれている。

【Ⅷカード】
「指を鳴らしてる（Q）誰かに合図する」とニュートラルな対人関係をもとうとするかに見えるが，すぐに「誰かに来てほしいとか，知らせるとか合図するとか，他人に知ってもらう」と反応し，他者への依存が表明される。

【Ⅸカード】
「体型的に苦しい感じ，手を逆さにしてるから手を決められる」と反応し，攻撃される恐怖感をまず感じとるが，「逆手にとる，けんかとか格闘で」と攻撃性を出して立ち向かっていく。このようにやられっぱなしでなく負けん気を出して再度挑戦する勝ち気さももっている。

【Ⅹカード】
「踊りの手，阿波踊りとか四国のよさこい」「女性が踊ってる，最近見たから」と反応し，個人的な体験があったにせよ，いままでのカードで反応したような苦しさや緊張感，恐怖はなく，楽しさ，華やかさ，快さが女性を主体として感じられている。ここには女性への同一視をもったときの方が自我親和的であることが示唆されており，心理性愛的には同性愛的な傾向が潜んでいるのかもしれない。あるいは，女性には安心して接近できるということかもしれない。

E　ロールシャッハ法

　ロールシャッハ・プロトコルを表4-6に示す。反応総数は19で，平凡反応は5個あり，決定因は形態優位のF％＝68％であり，できるだけ形式的にすませておこうとする傾向がある。また「形状的には」というような固い言葉を頻繁に用いており，知性化で防衛しようとする。さらに色彩反応がまったく産出されないことは，感情表出に対して何らかの抑制が働くことを予想させる。このことは，「赤が分からない」（Ⅱカード），「何か黒い所，人が，向き合って」（Ⅲカード），「赤い所，エビ」（Ⅸカード）と色彩を認知しているにもかかわらず，反応に取り入れることができないことによって明らかである。このような欲動や感情をありのまま受け入れることへの抵抗は，言い換えれば一次過程への規制が厳しいことであり，その基本に強い超自我の存在を予想させる。実際，Ⅳカードで「巨大な雪男みたい，大きな生物に見下ろされてるような感じ，自分が小さく思います」と反応しており，強大な超自我による処罰恐怖をうかがわせる。

　またFK反応が多く，不安は強い。とりわけこのFK反応のうち人間が登場する反応はすべて形態反射反応であり，自己への関心度の強さを思わせる。そして，その人間の出方も「人」から「小さな2〜3歳の子」「赤ん坊」と次第に退行し，基底には依存欲求へのこだわりがあることが予想された。しかしこの依存欲求が出かかっても，すぐに無機的なものへと回避し（「赤ん坊」の後「地図」），自由な発露の道をもちにくい。

　さらにS領域をみる我の強さや「完全にミラーですね」というような信じて疑わない自己主張の強さもある。このように攻撃性や依存欲求という内的欲動が内面から突き上げてくるが，超自我が強いため抑圧がかかる。このK男さんの心的構造はまさにフロイト（Freud, 1926)[17]のいうエスからの衝動興奮が危険視されて抑圧される姿であり，その突き上げてくる衝動の強いK男さんにとっては，不快な感覚としての不安症状もきついことが充分予想される。なお，色彩を認知しながら適切に反応に用いることができないことと，FK反応が多いことはクロッパー（Klopfer, 1962)[18]の示した不安神経症のサイン通りである。

表4-6 【事例3】 パニック障害のある男性会社員のロールシャッハ・プロトコル

I	①∧	6″	昆虫の蛾みたい，蛾が2匹いっしょにいる。	羽を広げてる。重なってるような。	①W FM± , FK A
	②∧	30″	蛾とかこうもりとか。	こうもり多いんです。	②W F± A P
II	①∧	14″	島の先端みたい，灯台がある。岩のごつごつした岬の先端。	岬，黒全体。	①D FK∓, cF Lds
	②∧		真んなかがUFO。	形状的。	②S F± (Arch)
	③∧	40″	赤が分からない，下の赤いのが蝶か蛾。上の赤は分からない。	形状的。	③D F± A
III	①∧	4″	何か黒い所，人が向き合って，ミラー効果，完全にミラーですね。	顔，胸，手，足。	①D M± FK H P
	②	40″	下の方も人の顔に見えますね。赤いのは分からない。		②D F Hd
IV	①∧	7″ 40″	巨大な雪男みたい，大きな生物に見下ろされてるような感じ。自分が小さく思います。	目顔，手，足。巨大なもの，上から見下ろされてる。	①W FK (H)
V	①∧	3″ 35″	完全に蝶々みたい，蝶が羽を広げてる。飛んでるような，上から見てね。	飛んでるのを上から見た形。	①W FM A P
VI	①∧	17″ 40″	表現しろというの難しい，むりやりこじつけていうと，熊の皮の置き物。	何か言えというとそれしか言えない。敷物。困ったんです。熊かキツネか，何か動物。形状似てる。	①W F Aobj P
VII	①∧	20″ 35″	さっきと同じよう，ミラー。小さい子どもがおどけて向き合ってるよう。	ユーモラスな感じ，2～3歳の子どもが向き合っておどけてる。	①D FK H P
VIII	①∧	9″	右の横の赤いのが何か動物，ヒョウ，めすライオン。	外の形状的なものです。	①D F A P
	②	40″	黒い所先端とがってるの山，槍ヶ岳みたいな，逆さにしたら変わるのやろな。	よく見てますから，それにこじつけてるのかも。	②D F Lds
IX	①∧	8″	難しいですよ，むりやりこじつけてるようで。赤い所，エビ。	形状的。	①D F Hd
	②		下の丸い所，子どもの赤ん坊の頭に。	完全にインスピレーション。	

	③		グリーンの所はアメリカ合衆国の地図に	東海岸。	②D F Hd
			似てるかな。		
		40″			③D F∓ Map
X	①∧	10″	青い所くも，昆虫の頭。	イメージ。	
					①D F A
	②		黒い所も昆虫類，足が多い。		
					②D F A
	③		赤い対称が太刀魚でない，竜の落とし	形から，形状から。	
			子。		
		40″			③D F A

R＝19	RT＝38″	R 1 T＝9.8″	R 1 T(N.C.)＝10.6″	R 1 T(C.C.)＝9.0″
W＝5	D＝13	S＝1		
M±＝1	F±＝13	FK±＝4(1)	cF-+＝(1)	
FM＝1	P＝5			
H＝2	Hd＝2	(H)＝1	A＝9	Na＝1	Lds＝2	Arch＝1
			(A)＝1	Aobj＝1		(Arch)＝1

F 風景構成法

　風景構成法を図4-3に示す。ハンドテスト施行からほぼ3年経っており，内的にも現実的にも変化した面もあるが，主たる症状は一進一退という状態での本法実施である。遠景，中景，近景と奥行き感があり，構成は適切になされている。特に遠景の処理は巧みで，五連峰が課題達成欲求の強さを示唆しているように感じられるものの，比較的なだらかな山々であり，彩色も薄い緑と濃い緑の混色で自然なコントロールをきかしている。しかし近景に近づくにつれてコントロールが悪くなってきている。たとえば，川幅の細い流れは彩色段階ではみだしてしまい，おさまりきらない思いがあるようである。とりわけ大きく真っ黒に塗られた石の数々は何かへのこだわりの強さとともに，怒りすら感じさせる。また動物の形態が明確でなくさらに彩色ははみだしていることから，衝動の認知が不確かで，しかも突き上げてくる衝動が強いことがうかがわれる。本風景の中で一番大きく右端中央に描かれた家は半分だけで，後半分は枠線で切られている。会社での立場が危ういという現実的不安を抱えている本事例にとっては，先行きが見えないというのが意識化されている不安の中心であり，家半分はそれを反映しているのかもしれない。また自己像を反映すると

図4-3 【事例3】 パニック障害のある男性会社員の風景構成法

いわれる木も乱暴な筆致と彩色である。

　結局，全体のまとまりもあり，心理療法の効果も反映してか，自分から距離があることについては感情を乱すことなく適切に処理ができるようになっている。したがって「遠くを眺めている人」でいる限りでは安全だが，まだ内なる衝動を受容するのは難しく，過去へのこだわりと，将来への見通しの悪さが表現されている。

G まとめ

　一人の中年サラリーマンとしてのK男さんは，会社への帰属意識が強く，長年仕事に励んできた。その肩に力を入れてことに臨むあり方はハンドテストで明らかである。しかも対人関係において支配／被支配の軸で反応してしまうため，征服願望と従順への努力が葛藤的に共存し不安定になりやすい。とりわけ実際生活での会社組織のなかでは優遇されず，親戚関係においてもいつも損な立場におかれている，と感じている。このような被害者意識を強めるような過酷な（と感じられる）現実状況のなかでも，がんばり続けなければならない

のはK男さんの超自我が極めて強いからであろう。この強烈な超自我はロールシャッハ法では威嚇的な超自我像として出現し，ハンドテストでは上から押さえつけられたり，コントロールされるイメージとして出てくる。

このように処罰されることを回避するためにがんばってはいるが，男性同一性が確立された後でのがんばりではないため，持続しにくい。むしろ基本的には女性への親和性の方が強く，母なるものに甘えたいという退行的依存的欲求が根強くあるが，その感情はK男さんにとっては出してはいけないものであり，抑圧されてしまう。言い換えればそれほど強い愛情欲求や退行願望があるからこそ，感情を閉ざして自分を守ろうとし，観念化や知性化や反動形成という強迫症的な防衛機制を働かせなければならないのかもしれない。しかし最終的にはその強迫的な防衛機制は成功には至らず，内的欲動の突き上げと超自我にはさまれて，身動きとれない，まさにパニック状況を生み出してしまったものと思われる。

【事例4】 被害妄想から分裂病が疑われた男性事例
I男さん　未婚男性　ハンドテスト実施時47歳

A　問題あるいは主訴

（1）　誰かが父親を殺しに来ると，刃物を持って自宅前に腰掛けていた。
（2）　職を転々とし，現在は引きこもりがちで無為の生活を送っている。

B　生育歴および問題の経過

大学卒業後，飲食店に勤務するが，独立して会社を始めようと考え退職。アルバイトを転々としながら独学でさまざまな資格試験を受験し，ある資格に合格した。その資格を活かそうと就職したものの，自分には合わない仕事だったため一年で辞めてしまう。その後は何か仕事をしたいとは思いながらも，やはり独立して会社を起こそうと考えているため，そのための勉強をして過ごしているという。

数日前に誰かが父親を殺しに来ると思い，刃物を持って玄関前に腰掛けていた。髪も伸び放題で奇異な風貌であったため，警戒した近隣の人が警察に通報

し入院となる。入院後は特に興奮することもなく，投薬もないまま院内生活を安定して過ごしている。

C 臨床像

痩せ形のひ弱そうな男性である。動きにややぎこちないものを感じさせるが，伸び放題だったという髪はきちんと散髪され，院内ではむしろ身なりも整っている方である。礼儀正しく挨拶をし，受け答えも不自然さは感じられない。

医師からは，"生育歴からは分裂病が疑われるが，入院時の妄想以外に症状はなく，投薬なしで症状安定しているため，精査目的"とのことで検査依頼がある。検査にはいくぶん緊張気味で「空気が埃っぽくて，長くいたくないですね。倉庫のなかに入った感じがします。いらいらしますね」と検査室についての不満を漏らすが，しばらく雑談をしていると平気になったと言い，検査中はむしろ饒舌であった。ロールシャッハ法，ハンドテスト，クレペリン，風景構成法，WAIS－Rを実施した。ここではロールシャッハ法とハンドテストを取り上げる。

D ハンドテスト

a 検査時の様子

ハンドテスト・プロトコルを表4－7に示す。検査室に入室した直後は「ここで何をするんですか」と聞いてくるなど警戒的であった。しばらく対話をもち，心理検査について説明したところ，検査を導入する頃には，話に夢中になるほどであった。

b 形式分析

1）**集約スコア** 総反応数が多く（R＝23，日本人平均＝18.41），平均初発反応時間も早い（AIRT＝4.1秒，日本人平均＝7.34秒）ことから，活動性の昂進した状態にあることが指摘される。ただし，病理スコアも非常に高くなっている（PATH＝12，日本人平均＝2.12）ことから，生産的な活動性とはいえず，むしろ何らかの心理的動揺による影響であると考えられる。体験比率（ER＝INT：ENV：MAL：WITH＝5：6：9：3）をみると，対人や環境

第4章 精神科臨床におけるハンドテスト

表4-7 【事例4】 被害妄想から分裂病が疑われた男性事例のハンドテスト・プロトコル

カード番号	IRT	被検者の反応	スコアリング 量的	質的
I	3″ ∧	握手をする前の手ですね。(ほかに？) 手相を見せるとか。(Q) 相手。(Q) 元気がいいぞっと言って，自分で見ているんでしょうかね (E)。	AFF EXH	
II	3″ ∧	うわあ，気持ち悪い……。 何か力を入れているんでしょうか。指先のみ曲げようと無理している。 ピアノのレッスンで離れた音を弾こうとしているようにも見えますね。 指の体操で指先だけ曲げているんでしょう。	TEN ACQ ACT	 (TEN)(EXH) (TEN)(RPT)
III	3″ ∧	誰かに道を教えている。 リラックスして，手を伸ばして，リラックスしようと，両手をこうしてリラックス前の状態ですね。 これで影絵でも作ろうという状態ですね。	COM PAS EXH	 (IM)
IV	4″ ∧	ドキッとしました。何かあの，病気ではないだろうかと。自分の手ならこんな点がついてると驚きますね。 水泳の水をキャッチする力強い手ですか……。 長時間見たくない手ですね。	CRIP ACT DES	
V	4″ ∧	うわ……ちょっとかわいそうな感じですね。他者として見ると，そんな感じですね。自分がこんなになるとは思いたくないですね。(Q) ……起こった状態。すでに……。(Q) 何か傷を受けた状態でしょうね。長時間見たくないですね。	CRIP DES	(EMO) (RPT)
VI	4″ ∧	最初，何か力強く，綱引きしてるように見えました。 ロープで上に登るようにも。競争で登ったりするように見えますね。 後，力んでいるときのようにも。	TEN ACQ TEN	(ACT)(IM) (CYL) (RPT)
VII	5″ ∧	握手をする。というより，右手でするから……優しそうに見えます。ちょっと見て (E) ドキッとするのもあります……やっぱり，よく見ると握手ですね。ちょっと親指が気になりますが。	AFF	(AMB)(RPT)
VIII	3″ ∧	何か小さな物を，デリケートな仕事をしているように見えます。(Q) ちょっと怖いのは指先がないようにも見えるんで……。小さなビスとか，そういうのを扱って……ボトルシップなど小さな物ですね……よく見るとちょっと奇妙な気がします。こういうのは難しい。	ACT CRIP (PER)	
IX	5″ ∧	逆立ちするときの手をつこうと……。 受け身の防衛する手のように見えますね。 そのままの姿だと気味が悪いですね。さっきと同じ。されてる。何かされた状態。(Q) 事故か何かでこうなったんでしょうね。	TEN FEAR CRIP	(EXH) (RPT)
X	3″ ∧	両手，片手を広げてる状態。(Q) あー良かったな，ほっとしている。(Q) 改めて自分の手を見ている。こういう手で良かったっていう状態でしょうか。……こう見ると表よりは，手のひらが落ち着きますね。ただ，自分で描くときには甲を描きますねぇやはり。(D)	DES	

AFF = 2	ACQ = 2	TEN = 4	DES = 3	R = 23	EMO = 1
DEP = 0	ACT = 3	CRIP = 3	BIZ = 0	AIRT = 4.1″	AMB = 1
COM = 1	PAS = 1	FEAR = 2	FAIL = 0	H-L = 4″	IM = 2
EXH = 2				PATH = 12	RPT = 5
DIR = 0				AOR = 3:0	PER = 1
AGG = 0					CYL = 1
INT = 5	ENV = 6	MAL = 9	WITH = 3		

に対する関心を示しながらも，何らかの不適応感や葛藤，環境への働きかけの失敗が生じていることが示されており，I男さんの複雑な体験様式がうかがえる。行動化比率からは（AOR＝3：0），こうした混乱がただちに攻撃的な行動化として表面化する危険性は現在のところ低いと考えられるが，MAL［不適応］反応が非常に多く出ていることは，不充分な防衛活動の存在を示しており，潜在的な危険性を秘めていると考えられよう。

2）　量的スコア・質的スコア　対人関係に関しては，COM（伝達）反応が1個と少なく，AFF（親愛）が2個，EXH（顕示）反応が2個と，対等な対人交流は無理でも，人に見せること，見られることを非常に意識した状態にあると考えられる。複雑な内的体験を抱えながらも，基本的には愛想の良い対人態度を維持しているのもこうした対人関係様式のためであろう。

また，環境への働きかけや関心を意味するACT（活動）反応が3個，達成欲求を意味するACQ（達成）が2個と，I男さんが非常に意欲的であることも示されている。会社を起こしたいと非現実的な願望を語る彼であるが，環境に効果的に関与しようとする体験様式はもっているといえよう。

しかしながら，こうしたI男さんの行動傾向は，9個のMAL［不適応］反応の存在によって大きく阻害されていると考えられる。4個のTEN（緊張）反応と3個のCRIP（不自由）反応，2個のFEAR（恐怖）反応は，I男さんが対人あるいは環境から非常に大きなストレスを感じていることを推測させる。とりわけ，CRIP（不自由）反応やFEAR（恐怖）反応の存在からは，彼が被害的な体験様式をもっていることを推測させ，入院のきっかけとなった被害妄想がこうした原型的な体験様式によるものであることが示唆される。

3個のDES（記述）反応は，恣意的な意味づけがなされたもので，I男さんにとって環境は，働きかけを撤退し，さらに主観的に意味づけ直さねばならないほど強烈な影響を与えるものであるのかもしれない。

これは，新しい質的スコア＊（Wagner，1999）[19]のPERS《個人化》とSELF《自己》を付すことで質的スコアによく表われるであろう（I，Ⅳ，

＊　『ハンドテスト・マニュアル』（ワグナー，2000）において付加的スコアリング・カテゴリーとして紹介されている。——p.41参照

Ⅴ，Ⅹ）。Ⅰ男さんは，情緒的影響を非常に強く受けながらも（EMO＝1，AMB＝1，PER＝1），それに圧倒されない試みとして自己への焦点づけをくり返しているのである。彼の冗長な応答やリアクションは，まさしくこうした試みであると考えられる。

　以上のことから，Ⅰ男さんにとって現実（外的世界）は，積極的・効果的に働きかけていきたい対象であるにもかかわらず，非常に脅威的で自らを脅かすものとしての意味ももっていることがうかがえる。彼はその折り合いをつけるためにエネルギーを費やし，主観的に意味づけ直すという形で環境との距離を取っていると考えられる。

c　継列分析

【Ⅰカード】

　　3秒と短時間で標準的な反応「握手をする前の手」を出し，続く第二反応も「手相を見せる」と日本人青年が比較的出しやすい反応を出せている。新奇場面を何とかうまく乗り切れたようである。ただし，「握手をする前」「元気がいいぞっと言って，自分で見る」（SELF《自己》反応）など，青年期に見られるような対人的な警戒心が見え隠れする。40代には見えないⅠ男さんの対人接触における幼さを思わせる。病棟での表面的な対人交流の良さとも一致した反応である。

【Ⅱカード】

　カードを見て「うわあ，気持ち悪い」と一瞬，検査課題から離れ，情緒的に反応してしまっている。しかし，すぐに「何か力を入れている」と何とか反応を出すことに成功している。ただし，緊張感が主であり，まだこのカードの気持ち悪い刺激からは充分に立ち直っていないようである。さらに「ピアノを弾く」と加工を試みるが，「離れた音を弾く」としており，緊張感を引きずっている。最後に「指の体操」にすることで，ようやく刺激を中和することに成功したのであろう。何とか中和できたことはⅠ男さんの力ではあるが，似たような反応を3個も出すなど，ここまでせずにおれない（内側に不快感をとどめられない）ことは，彼の内的資質が非常に未熟であることも意味していると考えられる。

【Ⅲカード】

Ⅱカードのショックから立ち直り，3秒で「誰かに道を教えている」と標準反応を出している。構造化された分かりやすいカードであることに助けられたと考えられる。しかし，続く第二反応は「リラックスして，手を伸ばして」と，カード刺激からはいくぶん無理のある反応である。また，第三反応では「影絵でも作ろうという状態」とするなど，刺激と長く関わることで次第に恣意的な内容となっている。

【Ⅳカード】

再び「ドキッとしました」と情緒的な言及から始まり，「病気ではないだろうかと。自分の手ならこんな点がついてると驚きますね」と主観的なCRIP（不自由）反応となっている。図版の細部にこだわり，そこから"病気ではないか"，"自分の手なら"と非常に飛躍した解釈がなされている。CRIP（不自由）反応は，心理的な機能不全や無力感を手に投影したものとされるが，Ⅰ男さんの反応は，強い不安感・恐怖感を伴ったものであり，内的な無力感が自分を脅かす外的な対象として体験されているようである。しかし，第三反応で「水泳の水をキャッチする力強い手」と現実検討が突然回復するが，結局違和感を解消できなかったらしく，「長時間見たくない手」と手を対象化して終わっている。不安から距離をおく試みのようである。

【Ⅴカード】

ここでも「うわ……ちょっとかわいそうな感じ」と情緒的な反応から始まっている。Ⅳカードからのニュアンスがそのまま引き継がれている。「他者として見ると」「自分がこんななるとは」など，冗長な説明を繰り返し，どうにか対象と距離を取ろうとしていることがうかがえる。しかし，最後まで回復することができず，「傷を受けた状態」の手のまま終わってしまっている。非常に強い不快感に圧倒され，手そのものの知覚よりも手の損傷の知覚が優位となっており，Ⅳカードの力強い手と，続くこのカードの無力な手の印象は，被検者の被害妄想にまつわる内的体験と一致してしまったのではなかろうか。

【Ⅵカード】

ショックから立ち直り「綱引き」，続いて「ロープで上に登る」と，このカードの攻撃的な刺激をうまく加工するのに成功している。Ⅳカードの威圧的

な刺激とは異なる力強いこのカードの刺激は，むしろⅠ男さんの向上心を刺激したのであろう。しかし，それが効果的に環境に作用できておらず，その不適応感が最後の「力んでいる」に表われているようである。

【Ⅶカード】

すぐに「握手をする」と標準的な反応を出したにもかかわらず，図版が左手であることにこだわり，「優しそう」「ドキッとする」など，混乱した情緒的体験となっている。他者との親密交流において恐怖感が活性化されてしまうのであろうか。「親指が気になりますが」など細部にこだわってしまうことも余計な観念を誘発しているようである。

【Ⅷカード】

「デリケートな仕事を」と標準反応を出すが，「指先がないようにも見える」と指の欠損に言及してしまっている。内的な無力感や違和感にどうしても目が向いてしまい，効果的に環境へ働きかけることができないといった印象である。

【Ⅸカード】

もっとも難しいカードであるが，「逆立ちするときの手」と何とか加工に成功している。しかし，内的な違和感に触れたのか，次第に反応に被害的な印象が混入し，「受け身の防衛」→「気味が悪い」→「何かされた状態」→「事故か何か」と，外的対象によって被害を受ける内容となっている。最終的に「事故か何かでこうなった」と現実化してしまっており，主観的体験と現実の体験とが混乱してしまうようである。

【Ⅹカード】

「あー良かったな，ほっとしている」と，まるで本検査が終わってほっとしていると言っているかのようである。Ⅰ男さんにとっては，この検査の刺激は，かなり侵襲的なものであったのであろう。その不安を防衛しようとここでも冗長な説明が行なわれている。「手のひらが落ち着きますね」「自分で描くときには甲を描きますねぇやはり」と，課題から離れた恣意的な説明になっていき，次第に現実から離れ，主観的な判断となっていく様子がうかがえる。

d まとめ

Ⅱカードから始まった被害感が最後まで続いたプロトコルといった印象であ

る。その不安感，違和感，無力感を何とか中和しようと，対象を外在化したり，距離を取ったりとさまざまな努力が試みられている。冗長な説明，情緒的・主観的な体験の言及はその一つであろうが，いったんは成功しているかに見えるものの，結局は中和し切れておらず，最後まで不安感を抱えたままとなっている。これほどまでの違和感，不安感は，神経症レベルのものというには無理があり，防衛の弱さを考えても，精神病圏の体験を抱えていると予測され，これがI男さんの体験様式を大きく揺さぶっているといえよう。I男さんは本来もっている環境への効果的な働きかけを成功させることができない状態にいると考えられる。

E　ロールシャッハ法

ロールシャッハ・プロトコルを表4-8に示す。ハンドテスト後に実施したが，それほど疲れた様子は見せず，むしろさらに多弁になったようであった。

総反応数は充分であり（R=27），初発反応時間も早く（R1T=4.1秒）反応の幅も広い（Content Range=10, Determinant Range=7）など，非常に活動性の高い状態である。体験型も両向型であり，思考と感情の両者が活発に働いていることがうかがえる。これは，プロトコルの至るところに見られる冗長な説明や過剰な感情表現からも明らかである。これらは，未熟な衝動や不安が高い（FM+m=5）ことが影響していると考えられるが，さらに問題となるのは，形態水準の非常に低い反応が頻発（$\Sigma F+\%=31\%$）していることである。P反応もそれほど多く出ていないことを考えると，I男さんの現実検討力は非常に低下しており，特殊な体験様式を形成している可能性が示唆される。

反応の特徴を見ると，反応には身体像に関する言及が非常に多く（I「偉丈夫な人」，II「恰幅の良い」，III「こういう姿勢で持ち上げるのは難しい」，VII「猫背」，IX「顔がユーモラス」など），また，体に異変が生じている内容も多い（II「頭のない熊→ウサギの頭」，II「牛が傷つけられている」，IV「元気がない」，V「さなぎから羽が羽化し始めたところ。触ると冷たい」「左目だけが光ってる」，VI「皮をはいで」，VIII「獅子。頭部は熊に見えます」，IX「お腹が大きくなってる」）。さらには，身体像そのものが混乱している混交反応

表4-8 【事例4】 被害妄想から分裂病が疑われた男性事例ロールシャッハ・プロトコル

I	①∧ 3″	カッパに見える。〈伏せる〉（ほかにないですか。自由に見て良いですよ）時間がかかってもいいんですか。（どうぞ）。		①→ここの両端ですね。目が三角してるということもカッパに見えました。（？）お皿の外に出ている何って言うのか、髪のようなところです。（あと？）先とがっている。全体的なものと、ここと。（らしさ）全体的な感じです。 ①カッパ　　W, S　　F±　　（Hd）
	②∧	何か，ここに仏像があるように。		②→ trace（？）全体的な感じです。暗い本堂ですね。墨絵の世界っていうんでしょうか。毎日新聞のバクザン，焼酎を毎日飲んでとかというコマーシャルで見たような。その人の墨絵が載ってるのに似ています。これ，バック。本堂，これが。（体？）ないですね，はっきりは。全体像がぼんやりしている。墨絵のような感じですね。 ②仏像　　dr　　FC′, FK∓　　Art, Arch
	③	あとは，何か中国の孔子とか像，二人。そういう感じです。		③→この姿が，ここが冠。後部というんでしょうか，帽子のようなのです。横向いてる姿が見えました。（？）このあたり鼻。いじょうぶ〈偉丈夫〉な人ですね。（全身？）こっちは。こっちも見えます。（右側？）全身はっきり見えました。肩ぐらいまでです。（左？）は見えるけど，今はどっちもです。（中国？）全体像，孔子とか，像か何か。像としてありますよね。 ③像　　dr　　F∓　　（H），Cg
		1′11″		
II	①∧ 6″	何か，西遊記のなかに出てくるおばけが一つ。何か大魔王ですかね……。		①→正面から見て，目，何というのか，火を吐いたり，一番偉そうな，恰幅の良い感じです。（大魔王？）名前が分かんないですが，このあたり，口。このあたりが目。かわいらしい感じです。このあたりが目かな─，このあたりが耳というか角というかでしょうね。（→）角でしょうね。（名前があるの？）何かあるはずです。 ①大魔王　　W, S　　F∓　　（Hd）
	②∧	熊が，両方で手を合わせてるのにも見えますね。		②→漫画的な感じですけど，両方から手で，体がかなりでかいですね。頭がないというか，熊に見えるんですが，頭はないんですけど。……よく見るとウサギのようにも見えますけども。耳で，目で，口。ウサギですね。黒い部分だけ熊の体格です。頭のない熊と言ったので，気持ち悪いのでウサギの頭が見えるように……。ウサギの頭も気持ち悪いですけどね。
		ちょっと怖い感じかな。		②熊　　D　　FM∓　　Ad Add.ウサギ　　W　　F−　　A
	③	あの，何か，ダリの闘牛というのがあった。こういう絵が○○○○〈話しながら，伏せる〉		→サルバドール・ダリの闘牛という絵があって，牛か闘牛士から血が出ている絵で。これが飛び出る血です。＞こうすると，牛が傷つけられているというか。（頭とかどうなるの？）この辺が頭です。（体？）冷静に考えると足になるんでしょうけども。（？）血の流れ方が闘牛士から剣をさされた牛を想像しました。（血？）赤いのと，流れてるところからでしょうね。 ③闘牛　　D　　F−, CF, mF　　Ad, Bl, Art
		50″		

III	①∧	4″	これは何か，両方から向かい合って持ち上げるのか，漬け物石か何かつけるのか。	①→〈笑う〉漫画チックな感じですね。かめというか樽のような重たいものを……。ただ，よく見ると，こういう姿勢で持ち上げるのは難しいんでしょうけど。とにかく共同作業で何かやっているところでしょうね。（人はどうなってる？）2本足で，両手，こう，頭部で首があります。
			後ろで火の玉の風にも見える。焚き火，かがり火を焚いてるように。	→これですね。背後にある火の玉というより，かがり火です。（らしさ）下の方が安定しているというか，上に揺らぎがある感じですね。
				①人・火　D　M±, mF, CF　H, Fire　P
	②		カマキリ，何かのカマキリに見える。	②→このtrace，真んなかにあるのが，複眼の大きな目，顎の，強そうな顎ですね。カマキリというのは単眼ですかね～。
		45″	ええ。	②カマキリ　D　F±　Ad
IV	①∧	3″	ん……白鳥，というか黒鳥。雁と言っても良いですね。外向きにいますよね。	①→trace。この辺の特徴。このあたりも羽毛に見えます。それは今見てですけど，さっきは分からなかったです。（黒鳥はどうなってる？）。嘴に見えて，こういうラインが，黒鳥というか白鳥の類のラインに見えました。ちょっと元気がないというか，全体のシルエットが，そんな感じです。シジュウカラとか雁とか，真雁とかの頬のあたりが白くて頭から嘴が黒い，そういう鳥にも見えますね。（嘴はどこまで？）嘴というよりも首の長い感じでしょうか。（真雁はどこまで？）……全体的に見ると，頭部ですね。
				①黒鳥・真雁　D　FM－, FC'　Ad
	②∧		あとは，アヤメとか，菖蒲の花。	②→こういったラインです。全体的な。（一つの花？）はい。ここは，消していると思います。本当はこう見ると〈∨〉，あやめの姿です。（どうなってる？）今までがおどろおどろしい感じでしたけど，これはそうでもないですね。花のなかだけど。（らしさ？）こういう咲き具合ですか。花びらが，このラインがアヤメとか，菖蒲とかそういう感じです。
				②花　Wcut　F±　Pl.f
			今までの絵のなかで，ちょっとほっとしました。	（さっき，羽毛って言ってたのは？）この辺だけです。フワフワした感じを受けます。そう見ると，この辺が雌しべとか雄しべ，そういった感じに見えます。アヤメの花のなかの雌しべ，雄しべ。花の中心の黄色くなった部分に見えます。この辺が紫とかブルーになってる部分でしょうか。（∨こっちでも？）それは難しいなあ。
		36″		Add.羽毛　　　d　　cF　Aobj Add.雌しべ・雄しべ　d　F∓　雄しべ・雌しべ
V	①∧	3″	ぱっと見て，思い浮かぶのはコウモリ。	①→単純に黒くて，羽がのびてて，耳が特徴がある。
				①コウモリ　W　FC'±　A　P
	②		まだら蝶。さなぎから羽が羽化し始めたところ。	②→小さい頃にまだら蝶が羽化するのを見たことあるんです。角，触角の姿。まだ，羽が完全に伸びきってない状態ですね。触ったら，冷たい感じがします。触ると冷たいんです。（？）怖い感じがします。漠然とした感じですけど。

	③		中心の顔がちょっと怖い。	②蝶　　　W　Fm−　A

③→この顔，全体的に怖いんで。この辺りの顔が気になったんですが。(何の顔？)ん……何で怖いかは左目だけが光ってるからでしょうか。両目の方がもっと怖いんでしょうけど。でもよく見るとユーモラスですね。(人の顔？)そうですね。(目とかあるの？)ここです。ユーモラスなのは，横向きです。右側向いてますね。鼻で，口。そうなるとユーモラスな顔になります。

　　　　　38″　　　　　　　　　　　　　　　③顔　　　　d　F∓　Hd
　　　　　　　　　　　　　　　　　　　　add.ユーモラスな顔　d　M−　Hd

VI	①∧　5″	ぱっと見て三味線か何か。	①→ここが持つ所です。三味線の竿です。(全体？)はい。これが目に付きましたね。

　　　　　　　　　　　　　　　　　　　　　①三味線　　W　F±　Music

② 　　　動物の皮をはがして広げてるようにも見えますね。

②→いかにもって感じですね。こっちが頭でしっぽです。皮をはいで，なめした感じに見えます。いかにもそうですね。広げた感じです。内側じゃない，外側になります。(らしさ)形状ですね，生きてたものだという気がしました。(生きてる？)三味線から猫という連想かもしれませんね。どちらにしても動物の毛皮をはいだものですね。

　　　　　　　　　　　　　　　　　　　　　②皮　　　W　F±　Aobj

③ 　　　インディアンの羽根飾りに見えます。ええ。

③→この辺り，そういう感じですね。こういう感じ。(？)これが羽の形に，ちょうど羽根飾りに見えますね。

　　　　　29″　　　　　　　　　　　　　　③羽根飾り　D　F±　Obj

VII	①∧　5″	何か，あばあさん，猫背気味の女性が二人。女の子かも〈笑い〉しれませんが，ちょっと，あの，さっきの手で見たように，危害を加えられてるんじゃないかっていう気がします。	①→このラインが，猫背。こういう風な感じになってます。頭で横向いた感じでしょうか。女性の顔つきに見えますね。この辺りの手が，こんな風になってる感じが良くないです〈gesture〉。

　　　　　　　　　　　　　　　　　　　　　①女性　　　D　M∓　Hd

　　　　　51″　　ん……何か，印刷部が気になりますね。細かいことですけど。

VIII	①∧　3″	……あの，トラが，多分トラですね。向かいジシのようです。	①→今見ると熊の感じに見えます。熊ですね，これは。足のこのラインは，ギリシャの島にあった彫刻で，獅子のたくさん並んでたもののような感じがします。頭部は熊に見えます。(どっち？)……最初トラに見えましたが。……(向かいジシって言ってるね)ギリシャの彫刻で，ライオンがたくさん並んだのがあって，だから虎ではなくライオンですね。(これは彫刻？)です。はい。

　　　　　　　　　　　　　　　　　　①ライオンの彫刻　D　F∓　(A)　(P)

え，ん……〈笑い〉思考を拒絶させるような色使いですね。

→ああ，今はそうでもないです。

	②	食虫植物に捕まった昆虫がこんな気がするかな。食虫植物のような。	②→この辺りですね。この辺り，感じがしました。（どうなってる？）ハエ取り草。葉っぱを閉じて，こうなる〈gesture〉感じです。（昆虫は？）捕まって，閉じられてる状態です。正面見ると嫌ですね。
	39″		②食虫植物　　D　Fm∓　Pl
Ⅸ	①∧　3″	ん，竜の落とし子か何かですね。	①→この顔がユーモラスな顔です。この辺，お腹が大きくなってる感じです。そろそろ子どもが出てくるところでしょうか。最初は顔だけでしたが，今はそう見えます。
			①竜の落とし子　D　CF　A
	②	ん，あと，真んなかにいるのが竜のような感じです。	②→これが鼻〈trace〉。（顔？）顔，竜の顔です。馬ではなくて竜です。(?)竜の落とし子がいることと，鼻の筋，色使いなんでしょうか。（顔どうなってる？）目は分からないですね。最初は，この辺りに目で，上の方に角がある感じでした。今はここを目にすることもできますね。
	38″	ん……さっきのより落ち着いて見えます。でもやっぱり，そうですね。	②竜　　dr　FC−　(Ad)
Ⅹ	①∧　6″	あ〈笑い〉プランクトンがいっぱい居るような感じです。初めて精神的なゆとりが出てきました。顕微鏡のなかの世界って，こういう感じなんでしょうか。これは関係ないです。〈伏せる〉昔はこんなので見て，楽しんでいました。	①→安心したんでしょうか，何か科学的なものが感じられます。人体のなかにもありそうな感じです。（どこが何？）いろんな左右対称に臓器とか，骨格とかがありますね。これが，一つひとつのプランクトンです。それぞれの色です。プランクトンは色ないんでしょうけど，顕微鏡で見るときに見えるように色をつけてるんでしょうか。（人体？）これとこれとこれ。こういう色使いが人体ですね。
	32″		①プランクトン　W　CF　Sc
			add.人体　W　C／F　Ats, Atb

R＝27　　RT＝42.9　　R１T＝4.1　　R１T (N.C.)＝3.8　　R１T (C.C.)＝4.4
W：D＝10：14　　W：M＝10：3　　M：FM＝3：2
M：ΣC＝3：2.5　　FM＋m：Fc＋c＋C'＝5：3.5　　Ⅷ＋Ⅸ＋Ⅹ/R＝22%
F%／ΣF%＝52%／96%　　F＋%／ΣF＋%＝43%／31%
H%＝26%　　A%＝37%　　At%＝4%　　P (%)＝2.5（9%）
Content Range＝10　　Determinant Range＝7

(Exner, 1986, 高橋ら監訳, 1991)[20]のような反応もある（Ⅱ「頭です。冷静に考えると足になるんでしょうけど」，Ⅳ「白鳥というか黒鳥。真雁とかの頬の辺りが白くて頭から嘴が黒い。首の長い感じ。全体的に見ると，頭部ですね」，Ⅸ「竜の顔です。馬ではなくて竜です。最初はこの辺りに目で，上の方に角がある感じでした。今はここを目にすることもできますね」）。

こうした身体像に対する反応は，Ⅰ男さん自らの身体感覚における何らかの

歪みを反映しているものと考えられ，I男さんが非常に違和感のある身体感覚を体験している可能性が指摘されよう。闘牛士が牛を傷つける内容（IIカード）や，食虫植物が虫をつかまえる内容（VIIIカード）など，攻撃的な内容のものもあるが，これらもI男さんの衝動性や攻撃性というより，身体感覚の違和感がこうした被害的・攻撃的な内容として表現されたと考えられるのではなかろうか。

こうした自らの恐怖的な体験に対する防衛として，I男さんは対象を脱価値化したり，対象化したりしていることがうかがえる（II「大魔王。かわいらしい感じ」「漫画的」「サルバドール・ダリの闘牛という絵」，III「漫画チック」，V「両目の方がもっと怖いんでしょうけど。でもよく見るとユーモラスですね」，IX「ユーモラスな顔」，X「安心したんでしょうか，何か科学的なものが感じられます」）。しかしながら，これらの試みは完全に成功しているとは言い難く，冗長な説明や感情表現によって何とか処理しようとする試みが絶えず続けられているようである。

ただし，こうした防衛活動を活発に働かせていることは，I男さんのもつ心理的な力や，I男さんが自らの世界に完全に浸りきっていないことの証でもある。このことが，彼の違和感のある体験が臨床像の前面に出てこない理由と考えられる。しかしながら，I男さんの身体感覚は，何らかの病的体験を経験している可能性を充分推測させるものである。

F 統合解釈

ハンドテスト，ロールシャッハ法のどちらからもI男さんの身体感覚における何らかの問題を垣間見ることが可能である。ハンドテストには，特に被害的で無力な体験様式が表現されており，一方でロールシャッハ法は，身体感覚そのものの歪みを推測させるものであった。

I男さんは，ロールシャッハ法に反映されていたような違和感のある身体感覚を体験していると考えられるが，防衛機能によってハンドテストではその体験が外在化され，外的な対象によって被害を受けた対象として認知されていた。これは，彼の妄想体験につながるものと考えられる。しかしながら，対象と距離を取ることで現実との接点を保つことに成功しているため，侵襲的では

ない環境であれば，自らの体験を何とか防衛することが可能なのであろう。こうした表面的な適応と，実際にⅠ男さんが体験している恐怖とのギャップを充分に理解して治療する必要があろう。

【事例5】 過食・過飲の止まらない主婦の事例
S子さん　既婚女性　ハンドテスト実施時30歳

A　問題あるいは主訴

（1）　痩せたいのに食べてしまう。人から認められなかったときや他人が幸せそうにしているのを見ると嫌な気持ちになり，腹が立ってくる。腹が立つと食べたくなり，過食が止まらずアルコール量も増えてしまう。

（2）　過食をすると体がだるく無気力になり，引きこもりがちになる。

（3）　何をしてもがんばっているという充実感がなく，嫌なことには敏感で，楽しいと感じることはほとんどない。

B　生育歴および問題の経過

父は会社員として仕事上での成功をまずまず果たした人であるが，毎日かなりの量のアルコールを欠かさず，休日には終日ビールを飲み続けるほどアルコール依存傾向が強い。母は家族全員に対して過干渉で，あれこれ注文をつけたり世話を焼いたりしている。S子さんの結婚後も料理が苦手なS子さんに変わり，母が二世帯分の夕食を作ることが多い。さらにS子さんの体調の悪いときは実家での寝泊まりが続くなど，原家族と新家族の境界が弱い。夫はまじめに働く人であるが，結婚前に予想していたような優しさはなく，休日には友人と外出してしまい，妻とともに新家庭を築こうという積極的な意志は弱いとS子さんは感じている。このような現実状況のなかでS子さんの満たされない思いはつのるばかりであり，夫の収入，学歴，能力などあらゆる面において夫を見下し，脱価値化することで自分自身の高いプライドをどうにか保っている。

生育歴上の問題点は思春期までは顕著には出てこなかったが，幼いときから

いつも何かしら不満を感じており，親や他人に何かしてもらっても当たり前と思っていた。高校生のとき，父と口論になって包丁を持ち出し，脅すことが一度あったが，多くの場合，強圧的な父に不平を言う程度におさまっている。この父とは体型も性格もよく似ており，ストレスを発散できないことや歯止めがきかない点は父と同じであると自覚している。

　大学生のときダイエットをして 52 kg から 40 kg まで減少し，無月経となることがあった。しかし拒食傾向は長くは続かず，摂取量を減らし高カロリーの食品を控える形で一応落ち着いていた。卒業後事務系の職につき，自分の勤務能力を評価されて以来，仕事の手を抜けなくなった。人から頼られていないと居心地が悪く，がんばり続けて過労で寝込んでしまうこともあった。その頃から職場で思ったように事が進まないと，帰る途中に外食が多くなり，1 軒にとどまらず何軒もはしごをし，ひどいときは自動販売機でアルコール飲料を買い，飲みながら歩くなどコントロールがきかなくなり始めた。さらに帰宅後，深夜遅くまで自室で過食を続け，翌日体調の悪いまま出勤し仕事をスムーズに遂行することができない。このことでまた自己嫌悪に陥り，退出後，過食過飲を繰り返すという悪循環のサイクルにはまってしまい，数か月後，退社した。さらに気の進まない結婚を親に反抗するような形ですが，家事も身に入らず，ときに思い立ったように徹底的に掃除洗濯をしてぐったりすることもある。また資格試験に挑戦して一日中くたくたになるまで勉強し，翌日は勉強が手につかず，アルコールと菓子，油物など普段強く制限している食物を胃が痛くなるまで多量に摂取して眠るという極端な生活をしている。現在 S 子さんの気分の安定するのは体重計の目盛りが下がったときと貯金が減らずに少しでも増えたときであり，体重，お金という「目に見えるものでないと満足できない」と自覚している。

C　臨床像

　中肉中背で顕著な痩せや肥満は見られない。「ブランド商品が好きでこのバッグもイタリア製の○○です」の言葉に対して，衣類が普段着のままであり，何かちぐはぐでつりあいがとれていない印象がある。

D ハンドテスト

a 検査時の様子

ハンドテスト・プロトコルを表 4-9 に示した。

「何かこのテストで分かるのですか」と関心をもって臨み，こちらから問いかけなくても自ら自由連想的に多く述べる。その過剰な説明は，何か述べずにはおれない強迫性の強さが感じられた。

b 形式分析

1）集約スコア あれこれ発言しながら結局総反応数は 10 であり少なく（平均成人は 18.4），エネルギーを出しているにもかかわらず生産性は高くない。しかも体験比率は INT［対人］：ENV［環境］：MAL［不適応］：WITH［撤退］=8：1：1：0であり，INT［対人］に偏っており，環境への現実的な働きかけは弱く，不適応反応が1個出現しており，体験比率的には神経症的パターンの一つを示している。

AOR（行動化比率）は AFF（親愛）+DEP（依存）+COM（伝達）：DIR（指示）+AGG（攻撃）=5：2で，内容が愛着欲求へ傾きがちであり自己主張できる確かな自己が育っていない感じが強い。PATH（病理スコア）も1個あるが，TEN（緊張）反応の1個であり精神病のサインにはならない。

2）量的スコア 本事例の量的スコアの特徴は INT［対人］反応のサブカテゴリーに関して多くの感受性を示したことであろう。つまり，INT［対人］反応のうち DIR（指示）反応以外のすべての領域である AFF（親愛），DEP（依存），COM（伝達），EXH（顕示），AGG（攻撃）を反応しており，対人関係については多くのアンテナを立てることができるともいえるし，たてずにおれない感受性の強さともいえる。さらに反応内容を詳しく見てみると，S子さん独自の防衛のあり方が，一層明らかになる。つまり AFF（親愛）の2個はともに「握手」であり形式的な挨拶の意味も含んでいるものの，接触を求めようとする傾向といえる。しかしS子さんらしい感情表現は，TEN（緊張）や AGG（攻撃）や DEP（依存）などに投映されており，攻撃性や依存欲求の葛藤状況を予想させる反応が続く。なお，レニハンら（Lenihan, 1990）[21]の研究でも摂食障害者の AGG（攻撃）と TEN（緊張）の多さを指摘している。

表4-9 【事例5】 過食・過飲のとまらない主婦の事例のハンドテスト・プロトコル

カード番号	IRT	被検者の反応	スコアリング 量的	質的
I	3″ ∧	手を振っている。(Q) ピエロみたいな人が動作，演技，素手じゃなく白い手袋をしてる。男の人。	EXH	
II	7″ ∧	赤ちゃんの手で，壁に手をおいて立ち上がろうとつかんでる。ちっちゃい手，男の子。	ACQ	(IM)
III	4″ ∧	物を差してて。	COM	
IV	3″ ∧	老人の手で手のひらぶあつく，襲うと言うと変やけど，恐ろしい感じで何か子どもとかつかむよう，大きな真っ黒な手。	AGG (FEAR)	(GRO) (IM)
V	7″ ∧	ちっちゃい子の手で，手のひらを両手で合わせてる。水か何か落ちてくるのを受けようとしてる。	DEP	(IM) (SEN)
VI	5″ ∧	じゃんけん・グーで，大人の男の人の手。	COM	(IM)
VII	5″ ∧	大きな手，相手と握手しようとしてる。男の人で茶色くてぶあつい。	AFF	
VIII	3″ ∧	下に落ちてるアリとか虫とかつまもうとしてる。大人の人の手で，普通の手の色，普通の大きさ。	AGG	(IM)
IX	4″ ∧	手の運動してて，手首そらして。	TEN	
X	6″ ∧	握手。	AFF	(RPT)

AFF=2	ACQ=1	TEN=1	DES=0	R=10	IM=5
DEP=1	ACT=0	CRIP=0	BIZ=0	AIRT=4.7″	RPT=1
COM=2	PAS=0	FEAR=0	FAIL=0	H-L=4″	SEN=1
EXH=1				PATH=1	GRO=1
DIR=0				AOR=5:2	
AGG=2					
INT=8	ENV=1	MAL=1	WITH=0		

このように対人関係にエネルギーを注ぎ込みすぎるのとは逆に，非対人的な環境への働きかけはおろそかになっており，ACT（活動）が一つもないのは現実的な対処力がかなり減退していることを示すものである。実際，家庭生活において主婦としての役割はほとんど放棄しており，思い立ったように掃除を徹底的にしだすのも，強迫的衝動にかられてのことであり，日常的な営みとしての生産的活動は非常に低下している。

3） 質的スコア　4種類と幅広く質的スコアが出現しており，とりわけ IM《未熟》反応は5回にわたって産出され，「赤ちゃんの手」「ちっちゃい子の手で」と主体が幼児化しており，退行状況に突入しやすいとも仮定できる。あるいは支配的な母のもとで真の甘えの欲求が満たされず，投影の機制が働いてこのような反応の多産となったのかもしれない。またこの IM《未熟》反応とⅣカードに出現したような GRO《粗野》反応が結びつくと反社会的な行動や自己破壊的な行動に走る可能性が高いといわれている。ただ本事例では GRO《粗野》を表現するときに少しためらいを見せた。したがって攻撃性を直接的に反社会的行動として即座に表出するというよりも，突き上げてくる怒りの衝動の激しさに自分自身が戸惑い，恐れおののいている感じが強い。さらにⅤカードでの隠れた IM《未熟》スコアおよび SEN《感覚》スコアは，口唇領域をめぐる感受性の強さを思わせ，内からこみあげてくる憤りが摂食行動にその排出口を求めるのも自然な流れかもしれない。また本事例のもっとも顕著な特徴の一つとしては，多くのカードにその行為の主体として男性を見ていることである。つまりⅠカード「男の人」，Ⅱカード「男の子」，Ⅵカード「大人の男の人の手」，Ⅶカード「男の人で茶色くて」と付加的カテゴリー（ワグナー，2000）[22]の MASC-男性化をスコアされる反応を次々と出した。このことは本事例の女性としての性同一性の問題を示唆するものである。さらに本テストでの手の行動の主体は，無力で退行的な小さい男の子，成人としてうまく立ち回れる演技的自己，迫害的で威圧的な男性，社会的成功をおさめる力強い男性など多種にわたっており，同一性の拡散傾向を予想させる。

c　継列分析

【Ⅰカード】

「手を振っている」と一見ごく普通の COM《伝達》反応で答えたかにみえたが，その後の説明で「ピエロみたいな人が動作，演技，素手じゃなく白い手袋をしてる。男の人」と付け加えた。EXH《顕示》とスコアされ，他者の注目をひきたいという傾向があるが，同時に自己隠蔽的でもある。ここには真の自己は隠され，ウィニコット（Winnicott, 1960[23] 1971）[24]のいう"にせ自己"がけんめいに人前で演技している姿が映し出されており，「かのような人格」の可能性を予見させる。しかも「男性」という性別を第一反応から規定せずに

おれない状況は，女性性の問題が顕在化していることを示唆する。

【Ⅱカード】

初発反応時間が少し遅れ，「赤ちゃんの手で，壁に手をおいて立ち上がろうとつかんでる。ちっちゃい手，男の子」と述べる。情緒的な動揺を起こしやすい本刺激に対して，神経症的ショックが生じて退行してしまったが，その頼りなさのなかでも必死で自分の足で立とうとする努力は感じられる。確かな自分を求めての歩みが始まったとも考えられるが，同時に検査者（治療者でもある）との面接が進み，治療者との安心した二者関係を手に入れたことによって，困難な事態に立たされたとき，依存感情を出してもよいのだという自己受容ができるようになったとも解釈できる。

【Ⅲカード】

構造化されてきれいなゲシュタルトをもつ本カードに対しては，ごく無難に「物を差して」という COM（伝達）反応で応じることができた。前カードでの揺れを引きずらずに回復できたことは，定型的な状況では充分対応できる力をもっていることを予想させる。

【Ⅳカード】

「老人の手で手のひらぶあつく，襲う」と明細化が進むにつれて攻撃的なイメージが浮かび上がってくる。しかし一度浮上した攻撃性も「というと変やけど」とためらわれ，攻撃者への同一視は回避されそうになる。しかしこの防衛機制は有効に働かず，「恐ろしい感じで」と被害者側に立った脅威は止めることができず，再び攻撃者に転じ，「何か子どもとかつかむよう」と弱い者への攻撃があらわになる。最後に「大きな真っ黒な手」と付け加え，男性イメージが喚起されやすいといわれる本カードに，脅威的で否定的な男性像が投影された。ここでは力そのものでもある原始的な男性元型にとらわれていることに注目したい。

【Ⅴカード】

前カードの被迫害者である「子ども」が残存していたのか「ちっちゃい子の手で」と，幼児を主体に選び退行への準備が整えられる。そして「手のひらを両手で合わせてる，水か何か落ちてくるのを受けようとしてる」と手のひらに水を受けるという感覚優位な反応をする。さらにここには水をすくった後飲む

という口唇欲求充足的な行為の可能性が秘められてはいるが，直接その行為自体は述べられていない。あまりきちんとしたゲシュタルトをもっていない本刺激に対して，情緒的に揺さぶられ，頼りなさを感じ，依存感情が浮上してきたものの，率直に他者に求めることはできない。そして水という飲み物であり，浸すもの，母なるものでもある，いわば多義的なシンボルともなる水にその欲求充足の解消を求める。この自己完結的なあり方は本事例の過飲過食への耽溺という臨床像と一致するかもしれない。

【Ⅵカード】
「じゃんけん・グーで，大人の男の人の手」と述べ，本カードのP反応ともいえるじゃんけんで無難なCOM（伝達）反応をしたが，ここでも性別は男性と規定された。

【Ⅶカード】
「大きな手」と自己肥大的な傾向を見せ，「相手と握手しようとしてる」と快い対人感情を示すが，「男の人で茶色くてぶあつい」と述べ，質感にこだわった力強い男性イメージが出現している。

【Ⅷカード】
「下に落ちてるアリとか虫とかつまもうとしてる」と述べる。「下に落ちてる」のは何か非生物的な物体を常識的には予想させるが，ここではアリか虫というごく小さな生き物であり，前カードとは対称的に卑小感が強い。この卑小感と肥大感の大きな振幅が本事例のキーポイントの一つかもしれない。そして「大人の人の手で，普通の手の色，普通の大きさ」とあえて「普通の」と言っている裏には，ほかのカードはかなり普通ではない状態を見ていたことを示している。

【Ⅸカード】
「手の運動してて，手首そらして」とTEN（緊張）反応をしており，性的イメージを誘発する本刺激に対して緊張感を感じるが，他者には働きかけず自分一人の運動という自己充足的な方法をとる。

【Ⅹカード】
もっとも自由度の高い本カードでもっとも発言が少なく，「握手」とのみ述べる。すでに表出したCOM（伝達）反応を繰り返すことで，無難に対応でき

図4-4 【事例5】 過食・過飲のとまらない主婦の事例の風景構成法

たともいえる。しかし一方，何の状況説明や明細化もないそっけない本反応はほかのカードとは質的に異なるものであり，ⅡカードからⅨカードまであれこれ露呈した後真の自己にふたをしてしまったとも受けとれる。

E 風景構成法

風景構成法を図4-4に示す。

全体の構成はほぼできており，論理的な力はまずまず発揮できると思われる。しかし筆致は乱暴であり，全体の構成はなされているものの，余白が少なく画面いっぱいに描かれゆとりは少ない。とりわけ山，木，家などはその一部が枠からはみだしているほどで，自分の力以上に達成欲求が高まってしまいコントロールがきかなくなるのかもしれない。しかも彩色の過程において，色を塗り進めるにしたがって雑になっていくのが見られ，色彩に衝動が刺激されてますます激しくその衝動を表出してしまう。衝動性コントロールの悪さに加えて，本例の大きな特徴は両極的ともいえる二つの相異なった側面を同時にもつことであろう。つまり幹がふたまたに分かれた木や，川のなかにある大きな黒

い石とそれに寄り添うような小さな灰色の石，そして人間については頭部が立体的なふくらみをもつ大きいものであるのに対して，首から下は線状のスティック・パーソンであり，両極性が顕著である。言い換えれば，木の左右への分岐は現実と内界や，自己像のなかの男性性と女性性でもあり，二つの石は万能感と無力感，あるいは過去のトラウマと自己愛であるかもしれず，また独特の人物像は精神性と身体性を表現しているとも考えられ葛藤の強さが予想される。

ほかの際立った特徴としては，大きく描かれた顔に目ははっきりと描かれているのに対して，口は欠いており，口唇欲求へのこだわりと否定感が感じられることである。また本法における本事例の肯定的指標を考えるとき，動物のアイテムとして選んだ犬にそれを見い出すことができるかもしれない。つまり，犬のみがふっくらと情感をもって描かれ，快い退行ができている。依存欲求をこういう形で表現できるという点に進展性をたくすことも可能なのかもしれない。

F　箱庭とスクィグル

テスト・バッテリーとしてではなく治療的接近として，3年余の治療過程のなかで，箱庭と相互スクィグルを施行しているが，そこでもS子さんらしさが開示されている。「箱庭は楽しくて理想的な場面しか浮かんでこない」とS子さん自身が述べているように，のどかな牧歌的風景を作り上げた。そこでは豚やにわとりなどの家畜に餌をやる夫婦がおり，魚たちの遊ぶ水辺と犬が昼寝をしている庭先は穏やかさを保証しており，家のテラスには無防備な裸の赤ん坊が這っている。箱庭という安心できる保護された空間だからこそ退行できたのであろう。

一方，スクィグルでは穏やかな箱庭の世界とは正反対に，rage ともいえる激しい怒りの衝動と，脅威に満ちた不安な世界を表出した。つまりほとんどのスクィグルが尖った線を強調して表象化されたとげとげしいものである。その初回スクィグルはつりあがった目と大きく真っ赤な口をもった「山姥」であった。初回の夢が夢見手のキーポイントを示唆することが多いように，初回描画も重要な意味をもつと考えられるが，ここではS子さん自身の連想「人を襲

図4-5 【事例5】 過食・過飲のとまらない主婦の事例のスクィグル

う，怖い」という意味を含んだ呑み込むグレート・マザーの存在が大きくなっていることがうかがわれる。その後のスクィグルでも，真っ黒な画面に尖った三角形を波とし，らせん状の曲線を黄色く塗って雷と見立て，「嵐の夜です。いつ嵐がくるかもしれない，いつも不安です」と述べる。さらにまた後のスクィグル（図4-5）では，真っ赤な家や茶色の岩，緑色の山をべた塗りで激しく描き，黒と紫のらせんを竜巻きとして，「竜巻きで岩や家や山まで飛ばされる。普通は山は飛ばされないが，動かない山まで飛ばされる」と述べた。ここでは雷や竜巻きという原始的な男性元型ともいえるこれらの自然現象によって，自己存在が脅かされるのではないかという不安が反映されている。またあるときは「真っ暗やみを落下する蝶」を描き，「きれいに飛び回っているかと思うと突然落ちてしまう。完全主義ですごくがんばるときとだめになるときが極端」と述べる。自分自身の強迫性については認識されているが，自己愛的でその自己愛が満たされないと簡単に自己放棄してしまうありさまについてはいまだ認識されていない。

以上のように箱庭では期待する理想的な世界を展開し、スクィグルでは脅威的で不安な闇の世界を表出した。このように二技法に相反する別の役割を切り離して担わせる点に、S子さんの特徴がよく現れている。

G まとめ

 他者の評価や目に見える指標（体重計の目盛りと所有金額）が拠り所である本事例にとって、高い評価や理想的な身体像やハイレベルの生活を得るためには、徹底的にがんばるということが必要であった。それはハンドテストでの反応態度や量的分析で明らかになった。しかしこの神経症的防衛は飽くなき自己愛の追求のために発動されたものであり、永続的にS子さん自身を守ってくれるものではなかった。女性としての性同一性を受容していない本例にとっては自分自身が不確かなために、目に見えるものをコントロールすることで安心感を得ようとしたのかもしれない。「すべてが自分の考え通りになっていないと気がめいる」と自覚されているように、万能的支配感にとらわれやすい。さらに箱庭に理想的世界を、スクィグルには闇の世界を、と内的世界を二つの手法に振り分けたことや風景構成法に、顕在化した二極性が示唆された。さらに対象の理想化と脱価値化などの原始的防衛機制は神経症的水準を凌駕するものであり、病態的には「かのような人格」を含む境界例レベルを感じさせる。

 とりわけ主訴の一つでもある「腹立たしさ」は攻撃性というよりも根底から突き上げてくる怒りの衝動や憤りに近いものであり、スクィグルにおいて、この衝動と関係する呑み込むグレート・マザーや迫害的な男性元型がより自由に表現された。そしてこの衝動をなだめるものとして、あるいは口唇的攻撃性の発露として過食過飲という摂食行動が選ばれたわけであるが、これにはエメット（Emmett, 1985）[25]のいう感化の要因も大きかったのかもしれない。「生活における何かの問題が人びとの注目や適切な注意を必要とする症状として出現するとき、決まってたまたま摂食障害が選ばれる」というように、実際すぐそばにいる父のアルコール依存行動を、反発しながら取り入れてしまったのも自然ななりゆきだったのであろう。

【事例6】 20代摂食障害女性の入院事例
Y子さん　未婚女性　ハンドテスト実施時22歳

A　問題あるいは主訴

(1) 拒食・過食嘔吐による極度の痩せ

B　生育歴および問題の経過

　Y子さんは，知的で厳格な両親のもと，世話をかけない「良い子」として成長した。高校入学後，父親が単身赴任となり，Y子さんは母親の愚痴聞き役のような状態となった。その頃，好奇心で始めたダイエットが次第にエスカレートし，そのうちにほとんど食事を摂らないようになってしまった。急激な体重減少があったため，数か月間入院して体重は回復したが，その後，過食嘔吐をするようになってしまう。通院治療を続けたが症状は一進一退であった。拒食・過食嘔吐を繰り返し，心配する母親を振り回しては，すべてを母親に責任転嫁して，母親なしでは何もできない状態となる。ほとんど外出もしない生活を3年過ごしたが，その間に少しずつ落ち着き，母親が仲介役となって，新しい主治医と手紙によるつながりをもつようになった。今回，父親の転勤先に母親も引っ越すことになったため，"これを機会に自立を"と勧められ，本人も決心して入院治療となった。

C　臨床像

　一見して知的な優等生といった印象である。表情なく，淡々と常識的な受け答えをする様子からは，どこか冷たく孤高を良しとするような雰囲気を感じさせる。心理検査には拒否的ではないが，どこかしら警戒的であった。

D　ハンドテスト

a　検査時の様子

　ハンドテストのプロトコルおよび集約スコアを表4-10に示す。あまり表情を変えず，人を寄せつけない態度であったが，検査中はむしろ幼い子どものよ

表4-10 【事例6】 20代摂食障害女性の入院事例のハンドテスト・プロトコル

カード番号	IRT	被検者の反応	スコアリング 量的	質的
I	3″ ∧	待った（D）（ほかに？）来るなとか，拒否してる感じ。相手を。ストップとかそんな感じかな。	DIR	
II	4″ ∧	ん〜，苦しい，助けてくれ〜，死にそうだあって（笑い）感じ。息ができない〜とか，苦しんで助けを求めてるんだけど，届かない。悶えてる。あえぎ苦しんでいる。	FEAR	(DEP)
III	6″ ∧	あそこにありますよって感じかな。(Q) 何か，道を聞かれて，知らない人と知らない人が会話してる。どこか聞かれて，あっちですよ。あっちにありますよって感じ。	COM	
IV	7″ ∧	何かね，最初，お父さんの手って感じだったの。お父さんの手としか思えない。動作っていうよりも，お父さんの手が映ってる。たまたま映ってる。暖かみを感じる。	DES	(IM)
		何か頭をよしよししてる感じにも見えるかな。よく頑張ったな〜って感じかな。(Q) 自分を。	AFF	(DEP) (SEN)
V	10″ ∧	何だこれ。こうやってる？っていうよりも，若い女の人の手。遊んでる女の人の手。だれてる感じ。だらしない感じ。ソファか何かにだらんと手をかけてる。	PAS	
VI	7″ ∧	何かね，負けそうだから，でも，負けたくないから，無理して頑張ってますって感じかな。(Q) 頑張って，握りしめてないと，負けちゃいそうな感じ。やられるじゃないけど，このポーズしてないと，意志が崩れちゃいそうな感じ。	TEN	
VII	3″ ∧	これはもう，お母さんの手って思った。私を優しくこう，足とか体を優しく撫でてくれてる感じ。(Q) 眠りなさい，お休みなさい，よしよし，ゆっくり寝ていいよって感じ。	DEP	(IM) (SEN)
VIII	6″ ∧	何か，この手の持ち主は悪い人で，ちって感じ。何か盗もうとしてる？盗もうとしてる。悪徳で，それで全国を回ってる。慣れた手つき，宝石とか，さりげなく盗む感じ。	ACT	
IX	4″ ∧	あの，サスペンスとかで，担架にのせられた死体。死体の上にかぶせるカバーから出ている垂れた手。死人の手。真っ青で，血が通ってないって感じ。	CRIP	(INA)
X	8″ ∧	なんでもいい？こうやって（D）愛をちょうだいって感じ。両手が見える。両手で一生懸命，愛をちょうだいって。	DEP	

AFF＝1	ACQ＝0	TEN＝1	DES＝1	R＝11	IM ＝2	
DEP＝2	ACT＝1	CRIP＝1	BIZ＝0	AIRT＝5.8″	SEN＝2	
COM＝1	PAS＝1	FEAR＝1	FAIL＝0	H-L ＝7″	INA＝1	
EXH＝0				PATH＝5		
DIR＝1				AOR ＝4：1		
AGG＝0						
INT＝5	ENV＝2	MAL＝3	WITH＝1			

うな言動がみられた。

b 形式分析

1）集約スコア 総反応数R＝11と少ない（日本人成人の平均値R＝18.41）。基本的な活動性・心理的エネルギーが低下した状態にあることがうかがえる。体験比率（INT：ENV：MAL：WITH＝5：2：3：1）からも，全体の90％を越えるとされるINT［対人］反応＋ENV［環境］反応の割合が64％にとどまっており，その一方，MAL［不適応］反応やWITH［撤退］反応が多く，PATH（病理スコア）が5と，非常に高くなっている（日本人成人の平均値PATH＝2.12）。Y子さんの基本的な体験様式が，何らかの理由によって制限されているといえよう。

ただし，彼女のプロトコルは非常に主観的で，Y子さんが願望充足的に他者から受容されるエピソードを反応として出していることが了解される。これは，ある意味で彼女の力であるといえるのではなかろうか。つまり，Y子さんは自分を他者にどう見せるかをコントロールしていると考えられるのである。たしかに環境との機能的な関わりに何らかの制限はあるものの彼女は平均初発反応時間（AIRT＝5.8秒）や初発反応時間差（H‐L＝7秒）が安定していることにも表われているように，一定のペースで反応を出せるだけの基本的な環境との関わりを成立させていると考えられる。

2）量的スコア・質的スコア まず，INT［対人］反応からみていくと，もっとも多くなるCOM（伝達）反応が1個と少なく，AFF（親愛）反応はIM《未熟》を伴ったものであり，DEP（依存）も2個出ているなど，対人反応が全般に未熟で一方通行的なものに偏っている。先に述べたように対人反応がY子さんの願望充足的なものとなっていることが指摘される。また，ENV［環境］反応は，ACT《活動》反応とPAS《受動》反応が1個ずつである。総反応数が少ないうえに，2個のENV［環境］反応のうちの1個がPAS《受動》反応であるということは，やはりY子さんの環境への働きかけが非常に消極的なものであることが指摘されよう。

Y子さんのハンドテスト結果で，もっとも問題となるのはMAL［不適応］反応の多さである。TEN（緊張）反応，CRIP（不自由）反応，FEAR（恐怖）反応がそれぞれ一つずつ出ており（日本人平均TEN＝0.84，CRIP＝

0.44, FEAR＝0.23), Y子さんが多様な心理的不適応感を体験していることが指摘される。緊張反応は，心理的な葛藤や，外的なストレスによる心理的エネルギーの浪費を反映する反応であり，VIカードの「負けそうだから，でも，負けたくないから」という反応は，まさにY子さんの心境そのものであろう。また，不自由反応は，「被検者が自分自身の心理的な機能不全や無力感を手に投映したもの」「多様なタイプの劣等性（たとえば知的，情緒的，身体的な）や，いろいろな程度の無力感（たとえば関節炎の手から死人の手まで）を表わしているかもしれない」とされる反応であり，Y子さんのIXカード「担架に乗せられた死体」，また，FEAR（恐怖）反応ではあるが，IIカード「苦しい，助けてくれ～，死にそうだあ～」は，まさしく彼女の無力感と危機の叫びを表わしていると思われる。Y子さんにとって自己は，もはや能動的に環境に働きかけることができず救いを求める存在として位置づけられているのであろう。このことは，レニハンとカーク（Lenihan & Kirk, 1990)[26]が，摂食障害患者のハンドテスト反応の特徴として，過食をともなうグループにおいて，"無力で受動的"な反応が特徴的であるとしていることと共通すると考えられる。

これは，「意味のある効果的な生活役割の放棄」を意味する1個のWITH［撤退］反応にも象徴されている。ただし，Y子さんの反応はDES（記述）反応で，撤退反応のなかでもっとも安全な反応である。また，「お父さんの手。暖かみを感じる」と感情を伴ったものであることから，知的な防衛によるものであることが指摘され，Y子さんが環境と積極的に関わることを知性化によって回避していることが推測される。このようにY子さんのハンドテスト反応には，環境に対して無力で非機能的な自己と，知性化と依存による防衛といった，彼女独自の体験様式が明確に反映されている。これは，Y子さんが活発に防衛スタイルを活用できていることを意味しており，Y子さんの基本的な力（FS機能）でもあるといえよう。

c　継列分析

【Iカード】

3秒と短時間で標準的なDIR（指示）反応を出している。新奇場面において一般的な対応ができており，Y子さんの基本的な環境への対処力がうかが

える。ただし，微妙に内容が変容して「待った」から「拒否してる感じ」になっており，Y子さんが検査そのものに対して非常に脅威を抱いていた可能性，新奇場面における不安，抵抗感がうかがえる。一見，孤高を良しとするような人を寄せ付けない臨床像と非常に一致した反応である。

【Ⅱカード】

「苦しい，助けてくれ〜，死にそうだあって。(略)悶えてる。あえぎ苦しんでいる」と情緒的な FEAR《恐怖》反応を出している。このカードは「神経症的な傾向として解釈される驚きや恐怖を引き起こす」とされており，Y子さんがこのカードの緊張感のある刺激にショックを受けたことがうかがえる。しかしながら，4秒と初発反応時間に遅れはなく，また，「苦しんで助けを求めてるんだけど」と DEP《依存》反応の要素も含んでいるなど，彼女なりの対処はできているようである。拒食・過食の症状によって母親に依存している今のY子さんの臨床像を彷彿とさせる反応である。

【Ⅲカード】

構造化された無害で反応のしやすいカードである。これまでよりは若干時間がかかって，6秒で典型的な COM《伝達》反応(「あそこにありますよって感じかな」)を出している。Ⅱカードのショックが若干残っていたとも考えられるが，唯一の伝達反応をきちんとこのカードで出せていること，また，この後のカードにおいても，どれもカードプル*ともいえるスコアの反応を出せていることなどから，基本的には常識的な対処が充分可能な人であるといえよう。しかし，総反応数が少なく，一つの見方でしか反応していないことを考えると，環境依存的な反応様式しかとれないという，単純な反応様式の表われでもあると考えられる。

【Ⅳカード】

7秒と若干遅れて，「何かね，最初，お父さんの手って感じだったの。お父さんの手としか思えない」と DES《記述》反応となっている。しかし，「暖か

---

* ハンドテストは，9枚の手の絵と一枚の白紙カードからなるが，それぞれのカードは，描かれた手の性質やそのカードが何枚目に，どのカードの後に呈示されるのかといった提示順序によって，そのカード特有の反応や感情が喚起されやすくなっていると考えられる。この現象をカードプル（Card Pull）という。

みを感じる」と情緒的内容に言及しており，知的な防衛を感じさせる反応である。このカードは「被検者の生活役割の，よりユニークで個人的な特性が表われやすい」とされ，「象徴的には〈父親カード〉といわれる」ことから，まさしくY子さんの父親との関係性が連想されたようである。反応は動作を否定したものであり，関係性への言及に対する一瞬のためらいを感じさせる。しかし，その後「頭をよしよししてる感じにも見えるかな」と自分を"よしよし"してくれる手を見ており，無条件に自分を受け入れてくれる対象としてみる一方的な願望充足的反応となっている。これらの反応の流れを考えると，父親との関係性への求めが示唆されていると思われる。

【Vカード】

10秒ともっとも遅れてPAS《受動》反応を出している。カードプルとしては珍しくない反応であるが，「若い女の人の手。遊んでる女の人の手。だれてる感じ。だらしない感じ」と情緒的には性的なニュアンス，蔑視的なトーンが含まれている。このカードの無力な刺激による影響でもあると考えられるが，Y子さん特有の女性観が反映されており，彼女が女性同一性を確立する上での困難が示唆されている。

【Ⅵカード】

「負けそうだから，でも，負けたくないから，無理してがんばってますって感じかな」とTEN《緊張》反応となっている。これは，山上（1998）[27]が摂食障害群に特徴的な反応として提唱した，質的カテゴリーのFRU《フラストレーション》「努力をするが実らない挫折感や他者を受容せずまた受容もされない孤独感などフラストレーション状況を表わす反応」に該当すると考えられる。AGG《攻撃》反応が明らかなカードプルであるにもかかわらず，このカードに怒りや攻撃性を見ないで，「このポーズしてないと，意志が崩れちゃいそうな感じ」となっていることは，Y子さんが適切な自己主張を表出する体験様式をもっていないためといえるのかもしれない。無力な刺激のVカード，それとは正反対の刺激であるⅥカード（佐々木，1999）[28]と，主体性にまつわるこの2枚のカードにおいて，Y子さんのがんばりの背景にある無力感が表われているようである。

【Ⅶカード】

3秒と非常に早い時間で「これはもう，お母さんの手って思った」とⅣカードとのつながりを感じさせる反応を出している。しかも，今回は最初から「私を優しくこう，足とか体を優しく撫でてくれてる感じ」と受容される願望を表明している。Ⅳカードでも見られたが，"頭をよしよししてる""足とか体を優しく撫でてくれてる"と身体接触に言及しており，非常に幼い段階の依存願望を感じさせる。

【Ⅷカード】

カードプルとされるACT（活動）反応を出している。このカードは，非常に構造化された反応のしやすい刺激であるため，ある意味で単調な反応となりやすいのであるが，Y子さんは「この手の持ち主は悪い人で，ちって感じ。何か盗もうとしてる？（略）慣れた手つき，宝石とか，さりげなく盗む感じ」とユニーク反応*ともいえるような恣意的な反応を出している。"悪い人，盗む，悪徳，さりげなく"といった表現は，行為の裏の悪意を意味しており，猜疑心，秘めた敵意，安心感のなさ，環境に対する不信感など，Y子さんの対人関係，生活役割における重要な意味を含んでいると思われる。

【Ⅸカード】

4秒と比較的短時間で「担架に乗せられた死体。死体の上にかぶせるカバーから出ている垂れた手。死人の手。真っ青で，血が通ってない」とCRIP（不自由）反応を出している。もっとも反応の難しいカードとされてはいるが，このカードのCRIP（不自由）反応の出現率は，日本人一般成人で7％と低く，しかも"死人の手"になってしまうなど，マイクロファクト反応**ともいえる

---

* ユニーク反応とは，「はっきりした形で被検者のパーソナリティの興味深い面を映し出しているもの」であり，「被検者について何かを明らかにして，そのパーソナリティ像を完成させるもの」とされている。この反応は，「行動的，想像的，情動的，知的な要素を組み合わせたもの」であり，「一般的に知性や深みや複雑さを前提として」生じるものである。

** マイクロファクト反応とは，「稀で，かなり病的な傾向をうかがわせる反応」とされ，「被検者のパーソナリティの明らかな歪みと関わっており，この反応からその人の精神病理の性質について，かなり確かな診断をたてることができる」とされている。病理性を有している点で，ユニーク反応とは異なるが，両者の明確な区別は非常に難しいとされる。

ようなY子さんの病理性を示唆する反応である。不自由反応は，心理的機能不全や無力感を反映しているとされているが，"真っ青で血が通ってない"といった生気のなさは，Y子さんが強い無力感を体験していることを感じさせる。彼女にとって主体性をもって効果的に環境と関わることは困難であるのかもしれない。Ⅷカードからの継列を考えるならば，Y子さんは内にも外にも敵意を体験しており，そうした状況のなかで自らの主体性を放棄せざるを得ない状態にあるとも考えられる。ただし，この反応は「サスペンス」のなかのものとされ，INA《無生物》反応にすることで，防衛されている。Y子さんが基本的には自らの問題を処理する力をもっているといえるであろう。

【Ⅹカード】

「愛をちょうだいって感じ」と明らかなDEP《依存》反応をこのブランクカードで出している。このカードの「意表を突いた挑戦にどのように反応するかには，馴染みのない状況を扱う能力，想像的能力を活用する能力が関わる」とされているが，Y子さんの反応は，Ⅳ・Ⅶカードで繰り返された願望充足的な依存関係がそのまま表現されている。Y子さんの問題解決はもっぱらこの対人関係スタイルにたよられてしまうのであろう。また，顕在化した愛情要求は，これから始まる入院治療に対する彼女の基本的な態度・構えを象徴していると考えられ，このY子さんの依存的なファサードをどのように扱うかが治療において重要なテーマとなると思われる。

d まとめ

Y子さんは自らの問題に対処すべく，活発に防衛機能を働かせており，しかもそれは環境との関わりを維持していることから，基本的なFS機能は充分保たれているようである。しかしながら，環境に対して主体的かつ効果的な体験様式を形成できていないため，結果としてY子さんは，自らの主体性を放棄し，無力で依存的なFSに固執することになっている。このFSからの脱却が，今後のY子さんの課題となるだろう。

E ロールシャッハ法

ロールシャッハ法のプロトコルを表4-11に示す。

表4-11 【事例6】 20代摂食障害女性の入院事例のロールシャッハ・プロトコル

I	①∧	2″	コウモリ。うん。	①→こう，翼じゃないけど，羽広げてるし。(どこまで?)全部。1匹。(頭は?)こっち。(らしさ)ここの辺。
			(ほかには?)何だろうなあ。	①コウモリ　W　FM±　A　P
	②∨		蛾とか。	②→蛾，かな?。今見るとあんまり見えない気がしてきた。やっぱ，コウモリのイメージが強い。∧こう見て，蛾，蛾だとこっちがメインの羽。こっち，コウモリ。こっちになると蛾に見える。こっちが顔。(特徴)何か黒いし，汚なそうだし，点々点って散ってる感じが，隣粉をまき散らしている感じ。
				②蛾　　　　W　FC′±　A　P
	③∨		兜?	③→これは，本当，戦国の武将とかがかぶってる感じの兜。一番偉い人がかぶってる。全体で。槍はないけど，武将が身につけるのが全部あって，これは兜。ここが頭になって。(一番偉い?)強そう。威厳がありそう。(威厳?)この槍みたいな部分が。
		41″	うん。それくらい。	③兜　　　　W　F∓　Weapon
II	①∨	3″	なんじゃこりゃ。ん……何か，毒を持った蝶。毒性の蝶。	①→あ，これが羽ね。ここが下の方の羽。これが頭かな。触角とか，目とかの感じ。で毒って感じたのは赤い色。こっちの方が特に毒性っぽいと思う。赤が混ざってたりするのが，すごい毒性持ってる感じがした。
				①蝶　　　　W　FC−　A
	②∧		何か，火，火の真んなか，お祭り，火祭りみたいな。黒いのが人間に見えるかな。火を囲んでお祭りしてる感じ。	②→楽しいんだけど，何か，毎年恒例の昔から伝わる伝統のお祭り。でも，好きでやってる。盆踊りみたいな感じ。違う国と思ったけど，そんな感じ。火を焚いて，これが手に見える。(火?)全部。こっちも。いろんなところで火を焚いてる。(らしさ)夜なのこれは。明かりは火だけ。いろんなとこで火を焚いてる。周りにもっと焚いてる。たまたま二人だけ描いてあるだけで，もっと沢山の人がいる。村の，こじんまりしたお祭り。(手以外)ここら辺頭，足。(火?)赤いからもあるけど，燃え具合。祭りのための火。(特に?)ここに薪があって燃えてる感じ。
		69″	それぐらいかな。はい。	②火祭り　　W　M±, CF, m　H, Fire
III	①∧	4″	これは……ちょっと痩せた人たちが何かバリ島とかで，ボンゴン，コンガかな，を叩いてお祭りみたいな。火を焚いて。あとは何だろう。ん……	①→これが楽器。伝統的な太鼓みたいなやつ。これも火。集落みたいなところ。頭，体で足ね。(バリ島?)何かアフリカとかバリ島とか，あんまり衣装身につけてない感じ，裸に近い感じ。もちろん夜。お祭り，火焚くから。周りにも人が居て，踊ったりしてる。
				①火祭り　　W　M±, CF　H, Fire,Music P
	②∨		あれ，血を流してるカブト虫じゃないけど，昆虫?クワガタみたいな感じかな。	②→ここが赤いから血流してるのかな，あんまり見えない。たまたま赤いから。本人は痛くもないし，死んでもいない，元気。強い感じ。目で，体で，半分しか映ってない。クワガタ。槍じゃなくて，手って感じ。(強い?)一番強いの。
			それぐらいかな。	②クワガタ　W　FC∓　Ad, Bl
	③∨		また，逆さまにしてもバリ島で火をおこしながら踊ってる人たちって感じもおきますね。	③→火焚いて，夜で，さっきと同じ人たちで，人は変わってるけど，同じ場。これも女性で，衣類身につけてない。頭で，腰。下はない。足が下にあるけど。手に見えて，腕で。両方とも同じポーズで踊ってるんだなって感じ。
		96″	それぐらい。こっちは思わない。	③火祭り　　W　M∓, CF　Hd, Fire

IV	①∧	5″	何かね、悪のね大魔王みたい。一番偉い人みたいな感じ。何か、黒いマントかぶってる。		①→顔、小さいの顔。ここが目ね、この部分。あとは全部マント。黒いマント。ここら辺は風になびいてる。体はいっさい見えない、顔だけ。衿みたいになってる。(風?) マントがこう流れるのか、こうなったりしてるから。(魔王?) 顔小さくて、黒いマント。威厳がある感じ。
		58″	それぐらいです。		①大魔王　　W　FC′±,mF (H), Cg
V	①∧	4″	うん、蛾ですね。蛾にしか見えない。蛾です。		①→単純に。でも、反対にすると、どっちが頭か分かんないけど。羽。多分こっちが頭ね。これしっぽ。
		32″			①蛾　　W　F±　A　P
VI	①∧	4″	ほお〜。何か楽器?何だろ。モンゴル地方の琴みたいな。琵琶みたいな。バトウキンっていうのかな。ちょっと分かんない。楽器です、とにかく。		①→琴みたいな。モンゴル地方にバトウキンっていうのを聞いたことある。何かそれをふっと思った。1本筋があって、ここが巻くっていうのか、弦が通ってる。これが弦の調節するところ。これはモンゴル地方の獣、鷲か何かの羽を加工して、飾りとしてつけてる感じ。(羽?) ギザギザのところ。
					①楽器　　W　F±　Music,Aobj
	②∧		あとは……何となく、下の方で、果物に見えるかな。リンゴっぽい感じ。		②→モンゴル部分を除いたら、リンゴを縦に切って、これが種。種がある。ここら辺が食べるとこ。形、変だけど。(らしさ) 種、おいしそう。ジューシー。この辺が。
					②果物　　D　Fc∓　Food
	③∧		何だろう。はたき。こうパタパタやる。		③→パタパタやるね。ここはよく分かんないけど、持つとこに。はたきの部分。ぱたぱたやる。(?) 毛糸じゃないけど、柔らかくて、まあるい。からませて埃をとるような。
		83″	うん、それくらい。		③はたき　　W　Fc∓　Obj
VII	①∧	5″	うん、女の子が向かい合ってる。多分仲良く、姉妹かもしんない。		①→仲良しの二人だと思う。これがポニーテールに見える。髪、顔。体。上半身。手ね。スカート。で、同じポーズしてるし、ここが合わさってるから仲が良いのかなって。
					①女の子　　W　M±　H, Cg　P
	②∨		うん、これはね、仲良しの女の子たちか、二人が一緒に仲良く、音楽に合わせて踊ってる感じ。		②→こっちが顔。よく分かんないけど、体ね。手な。腰で、スカートになってて、これが足。片っぽ足で立ってて、踊ってる。こっちの方にもう一個の足があって。変なポーズ。一緒のポーズだし、ここが合わさってるから仲がいいのかなって。
		66″	そんなもんかな。はい。		②女の子　　W　M±　H, Cg
VIII	①∧	7″	う〜ん、何だこれは。蟹。優しい蟹(笑)。自分が蟹さんなんで、何か親しみを覚えます。何だろ。		①→私、蟹座なんで、上は除いて、これが蟹さんの手ですね。甲羅ですね。(らしさ) これが、すごい手に見えるから。優しいって思ったのは、パステルカラーだから、優しいだろうなって親しみもっちゃった。蟹座だから。
					①蟹　　D　FC∓　A
	②∧		下の方だけ見たら、ハイビスカスみたいな感じかな。		②→ここ除いて、一緒かな。ハイビスカスってこんな感じじゃないですか。色的にも花びら、これも。(蟹とは?) これ、絶対除いてるからかな。ハイビスカスは、緑っぽいのがあるからなのかな。
					②ハイビスカス　D　CF　Pl.f　P
	③∨		お〜こうやって見ると、本当にお花ですね。華やかな花って感じ。		③→こっちから葉が生えて、はっぱね。緑色の。お花これも花びら。華やかな花。
		60″	うん、そのくらい。		③花　　W　FC±　Pl.f　P′

Ⅸ	①∧	11″	う〜ん、上の方は、火……ですね。	①→この色は炎？（色？）赤でもこれは違う。こっちが火なの。（らしさ）火花が散ってる炎の勢いのよさ。
				①火　　D　CF, mF　Fire
	②∨		木かな。うん。優しい木って感じ。	②→これは関係ない。幹も。2本立ってるの。幹で茶色。ここがはっぱとか、密集してる。これもあってもいい。これは、ほかの木の葉が。メインは、木の部分。（優しい？）さっきの蟹と同じ。パステルカラーだから。緑色好きだし、きれいと思って。
		53″	うん、そのくらいです。	②木　　D　FC∓　Pl
Ⅹ	①∧	17″	う〜ん（笑い）何だこれ。え……。一番最初に思ったのは、むちゃくちゃ。無秩序な世界って感じ。無政府状態。	①→いろいろな色と形が様々。いろんな方向むいていて、訳分からない。（絵？）この次元の物でないもの。異次元のもので、空想と現実が入り交じって表われてる感じ。（何？）こんなん人魂みたいな感じ。はっぱとか、花とか、いろいろ混じってる。
				①無秩序　　W　CF　Fantasy
	②∧		次に思ったのは、チャイナドレス着た女の人たち二人が何かしてるって感じ。	②→これ除いた状態。これ頭、赤いから、こうチャイナドレス、ここからおしり、膝で、足が長い人。向こう向いてる。何してるんだろうな。
				②女　　D　M±, FC　H, Cg
	③∧		外側の水色の二つが蜘蛛？昆虫っていうか、毒持った恐い恐い蜘蛛みたい。うん。	③→今は毒持ってないように見える。普通の蜘蛛さん。水色だけど蜘蛛さん。
				③蜘蛛　　D　F／C∓　A
	④∨		何かすごい、う〜ん、毒性の花。すっごい毒持った花。	④→緑。はっぱのイメージ。茎に見える。花の部分かな。いろんな色。毒々しい感じがした。（イメージ？）これは葉で、これは葉だな、茎、花びら。
				④花　　W　　CF　Pl.f
	⑤∨		あと、何かこう、顔にいろいろ塗った道化師。ピエロみたいな感じで、にこってしてる。でも仕事をしててにこっとしてる感じ。	⑤→ひっくり返したときに、そっち強く思った。目ねこれが。ここに黄色塗ってる。ここら辺顔。イタリアの道路でみせるような、あんな感じのピエロ。口笑ってるのね。これは、ボンボンか何かだと思う。こう、輪投げか何か曲芸やるじゃないですか、あれの道化って感じ。
				⑤道化　　W　M±, CF　Hd, Cg
	⑥∧		でも、これがゴキブリに見える。これとこれ	⑥→ふっと見たら羽に、気持ち悪いって思った。2匹。小さいけど気持ちが悪い。（らしさ）足の出方とか、こう最近見たんだっけ。それに似てる。
		154″		⑥ゴキブリ　　D　F±　A

R＝26　　RT＝1′11″　　R 1 T＝7″　　R 1 T（N.C.）＝4″　　R 1 T（C.C.）＝10″
W：D＝19：7　　W：M＝19：7　　M：FM＝7：1
M：ΣC＝7：9.25　　FM＋m：Fc＋c＋C′＝2.5：4　　Ⅷ＋Ⅸ＋Ⅹ/R％＝42％
FC：CF＋C＝6.5：6　　FC＋CF＋C：Fc＋c＋C′＝12.5：4
F％/ΣF％＝15％/85％　　F＋％/ΣF＋％＝75％/59％
H％＝31％　　A％＝31％　　At％＝0％　　P（％）＝5（19％）
Content Range＝9　　Determinant Range＝7

a 形式分析

総反応数は充分な量（R=26）であり，さまざまなものを見ている（CR=9，DR=7）。体験型も両向型（M：ΣC=7：9.25）で，基本的なエネルギーは充分あり，一定の内的資質をもった被検者である。一般的な見方もできており（P=5），情緒的な影響を受けないで客観的に判断した場合は現実検討も保たれている（F+％=75％）。

しかし，全体の形態水準は若干低く（ΣF+％=59％），とりわけ色彩反応において著しく形態水準が低下していることから（FC±=1），適応的な内的資質とはなっておらず，むしろ，運動（add.m=3），色彩（FC+CF+C=12.5），陰影（Fc+c+C'=4）とあらゆる刺激に反応し，過敏で動揺しやすく，情緒統制の低下した状態にあると考えられる。また，年齢相応の生き生きとしたエネルギーそのものは乏しいことから（FM=1），観念活動のみ活発に働いている状態と考えられ（M=7），情緒的な動揺によって主観的で独善的な判断に陥りやすいことが指摘される。とりわけ，形態質の低い材質反応や食物反応（Fc=2，Food=1）などの存在を考えると，愛情・依存欲求などの対人関係における繊細な情緒的体験が未発達であることが推測される。

b 継列分析

【Ⅰカード】

2秒と短時間に平凡反応を二つ出せている。しかし，詳しい説明はできず，「コウモリ」「蛾」の違いもあいまいである。情報を取り入れる際の慎重さに欠け，全体的な印象によって軽率に動いてしまうようである。最後の「兜」も形態はあいまいであり，「一番偉い」印象が強調されている。汚い蛾と威厳のある兜の対比は，Y子さんの劣等感や罪悪感など超自我にまつわる葛藤を推測させる。

【Ⅱカード】

赤色刺激に対して「なんじゃこりゃ」と衝動的に反応するが，その直後に「毒をもった蝶」と知性化による防衛が試みられている。続く「火祭り」も赤色刺激に強く引き付けられているにもかかわらず，「楽しい」「伝統のお祭り」と観念的な意味づけが行なわれている。衝動や攻撃性を刺激されると，衝動的に反応してしまい，観念でそれにふたをするかのような動きが見て取れる。

【Ⅲカード】

　最初に平凡反応の"人"を見ることができており，基本的には常識的な見方，捉え方ができる被検者である。しかしながら，「さっきと同じ人たちが，人は変わってるけど，同じ場」と反応の結合が生じたり，「血を流してるカブト虫」「本人は痛くもないし，死んでもいない。元気」とするなど強引な説明がなされている。自らの情緒的体験を吟味することなしに，強引に観念的な防衛を試みている。

【Ⅳカード】

　「偉い」といったテーマが絶えず登場しており，このカードでその印象が明確に言及されている。しかしその正体は，あいまいで漠然としており，体がマントで見えず，そのマントも風になびいている状態である。超自我が充分に内在化されておらず，劣等感や罪悪感といった感情体験を充分に内省することができないようである。

【Ⅴカード】

　単純な平凡反応を時間をかけずに出せている。刺激の少ない明確な環境では，落ち着いた対応も可能なようである。しかし，このように環境からの刺激によって反応が容易に変化してしまうことは，Y子さんの基本的な環境への働きかけが受け身的で非意欲的であることを意味しているのであろう。

【Ⅵカード】

　第一反応では濃淡を取り入れず，形から外国の「楽器」を見ることに成功している。しかし，やはり濃淡刺激を無視することはできなかったらしく，第二反応で「リンゴを縦に切って」断面を見ている。形態はあいまいなまま濃淡の印象のみで反応を産出していること，「おいしそう。ジューシー」と材質感が口唇的な感覚となっていることから，未熟な依存性が露呈している。続く「はたき」では，濃淡刺激をやわらかい材質感として体験することはできているが，形態はあいまいで「からませて埃をとるような」ものとなっている。対人交流において未熟な依存欲求のために関係が混乱してしまうことが危惧される。依存関係を形成すると自我境界があいまいとなり，無力感を体験してしまうのではなかろうか。

【Ⅶカード】
　すぐに平凡反応の女の子を出している。第一反応，第二反応の二つとも同じような内容であり，二者の交流が「仲良く」と強調され，「ここが合わさってるから」と強引な意味づけがなされている。平凡反応（もしくはその類似の反応）を短時間に出せるなど社会的な規範や要求は充分理解できてはいるが，単調な見方しかできておらず，豊かな反応となっていない。

【Ⅷカード】
　多色カードであるが，赤色に目が奪われたらしく「優しい蟹」としている。濃淡を知性化によって「優しい」と意味づけたうえ，「自分が蟹さんなんで」と強引な説明をしている。情緒的動揺を観念的に処理しようとしてしまうため，主観的で短絡的な自己関係づけとなっている。情緒的関係において他者の思惑を独善的に意味づけてしまうことが推測される。続く反応は二つとも「花」であり，情緒表現は直接的であるが，内容は単純で生産性のある内的な深まりとはなりにくいようである。

【Ⅸカード】
　最初に，単純な「火」を出している。これまでのような観念的な防衛が，多色カードのために充分機能しなかったのであろう。しかし，やはり第二反応では，攻撃性を否認するかのような「優しい木」と知性化が行なわれている。これだけ強引に自己の内的体験を脚色しなければ表現できないのであろうか。

【Ⅹカード】
　最初に「無秩序な世界」と色彩に圧倒されるが，すぐに部分に分けることで5個の明確な対象を見ている。これらは，「チャイナドレス」「毒もった恐い恐い蜘蛛」「毒性の花」「ピエロ」と知的な脚色が施された反応となっている。最初に情緒的な反応を出してしまい，それを観念的にふたをするというパターンが繰り返されている。しかし，最後の「ゴキブリ」だけは充分な知性化が働かなかったらしく，「気持ち悪い」と情緒的体験が露呈している。蔑視的内容であり，劣等感や罪悪感に関わるテーマに関しては，充分な防衛が働いていないようである。

c　まとめ

　常識的なものの見方や考え方はできているため，基本的には社会適応的な対処行動は充分可能であり，FS 機能は保たれているといえるであろう。にもかかわらず，情緒的体験を共有してもらおうとする未熟な依存的構えが先行し，衝動的に感情を出してしまい，機能的に環境と関われていない（FS の機能不全）。そのうえ，内的体験を充分に内在化したり，中和したりといった IS 機能が未熟であるため，衝動や攻撃性，不安などを安心して表現することができないようである。結果的に情緒的体験を強引な意味づけによって脚色するといった防衛が行なわれている。また，劣等感や罪悪感など超自我にまつわる内的体験も充分に内省できないため，対等な対人関係を形成するのも非常に困難であろう。このように，Y 子さんは自らの感情体験を吟味する内的活動（IS 機能）が非常に未熟である。しかし，それを補う形で観念的な IS が形成されているため，豊かな内的世界となっておらず，自律した IS 機能を維持できていないと考えられる。結果として，FS の機能も充分なものになっておらず，効果的に環境と関われていない。

F　統合解釈

　Y 子さんのハンドテストからは，Y 子さんが外界に対して自らの主体性を放棄し，無力で依存的な FS を形成していることが指摘され，ロールシャッハ法からは，未熟な IS を補うために観念的な IS が作られ，自律的な IS が形成されていないことが示された。しかし，どちらの検査からも，彼女が基本的な外界との接触を維持できており，環境に適応するための FS 機能を基本的には保っていることがうかがえた。これは Y 子さんの力でもあるが，逆にこの FS によって Y 子さんの IS の問題が解決されないでいると考えられる。つまり，未熟な IS を補う形で，FS が過度に防衛活動を行なっていると考えられるのである。Y 子さんの IS は，ロールシャッハ法から指摘されたように，自己の情緒的体験を中和するような複雑で繊細な働きをしていない。そのため外界からの刺激を内界に取り入れ，豊かな情緒的体験へとつなげていくことも，また，内的体験を安心できる形で表現することもできないでいる。IS と FS がうまく交流できないでいるのである。これを補うためにさまざまな努力が試み

られている。

　まず，ISにおいては，さまざまな情緒的体験を観念的，恣意的に意味づけることで脅威を回避する試み，一方でFSにおいては，自らの主体性を放棄して依存的・非能動的に環境と関わることで，処理できない内的体験を外的対象によって処理してもらおうとする試みである。こうしてY子さんは自らの内的体験（衝動や攻撃性）を中和したり，内省したりすることをせずに，衝動的に環境に対処しているため，結局内的体験を深めるという作業がなされないまま，ISの成長・発展を妨げるという悪循環に陥っているのである。

　さらに，ハンドテストに表われていたように，Y子さんは他者に対して無力で依存的な自己しか呈示することができないでいる。そのため，Y子さん自身もまた周りの重要な他者も，Y子さんが主体的に感情を処理するチャンスを奪っていると考えられる。Y子さんのFSが基本的には環境との関係を維持できているということは，彼女が基本的にはベースとなる心的資質を備えていることでもあるが，主体性を放棄した依存的なFSに彼女が固執する限り，ISの成長は促されないであろう。自らの情緒的体験を中和できないことは，Y子さんにとって自己を脅かすものが内的にも外的にも存在するという体験になっていると推測され，Y子さんが主体的な体験様式を獲得することを非常に難しくしている。しかしながら，観念的なISと主体性を放棄したFSの存在を，Y子さん自身と周りの重要な援助者が充分に認識することで，IS体験を活性化できる安定した対人関係を形成することができれば，Y子さんを援助するうえで重要な環境が作られることになると考えられる。

【事例7】　アスペルガー症候群と考えられる20代男性
O男さん　未婚男性　ハンドテスト実施時25歳

A　問題あるいは主訴

（1）　大学卒業後，就職することもなく暮らしている。将来を心配した両親が病院へ連れてくる。
（2）　自発的な発語がなく，問いかけに応じるのにも時間がかかる。

B　生育歴および問題の経過

　3歳まで発語がなく，相談に行った児童相談所で，"自閉症の疑いがある。できるだけ人のなかに入れるように"とアドバイスされたため，保育園に通わせたがその後，特に治療を受けることなく，反応の乏しいO男さんを母親が「尻をたたくように」して育てた。小学校に通うようになってもほかの児童とほとんど関係がとれず，いじめを受けることもあった様子であるが，登校を渋るようなことはなかった。学業成績は，小・中・高と問題なく，高校卒業後，大学にも進学している。

　大学卒業時，どこに就職すればよいかわからず，結局どこにも就職しないまま家で本を読んだり，たまに出かけたりして何となく過ごしている。今現在，特に何か問題があるというわけではないが，自宅で何をするわけでもなく毎日を過ごしているO男さんの将来を心配した両親が，本人を連れて受診した。O男さん自身も将来自分がどうなるのか，そのことに対する漠然とした不安は感じているようである。

C　臨床像

　痩せてひょろっとした神経質そうな男子大学生といった印象。ぎこちない動きで表情も硬いが，話しかけると"にやり"と照れ笑いのような表情をしてごまかす。自発的な発語はなく，問いかけに対しても，あいまいな返事をやっと聞き取れるような声で返してくる。

　医師の問いかけにもうなずくか笑うだけの応答だったようである。アスペルガーの疑いにて，とりあえず内面を知りたいとのことでロールシャッハ法が依頼される。検査者とのやりとりでも，人の良い愛想笑いを崩さず，自発的な発語はなく，問いかけに対しては「うん。はい」と答えるか，考えているような様子で黙り込むかのどちらかであった。依頼のあったロールシャッハ法を実施したところ，非常に時間をかけて漠然とした貧困な反応を出すだけであった。大学卒の学歴とロールシャッハ法の結果とのギャップが大きかったため，コース立方体にて知的水準を確認（IQ＝117）し，知的な問題は疑えないことから心理検査による精査が必要と考えられた。時間をかけて関わっていく必要性も

感じられたため，週に一度のペースで，WAIS‐R（VIQ＝106，PIQ＝97，IQ＝100），ハンドテスト，風景構成法，SCT（文章完成法）を実施した。ここでは，ハンドテストとコース立方体を紹介する。

D ハンドテスト

a 検査時の様子

ハンドテスト・プロトコルを表4-12に示す。自信なさそうに小さな声で応える。検査者の顔を何度もうかがい，援助を待っているようであった。

b 形式分析

総反応数R＝10と少ない。平均初発反応時間も非常に遅く（AIRT＝20.75″），反応失敗が二つのカード（Ⅵ・Ⅸ）で生じているなど，O男さんにとってこの検査の課題が非常に困難なものであったことがうかがえる。このことは，ほとんどすべてのカードにおいて「何か」と前置きしてから反応を与えていることにも表われている。これは，質的スコアにおいて，ある種の器質性疾患の病理指標とされるAUT《自動句》にスコアされるものである（AUT＝9）。この反応は，「被検者にとっては困難で厄介な課題にも何とか親しみを感じ取り組もうとするステレオタイプで弱々しい試み」とされ，本被検者にとって主体的に環境と関わることが非常に厄介な課題であることが推測される。O男さんは，図版（環境）と関わるという基本的なところでつまずいているのである。

とはいえ，彼が出せた10個の反応をみると，ER（体験比率）は適度なバランスを保っており（INT：ENV：MAL：WITH＝5：5：0：2），AOR（行動化比率）も肯定的な対人反応が否定的な対人反応を上回っている（AOR＝3：1）。O男さんは，環境との関わりそのものに非常に困惑しながらも，基本的には肯定的な対人関係様式をもち（AFF《親愛》＝1，COM《伝達》＝2と対人反応の半数を占める），外界へ働きかけるべき最低限の体験様式を保っている（ACT《活動》＝4）のである。AGG《攻撃》反応こそ出せていないが，自己顕示を示すEXH《顕示》や他者への働きかけであるDIR《指示》反応も1個ずつ出せているなど，対人反応のバラエティの広さ，外的世界に対する最低限の志向性が，O男さんの問題（主体的に環境と関わることが困難であること）

表4-12 【事例7】 アスペルガー症候群と考えられる20代男性事例の
ハンドテスト・プロトコル

カード番号	IRT	被検者の反応	スコアリング 量的	質的
I	27″ ∧	〈笑い〉何か手を振っているところに。(Q) 特にない。(Q) 分からない。(Q) うん。誰かに振っている……。(ほかは？) 特に思いつかない。	COM	(AUT)
II	6″ ∧	何か物つかもうとしている。(Q) 何か大きい物。(E)	ACQ	(AUT)
III	3″ ∧	何か指差してるところ。(Q) ……(Q) 何かを選んでる。(たくさんあるなかから？) うん。(あれってこと？) そう。	COM	(AUT)
IV	22″ ∧	(E) 何か……まぶしくて顔を覆ってるような感じ。 (E) 何か胸を押さえてるみたい……(Q) 落ち着くために。	ACT ACT	(AUT) (AUT) (FEAR)
V	51″ ∧	(E) 何か人を呼んでるような。(Q) 年下の……。	DIR	(AUT)
VI	70″	(E) ちょっと思いつかない。	FAIL	(IMP)
VII	11″ ∧	何か握手しようとしているところに……。	AFF	(AUT)
VIII	23″ ∧	何かお札数えてるところ。 何か袋あけようとしている。(Q) こんな感じ (D) (Q) うん。特に思いつかない。	ACT ACT	(AUT) (AUT)
IX	70″ ∧	(E) ……思いつかない。	FAIL	(IMP)
X	23″ ∧	こんな (D) ……(Q) よしって……。うまくいってる状況。	EXH	

AFF=1	ACQ=1	TEN=0	DES=0	R=10	AUT=9
DEP=0	ACT=4	CRIP=0	BIZ=0	AIRT=20.75″	IMP=2
COM=2	PAS=0	FEAR=0(1)	FAIL=2	H-L=48″	
EXH=1				PATH=4	
DIR=1				AOR=3：1	
AGG=0					
INT=5	ENV=5	MAL=0	WITH=2		

を補っているといえよう。このことが，学校というある程度守られた環境のなかで，大きな問題なくやってこられた，O男さん自身の力であると考えられる。

しかし，これだけ課題に困惑しながらも，葛藤や防衛的機能を示唆するMAL［不適応］反応が出ていない（IVカードにその兆候が見られるが）こと

は，O男さん自身が自己の内的状態を充分に知覚することができていないためと考えられる。O男さんは，非常に表面的な体験しかできておらず，現実に直面している困難さを充分に受けとめてはいないのであろう。これが彼の総体的な幼さ，子どもっぽさを生み出していると考えられる。

c 継列分析

【Ⅰカード】

27秒とかなり時間をかけ，「何か」と前置きして，ようやく「手を振っているところに」と反応している。最終的にはテスターの援助があってCOM（伝達）反応となっているが，反応そのものは漠然としたものであり，行為の意図や意志の分からない反応である。O男さん自身も「分からない」とするなど，主体性も乏しく，非常に受動的な反応である。O男さんの環境に対する関わりの遅延傾向，無自発性が見事に表われている。

【Ⅱカード】

Ⅰカードの遅延からは一転して6秒と短時間で「何か物つかもうとしている」と標準的な反応を出している。神経症的なショックを引き起こすとされるカードであることを考えると，まるでこのカードの脅威的な刺激が無視されてしまったかのようである。

【Ⅲカード】

カードの明確な動きに助けられたのか，さらに3秒と短時間で標準反応を出せている。内容も「選んでる」と意図に言及しており，環境によって助けられることで，Ⅰカードからここまで回復することを考えると，O男さんの適応レベルが状況によって非常に異なることがうかがえる。

【Ⅳカード】

Ⅰカードに類似した刺激とされるこのカードで，再び反応遅延が生じている。22秒かかって「何か……まぶしくて顔を覆ってるような感じ」と，これまでの反応とは趣が変わって情緒的な内容となっている。続く二つ目の反応も「何か胸を押さえてるみたい。落ち着くために」と，被検者がこのカードで何らかのショックを受けたことを推測させる。このカードの"斜め下から見上げるような"刺激は，どちらかというと侵襲的な動きと考えられるが，被検者の反応は逆に「顔を覆う」「胸を押さえる」と身を守る防衛的な運動である。外

界との関わりそのものに困難を示すO男さんにとって，この図版の刺激は，身を守る動きに置き換える必要があるほど脅威的なものであったのであろうか。

【Vカード】

51秒ともっとも遅れて「何か人を呼んでるような。年下の……」と，再びあいまいな反応となっている。しかし，IVカードのショックから何とか立ち直り，DIR（指示）反応を出せている。自分のペースでできれば，ある程度環境に働きかけていく力ももっているのであろう。

【VIカード】

70秒経って「ちょっと思いつかない」と反応失敗になっている。このカードは，握りこぶしにした手であり，AGG（攻撃）反応のもっとも出やすい図版である。主体的な反応，自己主張，そして攻撃性をほとんど表現することのないO男さんにとって，このカードに反応することはやはり難しかったのであろう。攻撃性などの内的な体験を加工したり処理したりすることなく回避してしまったようである。

【VIIカード】

再び立ち直って11秒で「何か握手しようとしているところに」とAFF（親愛）反応を出せている。VIカードによって刺激された攻撃性を友好的なものへと置き換えようとしているかのようである。しかし，刺激によってこれだけ変わってしまうというのは，それだけ刺激に対する影響性が強いことでもあり，また，内的体験の一貫性のなさ，深まらなさを意味しているとも考えられる。

【VIIIカード】

動きの明確なACT（活動）反応の出やすいカードである。二つの反応「何かお札数えてるところ」と「何か袋開けようとしている」は，ともに明確な動きの認められる反応で，O男さんのもつ基本的な活動性が垣間見られるものである。しかし，初発が23秒と遅れていること，運動の内容がどちらも非常に珍しいものであることなど，O男さんの体験が常識的・一般的なものからずれてしまっていることがうかがえる。被検者の体験様式のずれは，反応が遅れることだけではなく，興味や関心が一般の人とは違ったものに向けられることにも表われると考えられる。

【Ⅸカード】

もっとも難しいカードとされている通り，Ｏ男さんには荷の重すぎるカードであったようである。環境に主体的に関わることも，また，内的体験を深めることも困難な彼にとっては，このカードの奇妙な動きを積極的に取り入れ，何らかの活動様式へと加工することは無理な課題だったのであろう。

【Ⅹカード】

空白カードであり，主体性の乏しいＯ男さんにとっては，Ⅸカード以上に難しいカードと考えられるが，23秒で「こんな……よしって……うまくいってる状況」と，Ｏ男さんのおかれた状況（日常生活にしても，検査内容にしても）からすると非現実的な反応を出している。彼自身は，現在の自分の状況を充分には理解していないのかもしれない。むしろ彼にとっては，侵襲的な情緒的環境よりもこのカードのような無害な空白刺激の方が，楽な状況なのかもしれない。

c まとめ

Ｏ男さんは，①主体的に環境と関わることそのものが困難であること，②外界に対する行動様式と内的体験との間につながりがないこと（内的体験が深まっていない），という大きな二つの問題を抱えていると考えられる。これは，構造分析の理解に従うと，外的世界との接点であるFSと，内的世界の深さであるISの両方においてその相互作用の発達的な問題が生じているといえる。反応の遅延，AUT，IMP反応などを考慮すると，これは何らかの器質的な問題によって生じていると考えられる。

E コース立法体（表4-13）

ハンドテストに見られたような反応の遅延はまったくない。むしろ非常に積極的で，次第に難しくなる課題を，むしろ楽しんでいるかのようであった。一部修正をした15番を除いてすべての問題を2分以内に終了させており，幾何学図形を素早く認知する力は非常に高いと考えられる。ハンドテストと異なり，大卒の学力に充分相当するパフォーマンスである。

ただし，もっとも単純な模様である練習問題で意外に手間取ったり，積み木の数が増えた際に意外に時間がかかったり，とりわけ，第7図版では，図形が

表4-13 【事例7】 アスペルガー症候群と考えられる20代男性事例のコース立方体

番号	所要時間	得点	解説
練習	11秒		単純な模様だが試行錯誤になってしまい手間取る。
1	11秒	3	課題は了解しているが，丁寧に作ろうとして若干かかる。
2	9秒	5	課題に馴れてきた様子。左上から縦に作っていく。
3	11秒	6	斜めの模様にいくぶん手こずる。左上からの順番が固定。
4	33秒	5	△の模様を作るのに時間がかかる。
5	21秒	7	最初の斜線模様だが，迷うことなく同じ順番で作成。
6	14秒	7	二つの△の組み合わせであるが，ゲシュタルトは無視して左上からの同じ順序で作成する。
7	1分21秒	5	最初の菱形。これまでのように正方形の位置で作ろうとし，しばらくしてから斜めであることに気づく。
8	14秒	8	図版を見てすぐに左側から作り始める。
9	14秒	9	いくぶん得意気に作る。
10	1分02秒	9	9個に増える。一瞬戸惑いが見られるが，左上から縦にゲシュタルトは無視して機械的に置いていく。
11	48秒	8	同じ順序で置いていく。図版と見比べながら積み木を一つずつ置いていく。
12	1分51秒	9	16個に増える。順番を変えることなく，一つずつ置いていく。
13	1分29秒	9	左上から順番に，迷いのない一定のペースで置いていく。
14	1分26秒	9	方法，ペースも変わることなく置いていく。
15	3分48秒	7	方法，ペースに変化はないが，一部ミスがある。完成させた後，自分で気づいて修正したため時間がかかる。
16	1分40秒	10	難解な模様に何ら苦悩が見られない。普段の反応の遅延はまったく感じられない。
17	1分12秒	10	最後まで左上から一つずつ置いていく方法を採る。まるで一つずつを切り離して知覚しているよう。

総得点126点（最高点131点）IQ＝117

菱形になっていることに気づかなかったりと，新奇場面において極端な状況把握の失敗が生じている。本課題に対するO男さんの解決力に比して，課題の変化（環境の変化）に対する適応性が極端に劣っている。また，課題の遂行方法が画一的で（すべて左上から縦に並べていく），状況に応じた臨機応変さ，柔軟性が見られない。△図形を無視した解決法などは，むしろ機械的な知覚様式，硬さや強迫性などが指摘されよう。

F 統合解釈

あいまいな刺激に対する自由な反応を求められるハンドテストと，幾何学図形の模倣を要求されるコース立方体とでは，課題の構造度に大きな違いがある。O男さんは構造的で明確な課題に対しては，課題解決のし方に特徴が見られたものの充分な知的・認知的発達レベルを有していることが示された。しかし，自由度が高く自発的な働きかけを必要とする課題に対しては，著しい反応の遅延と未熟で非一般的な反応が見られた。これはアスペルガー症候群とされる事例に見られる特徴と一致していると考えられる。アスペルガー症候群は，「言語あるいは認知的発達において臨床的に明らかな全般的な遅延が見られない」こと，「自閉症の場合と同様に相互的な社会関係の質的障害と行動，関心，活動の，限局的で反復的常同的なパターンとの組み合わせ」（ICD-10）[29]とされている。ハンドテストとコース立方体の結果に示されるO男さんの課題解決能力のギャップ，また両検査に示された情報処理の独特さは，アスペルガーのロールシャッハ法の特徴によって指摘されている「知覚過敏・過剰選択といった注意選択性の障害」（相田ら，1994）[30]を推測させるものであり，O男さんの器質的な障害の可能性を示していると考えられよう。

【事例8】 精神分裂病女性の混乱期と静穏期の比較
M子さん　未婚女性　初回検査時26歳

A 問題あるいは主訴

（1）自分が誰であるか分からない。自分の名前や住所が思い出せないだけでなく，どんな生活をしていたのか，どこから来たのかまったく分

からない全健忘の状態である。
（2）独語や徘徊が多く，疎通性の悪さが見られる。
（3）自分は男性であると主張し，女性スタッフを誘惑しようとする。

B 生育歴および問題の経過

父母や兄弟らの家族とともに住んでいるが，家族間の関係が薄く，M子さんに対しても関心を向けなかったため，生育歴上の問題点は明白でない。家族は「時どき変なことをいう変わった子ども」位にしか認識せず，成人後は自分で食事を作り，没交渉の同居人程度の関係であった。

高校生の頃から次第に交友関係が少なくなり，卒業後就職するが長くは続かず，3回転職した後，家のなかに引きこもることが多くなった。しかし自分の身辺処理はできていたことや，家族に問題意識が乏しかったためか，受療経験はない。自室で音楽を聞いて過ごすことがほとんどで社会的孤立をした状態であったが，目立ったトラブルはなく生活してきていた。

阪神大震災で実家は被災し，その直後行方不明になったが，警察への捜索願いは出されないまま，放置されていた。数日後実家から数キロ離れた街を徘徊しているところを警察に保護され，疎通性が悪かったために精神科入院となる。

C 臨床像

がっしりとした骨格をもち，大柄で，歩き方や姿勢や態度が粗雑。一通りの応答は可能だが，話し方に独特の奇妙な言い回しがあり，共感し難い面がある。

D ハンドテスト

a 検査時の様子

混乱期のハンドテストを表4-14に示す。入院して2週間後に初回検査を施行したが，言葉のつなぎ方が非常に奇妙で，文脈について行き難いことが多くあった。

表 4-14 【事例 8】 精神分裂病女性の混乱期と静穏期の比較（混乱期）のハンドテスト・プロトコル

カード番号	IRT	被検者の反応	スコアリング 量的 質的
I	3″ ∧	停止の合図。ここで○○はいけません（Q）入ったり，注入したりいけません。	DIR
II	5″ ∧	幻に手が触れられた（Q）つい手が出ない情熱に骨がしみてあった。(Q) 何か岩とか大きいものつかむ。	BIZ ACQ
III	4″ ∧	そちらの方と指差してる（Q）お互いが今みたいな同じ位の高さに位置して，そちらの○○がと話のなかにあって続いてる。	COM
IV	8″ ∧	山のいぶきを払ってる所（Q）風に囲んで囲むものと囲まないもの（Q）一本のさしかかりの注意。	BIZ
V	3″ ∧	道具とか抱いている（Q）鍵盤，ハーモニカ。	ACT
VI	5″ ∧	高校野球みたいなゲーム，大勢集まったときの追い詰められなかった悔しさ（Q）高校野球。	TEN
VII	4″ ∧	狭いところ，少しは考えてもってあてている所（Q）予備の知識と手。	BIZ
VIII	10″ ∧	作業でラインをチョークみたいなのでひいてる。	ACT
IX	14″ ∧	かずこの言った仕事にふんぎりがついた温かさ（Q）見送りにとか。	BIZ
X	5″ ∧	ソーイングの型どり。	ACT

AFF=0	ACQ=1	TEN=1	DES=0	R=11
DEP=0	ACT=3	CRIP=0	BIZ=4	AIRT=6.1″
COM=1	PAS=0	FEAR=0	FAIL=0	H-L=7.0″
EXH=0				PATH=9
DIR=1				AOR=1:1
AGG=0				
INT=2	ENV=4	MAL=1	WITH=4	

b 形式分析

1）**集約スコア** 総反応数は 11 であり，平均より少ないが，反応拒否や失敗はなく，課題遂行の枠には一応おさまってはいる。INT［対人］：ENV［環境］：MAL［不適応］：WITH［撤退］＝2：4：1：4 であり，対人関係への関心が弱まり，不適応感や現実からの撤退が増大している。とりわけ PATH（病理スコア）が 9 にまで増大していることと考え合わせると，病理的重篤度は大きく，ワグナー（Wagner, 1961)[31]や山上と武田（1977)[32]が述べる精神分裂病者のハンドテストの一つの典型を示している。しかしポジティブな側面を見ると，環境に対して働きかけるエネルギーは保持されているので，この体験比率のバランスが変わりうる可能性はある。AOR＝1：1 であり，快い対人感情も敵対的な攻撃心も多くは出してはいない。

2）**量的スコア** INT［対人］反応のうち，AFF（親愛），DEP（依存），EXH（顕示），AGG（攻撃）は反応せず，人に対する多岐にわたる感情交流は投映されなかった。わずかに反応された DIR（指示）と COM（伝達）も文脈上奇妙さを含んでおり，BIZ（奇矯）に移行する可能性を充分もっている。したがって対人間での友好的および協調的関わり合いはもちにくいことが予想される。それに比して，ACT（活動）の 3 反応はまずまず了解できる反応をしており，非人称的な場でなら，ある程度の生産的働きができる。

c 継列分析

【Ⅰカード】

「停止の合図，ここで○○はいけません」と禁止の内容は不明瞭であり，内容が問題なのではなく，とりあえずすべて停止という身動きとれない状態を表現する。それは侵入されることへの恐怖があるためなのか，停止という日常生活を凍結することによって自己を守ろうとするためなのか，いずれにしても快い他者との関係ではない。この反応を自我境界が弱まっているための防衛の手立てという内的問題として捉えることもできるが，検査当時の外的状況の反映ともとれる。つまり，その頃の被災地の環境は，「立ち入り禁止」のびらや看板があちこちの建物や崩れた跡地に見られたのである。反応後半の「入ったり」から「注入したり」への移行は少々無理がある。

【Ⅱカード】

追体験の難しい反応を述べた。「幻」「手」「触れられた」など一つひとつの言葉は常識的なものであるが，「幻に手が触れられた」という節としてつながると非常に奇妙なものになってしまう。とりわけ第一反応の後半部の，「手が出ない」は了解できるが，「情熱に」になると，共感が難しく，さらに「骨がしみてあった」と続くと，まさに「触れられた」状況を呈してしまうのである。

【Ⅲカード】

他者との会話状況をイメージし，「そちらの方と指差してる」という反応まではよく共感できるが，その後の「お互いが今みたいな同じ位の高さに位置して」の明細化は必然性が少し弱い。

【Ⅳカード】

「山のいぶき」とは何を差すのかよく分からないが，自然回帰願望があるのであろうか。また「風に囲まれて」ならまだ追想できなくはないが，「囲んで」という能動態になる。「一本のさしかかりの注意」という奇妙な言葉のつながりは思考の連合障害を思わせる。

【Ⅴカード】

「道具とか抱いている」と了解できる反応だが物体との距離が非常に近い。

【Ⅵカード】

内容的には共感できるが，「悔しくて手を握り締めている」という平易で自然な表現ではなく，「高校野球みたいなゲーム，大勢集まったときの追い詰められなかった悔しさ」という抽象名詞で終わるのは独特の言い回しである。

【Ⅶカード】

狭い所に手を当てて，その狭さを予測していると言いたいのであろうか。しかし文脈は奇妙で，その流れを追って行き難い。

【Ⅷカード】

11個の反応中，もっとも自然でやわらかな反応である。洋裁学校にかつて在籍したことのある被検者にとっては，「作業でラインをチョークみたいなのでひいてる」は，馴染みのある手の動作なのかもしれない。

【Ⅸカード】

再び構造化レベルの低い難しい刺激でBIZ（奇矯）反応をしてしまう。「かずこ（友達の名前）の言った仕事」「ふんぎりがついた」「温かさ」と一つひとつの句は意味をなしても，全体で一つの節となると，意味が壊れてしまう。しかし，最後のこちらからの問いかけに，「見送りに」と少しリアリティを取り戻せる。

【Ⅹカード】

本カードへの反応が予後のサインになるといわれているが，ここで，Ⅷカードと同様に「ソーイングの型どり」という洋裁に関する具体的な反応をすることができた。この現実吟味力のある反応は回復の可能性を示唆するものである。

E 静穏期のハンドテスト

a 検査時の様子

表4-15に静穏期のハンドテストを示す。

混乱期から一年経て，自分自身の出自も思い出され，実家での日常生活を平穏に営んでいる頃，外来面接で施行。このときの言語的コミュニケーションは，前回のような奇妙な話法はなかったが，「口を開けて話すと脳の部分がゆるむ」と奇異な感覚が平然と述べられた。

b 形式分析

1）**集約スコア**　総反応数は11で前回と変わりないが，PATH（病理スコア）が4と減少した。またINT［対人］：ENV［環境］：MAL［不適応］：WITH［撤退］＝3：5：2：1であり，不適応や撤退を含みながらも，バランスはかなり回復してきており，現実との関わりも多くなってきている。

2）**量的スコア**　INT［対人］反応のうち，AFF（親愛），DEP（依存），AGG（攻撃）の反応がないのは前回と同じで，人に対するいろいろな感情交流は投映されなかった。前回の文脈上奇妙さを含んだCOM（伝達）が普通の対人的な関わり反応に変わっている。前回出現しなかったEXH（顕示）が2個産出され，本事例の基本的な問題の一つである，男性として自己顕示したいという欲求が明るみに出てきたようである。

表 4-15 【事例8】 精神分裂病女性の混乱期と静穏期の比較（静穏期）のハンドテスト・プロトコル

カード番号	IRT	被検者の反応	スコアリング 量的	質的
I	11″ ∧	えーっと何だろう。ガラスの扉を手で止めてるところ。	ACT	
II	11″ ∧	体がひどくみえる人が壁か何かにあえいでいるような，手を挙げて下に滑らせている。少し危険。	FEAR	(CRIP)
III	8″ ∧	あまり自信のない人が道順を教えている。	COM	
IV	11″ ∧	大男が地面に平行を説得している。物質が洗面器があったら地面に平行だから表面積が狭い。体の発汗・垂直。滑っているようにここは平行だから大丈夫だ。	BIZ	
V	23″ ∧	一人の人が立ってて，別の人がその人の肩に手を乗せた。バーゲンのコマーシャルでみた気取った二人。	EXH	(INA)
VI	10″ ∧	男の人がじれて頭のなかがじれて，いらだったときに机とかひじ掛けとかに握りこぶしをのせている。	TEN	
VII	14″ ∧	外の空気を確かめている。ドアのすき間から手首だけ出てる感じ。触感。	ACT	(SEN)
VIII	25″ ∧	これは運動会で何メートルか先に土に印をつけている。	ACT	
IX	11″ ∧	向き関係あるんですね。普通に歩いてるときに無意識にはまっていた手の形。無造作。	PAS	
X	41″ ∧	トランペットとか小さい楽器で，半分立てたり半分押さえてる。左手。	EXH	
		○○を人さし指で指している天井の角の隅を。僕がこれ終わった後もうまくいけない。	ACT	

AFF = 0	ACQ = 0	TEN = 1	DES = 0	R = 11	INA = 1
DEP = 0	ACT = 4	CRIP = 0	BIZ = 1	AIRT = 16.5″	SEN = 1
COM = 1	PAS = 1	FEAR = 1	FAIL = 0	H-L = 30″	
EXH = 2				PATH = 4	
DIR = 0				AOR = 1 : 0	
AGG = 0					
INT = 3	ENV = 5	MAL = 2	WITH = 1		

c 継列分析

【Ⅰカード】

「扉を手で止めてるところ」は少し力が入っているかもしれないが，とりあえず撤退しない反応で始まる。ガラスの扉は見透かされる不安の存在を感じさせるが，前回のようなあからさまな侵入される恐怖ではない。

【Ⅱカード】

構成度の低い複雑な刺激に対して動揺はするが，前回のような BIZ（奇矯）反応ではなく，「壁か何かにあえいでいるような，手を挙げて下に滑らせている。少し危険」という危機的状況をイメージした。自己独自の世界に入り込んでしまうのでなく，FEAR（恐怖）という了解できる範囲内におさまっている。

【Ⅲカード】

「あまり自信のない人が」と過剰投映ではあるが，手の行為そのものは「道順を教えている」というごく普通の対人関係反応である。

【Ⅳカード】

前回ほどの病理性の高い反応ではなく，一見何らかの他者との関係をもったような反応である。しかし，論理は自己中心的であり，追体験し難い。行為の主体は「大男」であり，元型的な男性像に支配されているのかもしれない。

【Ⅴカード】

反応時間が少し遅れ，複雑な刺激に動揺したことを示す。「人の肩に手を乗せた。バーゲンのコマーシャルでみた気取った二人」と詳しい明細化をして，自己顕示的であるが，「コマーシャルの」と生の人物をイメージしたのではなく，メディアのなかの人物で防衛をしようとする。

【Ⅵカード】

前回と同じ TEN（緊張）反応であるが，その言語表現はごく素直で，反応の流れについていくことはできる。また「頭のなかがじれて」と，混乱しやすい自分自身を客観視する力をとり戻しつつある。ただ，ここでも行為の主体は男性である。

【Ⅶカード】

前回のひとりよがりの感受性ではなく，共感できる手の動作を投映した。また「外の空気を確かめている」という繊細なものである。

【Ⅷカード】

前回と同様に無難な日常的行為をイメージした。

【Ⅸカード】

前回は BIZ（奇矯）反応であったが，今回は防衛力が回復して，「普通に歩いてるときに無意識にはまっていた手の形」という PAS（受動）反応を投映した。

【Ⅹカード】

反応時間が非常に遅れる。何とか現実妥当的な反応を出そうと苦慮しての時間なのか，即座に自己中心的な反応をしなかったというポジティブサインともとれる。しかし最後に，「僕が」という男性としての主語を用い，性同一性は倒錯したままであった。

F 風景構成法

本事例の風景構成法については，山上と西田（1998）[33]が別誌で報告しているので要約のみ述べると，混乱期の風景構成法（図4-6）では，構成は放棄

図4-6 【事例8】 精神分裂病女性の混乱期と静穏期の比較（混乱期）の風景構成法

図4-7 【事例8】 精神分裂病女性の混乱期と静穏期の比較（静穏期）の風景構成法

され，各アイテム間の関連はまったくない。しかも描画は左側面のみに偏り，右側面はまったくの空白であることや，田の稲穂も左半分だけが実り右半分は空白であることからも，関心は左世界（＝内界）にのみ偏り，右世界（＝現実世界）への無頓着さが際立っている。また各アイテムを詳しく見ると，まず山は全体の姿でなく，「山のふもと，はっぱが埋まってる」と述べて，見えないものを見ようとする傾向や特殊なことへの関心を強調している。さらに人物は顔のみ描かれ，「満足を得て怒った人」と述べる。これは対人感情の両価性のなまの表現であり，自我の抑圧機能の脆弱さを示唆している。また「新生物の動物」や奇妙な形態の石，道，家など，自己のファンタジーに圧倒されて現実吟味力は低下していることが顕著である。

　静穏期の風景構成法（図4-7）では全体の構成は巧みになされ，まとまりは回復してきている。田の手入れをする普通の人や「成長期の田」など生命力も取り戻されて，現実生活での生産性とつながってきている。ただ，道の入り組んだ様子やべた塗りの奇抜な混色仕様の彩色は，独特の自己顕示性と基本的な疎通性の悪さを感じさせ，さらに空一面に描かれたらせん状の文様は，M子

さんの不安の根深さを予想させるものである。

G　まとめ

　混乱期ではハンドテストと風景構成法の両法において，現実の約束ごとを無視した病理性の強い世界が顕現した。そこでは連合障害を主とする思考障害を始め，認知の奇妙さや他者との常識的な関わりの欠如などが際立っており，自己のファンタジーの世界がすべてであるかのようである。しかし慢性の分裂病者のテスト結果と比較すると，明らかにエネルギーや感受性は本事例の方が豊富であり，自然回帰や自己の趣味を通して社会や他者と関係をもてる可能性を残してはいる。一年後の静穏期では自己の全体のまとまりをほぼ取り戻し，常識的な日常的行為にエネルギーを注ぐことができるようになった。しかし女性としての性を引き受けることはできず，むしろ男性として自己顕示する欲求は強まり，それにこだわることで，自己崩壊をふせいでいるかのようでもある。

　ここに同一被検者の症状や状態の変化が，ハンドテストに反映される一つのモデルを示した。

（山上栄子・佐々木裕子）

第5章　学校臨床におけるハンドテスト

1　ハンドテストを用いた学校臨床心理アセスメントの実際

A　学校臨床に求められる見立て

　スクールカウンセラー制度の導入により臨床心理士が学校に配置されるようになって，児童・思春期の子どもたちを対象とする心理アセスメントが活用される機会が増えている。

　学校臨床場面において，心理アセスメントは，さまざまな問題を抱えている一人ひとりの子どもたちに「今，ここで」どんな支援が一番適切かを見出すために役立つ情報を与えてくれる。またその方針を学校スタッフと共有する際の根拠としても役立つのである。

　たとえば不登校の生徒に対して，いわゆる情緒的混乱による不登校か，無気力による不登校であるか，あるいは怠学による不登校であるかによって，求められる対応は異なる。しかし，その心理的背景については彼らの表面的な行動だけでは判断できない場合が多い。神経症的な葛藤が顕著な場合には登校への誘いかけは，かえってその情緒的な混乱を深めてしまうが，学習の不適応により学習場面を回避する不登校であれば，まず適切な学習援助が提供できる状況をととのえて登校を呼びかけることが必要である。また無気力な状態の背景にうつ状態が認められる場合にはしばらくの休養が必要であるし，一方，現実との直面を回避している無気力の場合，根気強く本人が現実に立ち向かう気力が出るまでつきあっていく姿勢が求められる。このような対応の方針を定めて進めていくために，適切な心理アセスメントが求められる。

　まず心理アセスメントによって不登校の背景にある精神的な疾患の有無や程度，心理的な葛藤について仮説をたて，対応の質や時期について，第一の指針をたてる。この第一の指針に沿った対応に子どもたちがどのように反応したか

についての情報を集めながら，再び指針を修正するといった手続きを繰り返していくことが必要なのである。

また，思春期特有の葛藤を抱えた子どもたちが，この葛藤を行動化する危険性についてある程度の予測をたてることができれば，彼らとの関わりにエネルギーを向けるなど予防的な対応の必要性について教師の注意を喚起しておくこともできるだろう。

このように学校臨床場面で求められる見立てとは，土居の述べる「見立て」についての記述（土居，1969）[1]にならえば，決して子どもたちにレッテルを貼ることではなく，彼らの発達の可能性，発達を阻害する要因，彼らと環境との相互関係について読み取り，子どもたち自身やその家族，また学校スタッフが彼らの発達阻害要因を取り除くために，どのように動機づけされているかについても吟味することだと位置づけられる。

B 学校臨床心理アセスメントによる心の発達支援機能

子どもを対象とする心理アセスメントは，診断補助の目的ばかりでなく，子どもとのコミュニケーションの媒体としても活用することができる。心理アセスメント場面は，個々の子どもの自発的な反応を尊重しながら受けとめる場面であるため，子どもたちにとって個人として尊重される貴重な体験となりえるのである。

また，この心理アセスメントの結果を子どもたちにフィードバックすることも意味をもっている。子どもたちは，よい成果が期待できるときには，自分自身のパフォーマンスのフィードバックを楽しみにしているものである。心理アセスメントのフィードバックについてはどうだろうか。

心理アセスメントのフィードバックは，自分自身を振り返る機会ともなる。この自分自身を振り返る作業は，彼らの自我の成長にとっても役立つ。しかし，一方で，まだ充分に自己意識の確立していない子どもたちの，セルフ・エスティームを低下させてしまう危険もある。

そこで，フィードバックにおいては，心理アセスメントの結果を確定的なものとして告知するのでなく，心理アセスメントで得られた情報について，子どもたちと話し合う場面として設定する工夫が求められるのではないだろうか。

この話し合いは，子どもの自己洞察を深めるだけでなく，検査者と子どもとの間に心理療法的な人間関係を確立させる可能性ももつ。なぜなら，検査者が子どもの主観的体験に対して興味を寄せ，それを了解しようとする試みは，心理療法における人間関係の本質とも重なるからである。

C 学校臨床心理アセスメントのプロセスについて

a 出会いへの経路

学校臨床場面において，子どもたちが自発的にスクールカウンセラーのもとに来談する場合には，友人関係のトラブルなど現実的な要因についての相談が多い。とりわけ中学生以下では，心理的な葛藤を言語化することが難しいために，さまざまな行動によって彼らのメッセージを大人に投げかけている発達段階である。彼らが，自らの心理的困難を認識し，これを解決する援助を求めてスクールカウンセラーを訪ねることはごく稀といってよいだろう。むしろ子どもの行動を「問題」として捉えた大人（教師・保護者）が，彼らをスクールカウンセラーのもとに連れてくる場合が多い。このようにスクールカウンセラーの前に連れてこられた子どもたちとラポールを形成するのは，非常に難しい。

たとえば，カウンセラーが子どもたちの抱える問題についていきなり質問を始めると，彼らは，ますます用心深く自分の本心を隠そうとする。不登校にしろ，問題行動にしろ，彼らがそうせずにはおれない状況について，非難されるのではないかと身構えているのである。

しかし，多くの子どもたちは表面上「不本意にも連れてこられた」という態度をとっているが，心の底にひそかに「自分の話を聴いてほしい」という願望をもって，カウンセラーのもとにしぶしぶやってくるように感じられる。

b 描画法によるラポールの形成

これらの子どもたちに対しては，簡単な挨拶のあと，「○○さんの今の気持ちや状況について一緒に話し合いたい」と出会いの意味について言語的に表現することが第一段階であろう。次に，まず表現的な心理検査である描画法に導入して，ラポールを形成することをめざしたい。中学生，高校生を対象とする適切な描画法の例として風景構成法が挙げられる。

風景構成法は，彼らの自由な発想を受けとめることができる手法であり，検

査者との人間関係の出発点としてふさわしいものである。風景構成法は，まず検査者が枠取りをするという儀式を経て導入され，与えられるアイテムの川・山・田等がいずれも癒しのイメージを含みもっているために，安心感を提供することができる。また，検査者から次々とアイテムが与えられる構造は，一種のなぞかけのようで遊戯的な要素をもつ。また，子どもたちが一つひとつのアイテムを描き込む間，それを見守る検査者の眼差しも治療的な意味をもつ心理検査場面の要素である。

学校場面で与えられる課題において，子どもたちはいつも決まった時間内で，できれば少しでも早くこれをやり遂げるように期待されている。しかし個別で施行される心理検査の場合，その遂行においてはそれぞれのペースが尊重される。特に風景構成法のように，一つひとつのアイテムの完成を検査者によって丁寧に見守ってもらう体験は新鮮なものではないだろうか。

ひととおりのアイテムが描き込まれたあとで，風景に色を入れる作業に入る。マジックでさらりと描かれた描画に色を加える過程は，それ自体，治療的な効果をもつように感じられる。

イメージ的なアプローチである風景構成法は，箱庭と同様に自由度が大きくそれだけ個性的な表現が可能である。しかし作品を記述する変数の設定も難しく，標準化には困難が伴う。本来イメージ的アプローチは，その作品によって被検者に外在する規準をあてはめて判定するためのものではない。むしろ，その作品に展開された被検者独自のイメージの世界を共有することにその意義があるのである。風景構成法は被検者の主観的な体験やイメージを知るのに優れた方法なのである。

半面，これら箱庭や描画法といったイメージ的アプローチは，被検者の心理的状況や行動傾向を客観的基準に照らして予測するための診断の指標にはなりにくいという弱点をもつ。たとえば画面途中で断絶している川が何を表現しているのかは，表現者やその状況によって多義的である。このような手法単独で被検者の心理的健康さを見立てることは難しいのである。

c　見立ての資料を得るための心理検査としてのハンドテスト

そこで，充分に形成されたラポールを基盤に，さらに被検者の心理的エネルギー水準，神経症的な葛藤の強さ，現実検討力，行動化の傾向等について見立

てるための資料を提供する心理検査が求められる。ここで用いる心理検査として，ハンドテストのもつメリットは，次のとおりである。

(1) 施行が簡便で短時間であること。
(2) 児童・思春期の子どもたちが興味をもって取り組め，脅威を感じさせられないこと。
(3) 結果の分析が容易で，可能であればその場で反応や結果について話し合えること。
(4) 問題行動の背景にある葛藤や心理的エネルギー水準，現実感覚など基本的な心理診断の基礎資料を得られること。

さらに，ある程度の客観性をもって見立てを裏付けるためには，被検者の反応スコアを基準値に照らし合わせる作業が欠かせない。これによって，はじめて被検者の反応の特徴や独自性が明らかになるからである。そこで『ハンドテスト・マニュアル』の第Ⅱ部「日本人の標準データ」が役立つ。これらは，まだ限られたサンプルであるが，日本の児童・中学生の発達年齢群毎の標準値を求めたものである（吉川，山上，佐々木，2000）[2]。

また，検査者－被検者間の二者関係において図版を媒介として反応が産出される投映法として，ハンドテストは心理的な力動を明らかにすることが期待できる心理検査である。検査場面は人工的に設定された場面であるが，そこで表われた認知や行動の傾向は現実場面における認知や行動を予測する指標となる。その場面にともに参与した検査者が充分な訓練を受けていれば，反応の背景にある被検者の感情の動きをかなりしっかり捉えることができるだろう。

d 心理検査を終えた子どもたちへのフィードバック

大人から心理テストを課せられた子どもたちが，何らかの拒否反応を示すことも多い。「テスト」されることは，外的な基準枠にあてはめて自分を評価されることであり，もしそこで「問題あり」とレッテルを貼られたらどうしようという恐れは当然のものだろう。とりわけ，スクールカウンセラーに心理検査を受けてくるように言われたら子どもたちはどう受けとめるだろうか。自分自身の心の健康や病気についての何らかの結果が返ってくると身構えてしまうか

もしれない。まして小学校高学年から中学校にかけては，他人に悩んでいることを気づかれたくないし，触れられたくない時期である。評価されるだけでなく，心の秘密が見破られてしまうのではないかという恐れも大きい。このような子どもたちの不安を受けとめながら，それ自体ホールディングされている体験となるような心理検査体験を提供することが求められる。

さらに，心理検査のフィードバックが，それ自体，彼ら自身の自己認知を広げたり，深めたりする機会となるように，子どもたちと結果について話し合いながら所見をまとめていく姿勢の重要性は先に述べたとおりである。これによって，子どもたちは，自分たちの心は，できる限りこれを自分で把握し，コントロールすることが重要なのだという自覚がもてるのである。彼らの不安をしっかり受けとめ，安心感を返し，彼らの心の自律性を尊重してこそ，子どもたちの心の成長に寄与できる学校臨床心理アセスメントが実現されるのである。

2　学校臨床心理アセスメント事例

学校臨床場面で出会ったさまざまな心理的，行動的な困難を抱える子どもたちのハンドテスト・プロトコルを紹介し，彼らの抱える困難がハンドテスト反応にどのように反映されるかを示す。なお，小学校6年生から中学生までのハンドテスト・スコアは，『ハンドテスト・マニュアル』の第Ⅱ部に収録された「日本人の標準データ」(吉川，山上，佐々木，2000)[3]の該当年齢群の仮の標準値に照らし合わせて，解釈の手がかりとした。また，事例は守秘の目的で，本質に関わらない部分に改変を加えてある。

【事例1】　週に一～二日，登校を渋るU男
U男　小学校6年生　男子

A　問題あるいは主訴

(1)　週に一～二日，頭痛を訴えて欠席
(2)　小児科による自律神経失調症との診断
(3)　根気が続かない

B　生育歴および問題の経過

　U男は，小学校5年生の1学期から，週に一〜二日，頭痛を訴えて登校を渋り欠席するようになった。登校を渋る日は，寝起きが悪く，顔色もすぐれず，微熱もある。しかし，欠席届を出してしばらくすると元気になるのが常であった。小児科での診断は自律神経失調症であった。

　母親によれば，U男は小さいときから活動的な子どもで，目新しいものがあるとどんどん一人で行ってしまい，迷子になることが多かったという。小学校に入ってからは友達とも活発に遊ぶ子どもであった。入学後まもなく始めたサッカーでは，練習嫌いにもかかわらず上達が早く反射神経の良さをうかがわせた。両親は，U男の活動性の高さを「男の子らしさ」と受けとめながら，やってはいけないことに対して丁寧にその理由を説明して，本人に納得させるという対応を続けてきた。

　5年生になった頃のU男は，相変わらず活動性が高く，根気良く課題に取り組むことが苦手であったため，学校生活場面で教師に注意される機会も多かったようである。これに対して本人は「何で僕ばっかり？」「先生に嫌われている」という感じ方をしていた。

C　臨床像

　小柄な体格で，カウンセラーの前で，緊張しながら「小さな大人」のように，きちんと敬語を使って対応しようとしており，さぞ疲れるだろうという印象を受けた。周囲の気配に機敏に反応して，いろいろ気をつかっている様子が見受けられた。母親との心理的な距離は近く，母親は彼に充分愛情を注ぎ，彼も母親を頼っている様子である。

D　テスト・バッテリー

　風景構成法とハンドテストを実施した。検査時には非常に緊張していたようであるが，母親同席の検査場面で，熱心な取り組みをみせた。以下に結果と解釈を示す。

E ハンドテスト

ハンドテスト・プロトコルは表5-1のとおりである。

a 形式分析

1）集約スコア 反応数10,体験比率は4：6：0：0で,いずれの集約スコアも該当年齢の典型範囲内のプロトコルであった。しかし,バランスとしては,標準と比較してENV［環境］カテゴリーへの偏りが見られる。これは,感情的要素が強いINT［対人］反応への回避傾向を示唆するかもしれない。ボウルビイによる愛着タイプのなかの,回避性愛着傾向が反映されており,対人関係に対する両価性が根底にあると予測される。行動化比率は3：1,病理スコアは0であり,行動化傾向,病理的傾向はいずれも認められない。平均初発反応時間は4.5秒,初発反応時間差は14秒でいずれも典型範囲内である。

2）量的スコア・質的スコア 量的スコアは,いずれも該当年齢群の典型範囲内である。特徴としては本人のプロトコルのなかではACT（活動）が5で傑出している。さらに,このACT（活動）の大部分には,質的スコアがついており,心理的な葛藤がACT（活動）に投映されていることが予測される。

質的スコアについては,まず,IM《未熟》が4で,愛情に関わる関心が顕著であった。さらにⅦカードのACT（活動）反応,「何かを隠している」には,HID《隠蔽》質的スコアがつけられた。HID《隠蔽》は神経症的な臨床群にしばしば見られるもので,何らかの心理的特性の露見を防ごうという努力を反映しているといわれる。

b 継列分析

【Ⅰカード】

初発反応時間が1秒と大変短く,彼の強迫的な反応傾向が表われている。「やっちゃいけない」というDIR反応は,彼が検査場面に対して,強い超自我的な不安を抱いていることを示している。検査に対する恐怖と,彼自身の行動に対する強い抑止傾向が感じられる反応である。

【Ⅱカード】

5秒の初発反応時間のあと,「何かをとる」という反応になる。質問に対して「大きいものかな？ ちょっと,つかめなさそうな」という答えがあり

表5-1 【事例1】 週に一～二日，登校を渋るU男のハンドテスト・プロトコル

カード番号	IRT	被検者の反応	スコアリング 量的	質的
I	1″ ∧	やっちゃいけない。	DIR	
II	5″ ∧	何かをとる。(Q) 大きいものかな？ちょっと，つかめなさそうな。	ACQ	
III	1″ ∧	何かを差している。(Q)「あれは何？」	DEP	
IV	1″ ∧	撫でている。(Q) 犬とか，猫とか。	AFF	(IM)
V	7″ ∧	何か落とした。わざと落とした。(Q) ヨーヨーとか。	ACT	(IM)
VI	1″ ∧	じゃんけん	COM	(IM)
VII	6″ ∧	何かを隠している。	ACT	(HID)
VIII	2″ ∧	何かをつまんでいる。(Q) 豆とか。	ACT	
IX	15″ ∧	落とすみたいに感じる。(Q) ヨーヨーを。	ACT	(IM) (RPT)
X	6″ ∧	持つ。コップとかを。	ACT	(ORA)

AFF＝1	ACQ＝1	TEN＝0	DES＝0	R＝10	IM＝4
DEP＝1	ACT＝5	CRIP＝0	BIZ＝0	AIRT＝4.5″	HID＝1
COM＝1	PAS＝0	FEAR＝0	FAIL＝0	H‐L＝14″	ORA＝1
EXH＝0				PATH＝0	RPT＝1
DIR＝1				AOR＝3：1	
AGG＝0					
INT＝4	ENV＝6	MAL＝0	WITH＝0		

ACQ（達成）とスコアされた。彼の積極的な達成意欲と自信のなさがうかがわれる反応となった。

【IIIカード】

初発反応時間は再び1秒と短く，彼ができるだけ早く反応を出そうと意気込んでいることが感じられる。内容は「何かを差している」という自然な反応で，質問に対して「あれは何？」というセリフで応えられた。彼が図版に強く同一視していることが感じられる。スコアはDEP（依存）で，彼がまだ充分な自信をもてず，誰かの教示を求める姿勢を保っていることを示唆している。

【Ⅳカード】

同様に初発反応時間は1秒とほとんど反射的に「撫でている」と反応された。質問に対して「犬とか，猫とか」と応じて，質的スコアIM《未熟》が付され，愛情への関心が示唆されている。ペットを愛撫する行為は，彼自身の愛情への求めが補償的に転換されたものと感じられる。

【Ⅴカード】

初発反応時間7秒は，このカードから，彼が何らかのショックを受けたことを示唆している。Ⅴカードは，神経症的なショックの起きやすいカードとされており，彼は，このショックのなかで「何か落とした，わざと落とした」と反応している。質問に対して「ヨーヨーとか」と応える一連のプロセスは，彼がⅤカードのショックを乗り越えていくプロセスを反映している。すなわち，受動的なポーズの図版から何かを「落とした」感覚を想起している。「何か落とした」という失敗・恥の感情に動かされながらも，彼は，「わざと落とした」という弁明すなわち合理化の弁明を試みる。「わざと〜」という設定は，「ふりをする」という他者を欺く行動スタイルである。彼には，他者の眼差しを気づかう一方で，他者の顕在化した行動とその真意との間にずれがあることを意識せずにはいられない大変さがある。さらに，質問に対して「ヨーヨーとか」と明細化して，落としたものが単なる玩具であり，しかも下に落としても，また上に上がってくる特殊な玩具であるとして「いったん落としたもの」が回復するようにという願望が感じられる。彼にとって「落とす」ことは，このように何重にも防衛が必要な脅威なのかもしれない。

【Ⅵカード】

男子にはげんこつなど，攻撃的な反応が出やすいこのカードに，彼はまた反射的に「じゃんけん」と無害で子どもっぽい反応で応え，IM《未熟》が付された。ここでは，男性的な攻撃性の認知が抑圧された可能性がある。彼にとって男性的な攻撃性が彼に懲罰を与える超自我的存在として認知されているためである。

【Ⅶカード】

Ⅴカードに引き続くこのカードで，初発反応時間は6秒とやや遅れが見られ「何かを隠している」反応となる。これには質的スコアHID《隠蔽》が付さ

れ，何らかの心理的特性露見を防ごうという努力を反映しているといわれる。Ⅵカードの防衛的な反応の影響が感じられ，彼を脅かす超自我不安が示唆されている。

【Ⅷカード】
再び初発反応時間が短縮され「何かをつまんでいる」というポピュラー反応を出すことができた。

【Ⅸカード】
本カードの初発反応時間に最も遅れが見られ，Ⅴカードの反応が再び現れ，質的スコアIM《未熟》に加えてRPT《反復》が付された。ハンドテスト・マニュアルによれば，特に質的スコアRPT《反復》は，知的な制限や器質的な問題の可能性，あるいは特定の恐怖や心配事などの機能上の問題すなわち神経症的な葛藤の可能性を指摘している。ここでは，初発反応時間の遅れや他の神経症的葛藤のサインとの関連で，後者の神経症的葛藤の反映である可能性が高いと思われる。

【Ⅹカード】
最後のブランク反応では「持つ。コップとかを」と，Ⅹカードにしては珍しいACT《活動》反応となった。しかし，この反応にも質的スコアORA《口唇》が付されて，彼の口唇的段階へのこだわりが示唆されている。

c ハンドテスト所見

初発反応時間について，特に質的スコアがついたカードにおいて，6秒，7秒，15秒と顕著な遅れが見られるが，ほかのカードでは1秒から2秒で極端に短くなる。平均値をとると4.5秒でAIRTの典型範囲内ではあるが，短い方である。これは彼が時間をかけて熟考してから行動するのが苦手で，いつも何かにせきたてられているように反射的に行動してしまうことを示唆している。

また，初発反応時間の遅れが認められるとともに，質的スコアが付加された反応には，彼の超自我的な不安や，愛情への求めや依存，課題達成や自己の有能感に関する不安等の，神経症的な葛藤が反映されていると推測できる。このような葛藤が彼を脅かすために，彼はしきりに他者の眼差しや真意を気づかっている。また，その一方で合理化や万能感による防衛の試みが示唆されている。

図5-1 【事例1】 週に一〜二日，登校を渋るU男の風景構成法

F 風景構成法

　風景構成法は図5-1に掲げられた。平面的な統合から川を横切る橋に立体的表現がとりいれられ，木の描き分けに遠近法の工夫が見られるが，まだまだ平面的な表現が残っており，構成型は立体的部分的統合型（高石V型）（高石，1996）[4]である。構図では川が忽然と始まって終わっていたり，道が田の畔道でどこにもつながっていなかったり，アイテム相互の関係性が希薄で唐突な印象を与えている。川は激しい急流で，U男の感情の激しさを反映している。これらは，学校場面でのU男の行動が突発的で，周囲を驚かしてしまうことを思い起こさせる。しかし，その川に頑丈な橋が架けられており，人物はこの橋を渡っている。ここに，激しい感情をコントロールしようとするU男の意識的な努力を感じ取ることができる。また，木は鋭い枝を張り出しており，彼の外界への好奇心や積極的な姿勢，さらに攻撃性の強さも感じられる。丸い山の稜線や，これに描き込まれた小さな木々，そして生き生きとした犬の姿は，彼がまだ，暖かい母親的存在に護られて子どもらしさを失っていない発達段階

にあることを思わせる。

G　両テストの統合的所見とそこから得られた対応の方針

　前思春期における精神的な母子分離に関わる葛藤と，分離後に予測される課題の達成に関わる不安，超自我的な不安が高まり，身体症状を引き起こしているようである。母子分離不安に陥っている彼を支えるために，まず母親が彼の自立する能力について確信をもち，安心感を提供する対応が必要と思われた。この条件のもとで，心身の発達に伴って，学習やスポーツ面の努力を成果につなげる体験を積み重ねることで，不安を乗り越えることが可能になると思われた。

　母親と担任教師には，彼が機敏で周囲のことが気になりすぎてしまうために，精神的に疲れやすいこと，そのため，身体症状の訴えがあれば休ませて休養を取らせる必要があること，しかし2日以上休みが長引かないように，翌日は登校するリズムを作ること，また学校生活では彼が達成できたことについて丁寧に確認してセルフ・エスティームにつなげること，また適切な運動によってエネルギーを発散させる必要があることなどを伝えた。

【事例2】　無気力な不登校状態にあったJ子
J子　中学2年生　女子

A　問題あるいは主訴

不登校

B　生育歴および問題の経過

　J子の家族は共働きの両親と姉一人，兄一人，弟一人の6人家族。小学校からずっとおとなしかったが，特に教師や男子に対しては表情が硬く話しかけても首で返事するだけであった。ほかの兄弟に比べ「手のかからないよい子」で成績もよかった。しかし，中学1年生の3月から休み始め，2年生になってすっかり登校しなくなった。担任教師が家庭訪問して，声をかけると，行事には参加することもあったが，登校にはつながらない。どんなに家族が声をかけ

ても昼まで布団から出ようとしないJ子に対して両親はどう対応してよいか分からず途方にくれていた。

2年生の6月に担任が迎えに出て，スクールカウンセラーとの面接に来られるようになった。初回以降はスクールカウンセラーとの面接に一人で来校できるようになった。

C 臨床像

校内にあるスクールカウンセラーの面接室に制服で姿を見せたJ子は，表情が少なく，発話も少なく，とっつきにくい印象であった。質問に対しては小さな声で，最小限の単語で答えてくれたが，会話は続きにくかった。

D テスト・バッテリー

初回面接では，風景構成法を行なった。夏休みをはさんで，充分に面接場面になじんできた頃に，今度はハンドテストを行なった。なお以降の面接場面では「相互スクィグル物語構成法」(山中, 1999)[5]をとりいれた。これは，テストではなく，技法であるが，J子の内面の変化について多くの情報を伝えてくれるもので，見たてや対応の方向を確認するのに役立つものであった。

E 風景構成法

初回の風景構成法は図5-2に掲げられた。風景構成法は画面中央を横断する太い川と，川の向こう岸に山，家，人物，動物が配置され，画面の右端に木が半分だけ描かれている構成である。構成型は立体的統合型（高石Ⅵ型）。画面右端で左半分しか描かれていない木をJ子の自己像とすれば，特に右半分，つまり対外的な側面，ペルソナに不全感があることを感じさせる。木は枠に収まりきれない高さをもっており，彼女の理想が非常に高いものであることを示唆している。彩色は丁寧な柔らかい筆致でパステル調である。太い川幅は潜在的なエネルギーの高さを物語っているようである。しかし，その川は途中で断ち切れていて，特に右側（外的世界）とのつながりが途絶している状況が示されていた。全体に空白も多くアイテムも単数でJ子の内面の空虚感，孤立感が感じられる。また，動物も明細化されていない。彼女の自己像が大きく変化し

図5-2 【事例2】 無気力な不登校状態にあったJ子の風景構成法

ようとしていることが予感されるが、この描画の時点では明確な自己像がもてていない心細さが伝わってきた。

F ハンドテスト

ハンドテスト・プロトコルは表5-2のとおりである。

a 形式分析

1) **集約スコア** 総反応数10は典型範囲内。体験比率ではINT［対人］％の高さが特徴的であった。これにはJ子の対人的関心の強さが示唆されている。クラスの人間関係を避けて引きこもっているJ子であるが、実は人に対して決して無関心ではないことが分かった。行動化比率AORは、3：5で、意外にも行動化傾向が高くなっている。これは極端なDIR（指示）反応の多さによるものである。しかし、彼女の現実的な行動とハンドテストに表現された積極的な対人関係スタイルのギャップが、気になるところである。一方、病理反応も0で、病理的傾向は認められなかった。しかし、平均初発反応時間は30.5秒で典型範囲をはるかに上回っている。また、初発反応時間差は97秒と

表5-2 【事例2】 無気力な不登校状態にあったJ子のハンドテスト・プロトコル

カード番号	IRT	被検者の反応	スコアリング 量的	質的
I	4″ ∧	何か止めている。(Q) 人が動くのを止めている。「ちょっと待ちなさい」	DIR	
II	12″ ∧	ピアノ弾いてる。	EXH	
III	3″ ∧	指を差している。何か道案内。	DIR	
IV	10″ ∧	握手	AFF	
V	12″ ∧	手招き (Q) 誰かが誰かを。友達が友達を「ちょっと，ちょっと」	DIR	
VI	24″ ∧	じゃんけん	COM	(IM)
VII	40″ ∧	止めている (Q)「待ちなさい，危ないから」	DIR	(RPT)
VIII	20″ ∧	指揮しているところ。	DIR	
IX	100″ ∧	手を挙げているところ (Q) 教室で。自分はあまり挙げない方。	DEP	
X	80″ ∧	何もしていない手。テーブルの上にかけている。	PAS	

AFF=1	ACQ=0	TEN=0	DES=0	R=10	IM=1
DEP=1	ACT=0	CRIP=0	BIZ=0	AIRT=30.5″	RPT=1
COM=1	PAS=1	FEAR=0	FAIL=0	H-L=97%	
EXH=1				PATH=0	
DIR=5				AOR=3:5	
AGG=0					
INT=9	ENV=1	MAL=0	WITH=0		

なり，極端に反応が遅れたカードの存在を示唆している。初発反応時間の変化をみると後半のカードがいずれも20秒以上となっており，何らかのショックがあったのか，あるいは心理的エネルギーが低下していることを示唆している。

2) 量的スコア・質的スコア 量的スコアのなかで，DIR（指示）スコアが典型範囲を大幅に逸脱した，高い値を示している。ワグナーの解釈理論によれば，これは「もっぱら支配やコントロールによって目標を達成しようとする一貫した姿勢」の反映であるという。J子は，家庭において，親に甘えることな

く，静かでしっかりしたよい子の役をつとめてきたが，学校場面などでは，周囲を仕切るような積極性は充分発揮されてこなかったようである。一つの仮説として，彼女はこれまでに，潜在的にもっている積極性を発揮するために基盤となる体験を充分もつことができなかったのかもしれない。あるいは，支配やコントロールが，内向して自分自身に向けられている可能性もある。反応内容を見ると「止めている」という内容が繰り返され，本人の能動性が過度に抑制されていることが推測された。しかし，ほかにも AFF（親愛），DEP（依存），COM（伝達），EXH（顕示）など幅広い対人反応が出現しており，潜在的な自己表現の可能性が感じられる。

b 継列分析

【Ⅰカード】

初発反応時間 4 秒で，「何か止めている」という DIR（指示）反応が出現した。質問に答えて「人が動くのを止めている」と答えられた。この反応はカードプルでもあり，彼女の常識的なセンスとともに，やはり，何かが「止められている」イメージの投映であり，彼女が自分自身の感情の流れや外向的な傾向を，自ら抑制していることと関連しているかもしれない。

【Ⅱカード】

初発反応時間は 12 秒と，やや遅れが見られた。大きく開いた手について「ピアノ弾いてる」という反応である。この反応は積極的な感情表現のパフォーマンスを感じさせる EXH（顕示）反応とスコアされた。

【Ⅲカード】

初発反応時間 3 秒で「指を差している」と最も出やすい反応である。道案内という積極的な明細化は DIR（指示）反応とスコアされた。Ⅰ，Ⅱカードに引き続いて積極性が感じられる内容である。

【Ⅳカード】

力強い手に対して，臆することなく積極的に「握手」という AFF（親愛）反応が出現した。やはり彼女の現実場面での消極性とは対照的な反応である。

【Ⅴカード】

神経症的なショックの起きやすいⅤカードに対しても「手招き」という積極的な反応が出現している。質問に対しても「友達が友達を，ちょっと，ちょっ

と」と社交的な内容である。

【Ⅵカード】

初発反応時間が24秒と遅れが生じた。しかし，内容は「じゃんけん」で日本人のポピュラー反応である。握りこぶしのもつ攻撃性に対して健全な防衛が成功している。

【Ⅶカード】

初発反応時間は40秒とかなりの遅れが生じ，さらに内容は「止めている」となっている。これは，Ⅵカードにおいて攻撃性が抑制されたことの影響とも考えられる。Ⅶカードの初発反応時間の遅れは彼女が攻撃性の抑制にかなりの心理的エネルギーを費やしていることを予測させる。

【Ⅷカード】

本カードでは初発反応時間が短縮し，Ⅵ，Ⅶカードの攻撃性ショックから彼女が立ち直ったことを感じさせる。ACT（活動）反応の出やすい本カードに対して，内容は「指揮しているところ」と，独特なものとなった。やはり，彼女の日常の対人関係スタイルとはかけはなれた強いDIR（指示）反応である。

【Ⅸカード】

本カードでは，初発反応時間が百秒と限界ぎりぎりである。もっとも彼女は一生懸命反応を出そうと検査に取り組んでいたので，百秒を越えてもつきあうつもりであった。内容は，カードを反転させたイメージと思われる「手を挙げているところ」であった。ここで質問に対して「自分はあまり挙げない方」と自発的に語られた。

【Ⅹカード】

白紙カードは，彼女にとって負担が大きかったようである。80秒のあと，ようやく「何もしていない手。テーブルの上にかけている」という反応が得られた。これは，当時の彼女の無為な生活や，能動的な役割がとれず，現実との関わりが欠けている状況をよく物語っている反応であった。彼女の現実の自己像に近い反応といえるだろう。

c　ハンドテスト所見のまとめ

非常に表情が硬く，自発的な発語の少ないＪ子であったが，そのハンドテスト反応の多くは，引きこもり，無気力な生活を送っている現実のＪ子の姿とは

対照的なものであった。そこには，積極的に他者の前に出て，指示を出し，指揮をとる役割イメージが語られていたのである。おそらく，Ⅸカードのコメントに語られたように，これらのイメージはJ子自身が意識して現実の自己像の対極，あるいは理想像を投映したものであった。治療者でもある検査者は，このハンドテスト・プロトコルからJ子の願望とともに潜在的な可能性を感じ取り，学校スタッフと連携してJ子の社会性を積極的に支持し伸ばす支援を提供した。これらは，J子にとって，1年後の再登校への大きなバネとなったようである。

　J子の自己表出の乏しさは，おそらく小学校入学時からずっと継続されてきた場面緘黙傾向であったと推測される。ⅥカードからⅦカードにかけての初発時間の遅れに示唆されるように，自己抑制の下には，強い攻撃性が潜在しているようである。またJ子が，最も長い初発反応時間をかけて，最後の白紙カードに現実の自己像を投映したことから，彼女の現実検討はよく保たれており，現実の困難な状況を打開していく自我の強さが感じられた。

G　両テストの統合的な所見とそこから得られた対応への指針およびその成果

　風景構成法は，引きこもらざるを得ないJ子の困難な状況をよく伝えていた。スクールカウンセラーは，この風景構成法からJ子には内閉する時間が必要であると感じ，彼女としばらく小説の世界を共有して感想を語り合う作業に取り組んだ。夏休みには林間学校も参加できなかったが，家族旅行を楽しめたことが報告されていた。そこで，夏休みを終えた彼女に行なったハンドテストにおいて思いがけなくDIR《指示》反応が多く出たことから，彼女の潜在的な自己主張の力を感じ取ることができた。そこで，スクールカウンセラーは担任や彼女の所属する部活の顧問に，彼女を学園祭の行事に参加できるように声をかけてもらうように依頼した。

　このように本ケースは，スクールカウンセラーが，折々のテストから働きかけの指針を得ることができたケースである。

　J子は，これらの誘いに応じて学園祭の学級劇の舞台に立つことができ，以後，彼女は面接に来校した折には部活動に参加して帰るようになる。

本格的な学級への復帰は新年度まで待たねばならなかったが，これに先立つ半年間に友人の輪のなかに自分の居場所を築いておけたことが，彼女が復帰後，順調に高校進学できた基礎になったと感じられている。

【事例3】 しばしば体調不良を訴えて保健室で過ごし早退するG男

G男　中学2年生　男子

A　問題あるいは主訴

（1）　欠席はしないが，たびたび，体調不良を訴えて保健室に来室する。
（2）　週に一～二日は教室に戻らず早退してしまう。
（3）　自宅でも口数少なく，自室にこもっていることが多い。

B　生育歴および問題の経過

G男は，一人っ子で両親と祖父母と一緒に生活している。幼児期に大きな手術を受けたことがあり，その後は，大人たちが彼を気づかい世話しすぎる傾向があったようである。小学校でも口数少なく，友人にからかわれることが多かった。中1のときには，からかわれたことに激怒していたが，最近は，いやなことを言われると黙って机に突っ伏すようになっていた。味方になってくれる友人は見つけられなかったようである。たびたび，気分の不調を訴えて保健室に来るようになった。そこでも黙ってうつむいて座り，銅像のように動こうとしない。しかし，スクールカウンセラーが声をかけると抵抗なく相談室に足を運ぶ様子から，自分の気持ちを理解しようとする存在を求めているようであった。

C　臨床像

がっしりした骨格で背も高いが，その背を丸くして，いつもうつむいている。自発的な発語は少ないが，こちらからの関わりには，行動ですぐに反応する。対面しての会話はもちにくいが，課題があれば根気強く取り組むことができた。

D テスト・バッテリー

風景構成法とハンドテストを実施した。検査には抵抗なく，むしろ熱心に取り組まれた。言語的な課題であるハンドテストもスムーズに施行できた。以下に結果と解釈を示す。

E ハンドテスト

ハンドテスト・プロトコルは表5-3のとおりである。

a 形式分析

1） 集約スコア 反応数11。体験比率は8：2：1：0で，INT［対人］カテゴリーの比重が高くなっている。内容をみるとAOR（行動化比率）は5：2であり，向社会的な対人反応が多いことが分かる。質的スコアもなくPATH（病理スコア）も1であり病理性の低いプロトコルである。平均初発反応時間は9.8秒，初発反応時間差も28秒で，いずれも該当年齢の典型範囲内である。

2） 量的スコア・質的スコア AFF（親愛）反応が多く，「握手を求めている」「人の肩に手をおいている」「人の肩をもんでいる」と，特に身体接触を伴って他者と友好関係をもちたいという願望が表現されている。AFF（親愛）反応以外のINT［対人］カテゴリーの反応も幅広く出現しており，彼の対人関係に対する感受性が幅広いことを示している。現実には他者と関係がもてていないにもかかわらず，病理性が低く豊かなINT［対人］カテゴリーが出現している点は事例10と共通している。

b 継列分析

【Iカード】

初発反応時間3秒で「何かを止めている」という反応が出たが，質問したところ「待ってくれー」という内容で，人が行ってしまうのを止めるDEP（依存）反応とスコアされた。Iカードに対する「ほかにありますか」という問いに対して「握手を求めている」という反応が返ってきた。検査に対して受動的に応じ，他者との関係を求める心情が素直に，表現されている。

【IIカード】

初発反応時間は5秒で「床に手をついている」というTEN（緊張）反応が

表5-3 【事例3】 しばしば体調不良を訴えて保健室で過ごし早退するG男の
ハンドテスト・プロトコル

カード番号	IRT	被検者の反応	スコアリング 量的 質的
I	3″ ∧	何かを止めている。(Q)「待ってくれー」 握手を求めている。	DEP AFF
II	5″ ∧	床に手をついている。(Q) 転んだとき。	TEN
III	2″ ∧	人に指差している。(Q)「あんた誰？」	COM
IV	4″ ∧	人の肩に手をおいている。(Q) 友達の。	AFF
V	22″ ∧	肩に手をあてている。(Q) 人の肩をもんでいる。	AFF
VI	3″ ∧	手を握っている (Q) えいえいおう！	EXH
VII	10″ ∧	チョップしている。	AGG
VIII	2″ ∧	何かをつまんでいる。	ACT
IX	30″ ∧	誰かを止めている (Q) おい，待て。	DIR
X	17″ ∧	何かものを持っている。	ACT

AFF＝3	ACQ＝0	TEN＝1	DES＝0	R＝11
DEP＝1	ACT＝2	CRIP＝0	BIZ＝0	AIRT＝9.8″
COM＝1	PAS＝0	FEAR＝0	FAIL＝0	H-L＝28″
EXH＝1				PATH＝1
DIR＝1				AOR＝5:2
AGG＝1				
INT＝8	ENV＝2	MAL＝1	WITH＝0	

出ている。重力に対して身体を支える筋肉運動的感覚が投映されておりG男の内的な緊張感が投映されていると予想される。この緊張感は他者との関係を切実に求めながら満たされず，また求めを適切に表現できない葛藤に由来していると思われる。

【IIIカード】

初発反応時間2秒で「人に指差している」「あんた誰？」というCOM（伝達）反応である。相手にまっすぐ「あんた誰？」と問いかけるストレートさが印象的な反応である。

【Ⅳカード】

初発反応時間4秒で「人の肩に手をおいている」と反応され，質問に対して「友達の」と答えている。親しみのこもったAFF（親愛）反応である。

【Ⅴカード】

初発反応時間22秒で多少遅れが見られた。しかし，反応は「肩に手をあてている」で，質問に対して「人の肩をもんでいる」と続けられた。Ⅳカードから身体接触のイメージを引きずっており，いったん感情が動くと，これを切りかえることが難しい傾向が反映されている。

【Ⅵカード】

初発反応時間3秒で「手を握っている」という反応が質問に対して「えいえいおう！」と続けられた。力強い感情が込められておりEXH（顕示）反応とスコアされた。Ⅳ，Ⅴカードの親愛的な反応から転じて，万能感が投映されている。

【Ⅶカード】

初発反応時間10秒で，本カードでは「チョップしている」とAGG（攻撃）反応となった。Ⅵカードで高揚された感情が男性的な攻撃的なイメージとなっている。ここにも，ゆっくりと感情が高まり，継続しやすい傾向が見られる。

【Ⅷカード】

初発反応時間2秒で，本カードのポピュラー反応である「何かをつまんでいる」というACT（活動）反応が出ている。Ⅵ，Ⅶカードで触発された攻撃的なイメージから脱して，刺激にふさわしい認知ができており，現実検討が保たれている。

【Ⅸカード】

初発反応時間が30秒と最も遅れて，「誰かを止めている」という反応になった。これはⅠカードの「何かを止めている」の繰り返しに近い。しかし，質問に対して「おい，待て」と続けられ，DIR（指示）反応とスコアされる能動性をもっている。「待ってくれー」と明細化されDEP（依存）とスコアされたⅠカードとは，心理的に対照的である。Ⅴ，Ⅵカードで高揚された男性性が，ここで「おい，待て」の威圧的な態度につながっているようである。

【Xカード】

白紙カードに対して17秒と遅れて「何かものを持っている」ACT《活動》反応となった。ここでは質問されなかったので具体的なイメージは浮かびにくい。しかし，何を持っているのか人に知られず，自分の内面を秘密として保ち続けていくことが彼にとって大切な心理的課題と思われた。ここでは，スコアリングも質問を必要としておらず，適切な心理検査の締めくくりとしても質問を控える方が望ましいと感じられた。

c　まとめ

ハンドテストは，寡黙なG男の内面の困難について多くを語ってくれた。INT［対人］％が高く，とりわけ身体接触を伴うAFF《親愛》反応を多く出したG男は，他者との親密な関係を望んでいる。また，一方で自己の男性的な能動性について万能感を抱いている側面もある。しかし，現実にはこれらの願望や自尊心は充分満たされておらず，「保健室でじっと座っている」という受動的な態度をとらざるを得ないのである。ハンドテスト反応と現実の外的行動のギャップは，事例2のJ子と共通しており，場面緘黙傾向の特徴かもしれない。

ハンドテスト反応の内容を彼の願望として解釈すると，彼はストレートな親密さを望んでいるといえるだろう。しかし，このような親しみの表現は同年齢の生徒には，もはや通じにくいものになっている。継列分析において，場面に応じて感情を切り換えることが苦手であることが示唆されたが，ユーモアのセンスもあり，攻撃性や衝動のコントロールは可能であると考えられる。

F　風景構成法

風景構成法は図5-3に掲げられた。部分的に遠近法をとりいれた立体的表現になっているが，飛ぶ鳥をとらえる視向と風景を見る眼差しが混在し立体的部分的統合型（高石V型）と考えられる。画面の中央に大きな川がゆったりと流れ，また木や花の太い幹や茎から，G男の感情や生命力の豊かさが感じられる。豊かなエネルギーをもちながら，この表出が自制されていることが道路の車線の表現に感じられる。現実場面で基本的には他者への共感性も高く規範にも従順であろうとするG男が，目つきとくちばしの鋭い真っ黒な鳥を描き込

図 5-3 【事例 3】 しばしば体調不良を訴えて保健室で過ごし早退する G 男の風景構成法

んでいる点が印象的である。この強い表現から，嫌がらせに対する怒り，あるいは「よい子」から脱皮して強い男性になろうとする志向性が感じられる。しかし，手前の田んぼは茶色に塗られており，彼の無力感が感じられる。

G 両テストの統合的な所見とそこから得られた対応への指針

彼の情緒的発達段階は，これから思春期に入ろうとしている前思春期の男子が，精神的な分離不安の代償として友人との親密な関係を求める段階に近いと思われる。ハンドテスト反応には，この側面がよく投影されていた。この発達段階において少年たちは，母親的存在への未練を残しながらも，自己の男性的側面を誇示して反抗的な態度をとるのである。彼にとっては授業から抜ける，早退することは，反抗的行動であるのかもしれない。しかし，これらの反抗を通して，彼が自分自身の男性性を獲得していく可能性も感じられる。風景構成法には彼の男性としての成長への志向性がよく表現されていると感じられた。

対応の方向性として，彼がしばしば保健室で「心理的に」休む必要があると

いう理解を養護教諭や担任と共有した。強い情動をコントロールする必要のある彼にとって，味方の見つからない教室場面はストレス場面として体験されており，保健室から追い出すと不登校に陥る恐れも感じられた。また，黙ってじっと座っている彼は，外から見れば不自然であるが，彼にとっては意味のある自己表現であるので，原則的に退出してきた当該時間中に限って保健室での滞在を許容しておいてほしい旨を伝えた。

また，スクールカウンセラーも保健室で座っている彼を見かけると，面接に誘うなどコミュニケーション場面をもつように心がけた。

【事例4】 他者を厳しく非難するN子
N子　中学校2年生　女子

A　問題あるいは主訴

(1) 目立つ服装違反をしている下級生（女子）に暴力をふるった。
(2) 学級や部活動でも友人を厳しく非難したり，自己中心的な行動が目立つ。

B　生育歴および問題の経過

対人トラブルが多く，また下級生に暴力をふるった行為について指導する際に，何らかの心理的問題があるならば考慮しなければならないという理由で，教師から心理査定を依頼された事例である。学習上の問題はなく本人自身は不適応感をもっていない。

C　臨床像

体格も声も大きくエネルギッシュな印象。しかし，子どもっぽさも感じられる。

D　テスト・バッテリー

風景構成法とハンドテストを実施した。周囲に面接を受ける友人が多く，本人も興味があったようで抵抗はなかった。以下に，結果と解釈を示す。

表 5-4 【事例 4】 他者を厳しく非難する N 子のハンドテスト・プロトコル

カード番号	IRT	被検者の反応	スコアリング 量的	質的
I	2″ ∧	ちょっと待って。止まれとか。	DIR	
II	5″ ∧	爪をガーっとたてている。(Q) 男子が遊びでわざと音をたてている。やめてーと言っている。	AGG (FEAR)	(IM)
III	2″ ∧	人を指差して「あの人が」とか何か言っている。何か悪い事を。	AGG	
IV	8″ ∧	「そこの君，ねえねえ」	COM	
V	10″ ∧	「おいで，おいで」	DIR	
VI	2″ ∧	「このやろう！」(Q) パンチのとき。	AGG	
VII	2″ ∧	握手を求めている。	AFF	
VIII	2″ ∧	欲しいとき。(Q) つまみ食いをする。	ACT	(ORA)
IX	2″ ∧	バイバイ	COM	
X	2″ ∧	ピース	EXH	

AFF = 1	ACQ = 0	TEN = 0	DES = 0	R = 10	ORA = 1
DEP = 0	ACT = 1	CRIP = 0	BIZ = 0	AIRT = 3.7″	IM = 1
COM = 2	PAS = 0	FEAR = 0	FAIL = 0	H - L = 8″	
EXH = 1				PATH = 0	
DIR = 2				AOR = 3 : 5	
AGG = 3					
INT = 9	ENV = 1	MAL = 0	WITH = 0		

E ハンドテスト

ハンドテスト・プロトコルは表 5-4 のとおりである。

a 形式分析

1) **集約スコア** 反応数は 10 で体験比率は 9：1：0：0。INT［対人］カテゴリーに偏っている。行動化比率（AOR）は 3：5 で，反社会的な行動化傾向が高くなっている。平均初発反応時間 3.7 秒，初発反応時間差 8 秒はともに短く，じっくり考えるより先に行動してしまう傾向や，行動化比率と合わせて衝

動的な行動化傾向が示唆されている。病理スコア（PATH）は0で，病理性の低いスコアである。

　2）**量的スコア・質的スコア**　スコアでは，AGG（攻撃）が93％臨界値を越えており，非常に強い攻撃的感情が投映されている。さらに，DIR（指示）も臨界値に近く，彼女の行動スタイルがよく反映された。質的スコアはORA《口唇》が見られ，発達段階として早期に由来する愛情欲求が今も充分に解決されておらず表に現れやすいことが示唆された。

b　継列分析

【Ⅰカード】

初発反応時間2秒で「ちょっと待って。止まれとか」と反応されDIR（指示）反応とスコアされた。ためらいなく強い調子の反応である。

【Ⅱカード】

初発反応時間5秒で「爪をガーっとたてている」という反応である。質問に対して「男子が遊びでわざと音をたてている。やめてーと言っている」と続けられた。「爪を立てている」反応はそれ自体原始的な攻撃性を感じさせるが，「男子が」「わざと音をたてている」「（私は）やめてーと言っている」と，攻撃的な行動の主体が「男子」に投影＊され，爪を立てる行為の攻撃性は音をたてる行為に緩和され，さらに彼女自身は，被害者の立場に身をおくというように，他者に投影することで何重にも防衛されている。ここで，防衛機制としての投影の傾向が強いことが明らかになっている。

【Ⅲカード】

初発反応時間2秒で即座に「人を指差して即座に〈あの人が〉とか何か言っている。何か悪いことを」と答えられた。ここにも他者を非難するスタイルが現れ，彼女の日常の行動傾向が反映されている。「悪いのは私ではなくあの人」という内容は，Ⅱカードに引き続き，投影であり，しかも非難している点は投影同一視の防衛機制が反映されている。

　＊　本章では，同じprojectionに該当する語を，投映法の投映を「投映」。また防衛機制としての投影を「投影」と訳し分けて表記している。

【Ⅳカード】

初発反応時間8秒で「そこの君，ねえねえ」というセリフの反応である。「そこの君」は，あまり親しくない相手と思われ，スコアはCOM（伝達）反応である。内容としては，あまり親しくない相手に「ねえねえ」と呼びかける対人距離のとりにくさが気になる。呼びかけられた相手には侵襲的ととられる可能性があるが，本人はそのことに気づいていないのである。

【Ⅴカード】

初発反応時間10秒で「おいで，おいで」という反応が見られ，DIR（指示）とスコアされた。Ⅳカードに引き続き，相手の注意をひき，自分の方に引き寄せる志向性をもつ反応である。いつも誰かの注意をひいておきたい欲求が感じられる。

【Ⅵカード】

初発反応時間2秒で即座に，「このやろう！」という激しい反応である。質問に対して「パンチのとき」と答えられAGG（攻撃）とスコアされた。Ⅳ，Ⅴカードに引き続き，このカードもセリフで反応された。このようにセリフで反応される場合，刺激図版に対する強い同一視が起こっており，図版との距離が失われている。このことから，日常場面でも投影や同一視の機制が生じやすいことが予測される。

【Ⅶカード】

初発反応時間2秒で即座に「握手を求めている」と反応されAFF（親愛）とスコアされた。Ⅵカードで表出された強い攻撃性がここで補償されている。Ⅳ，Ⅴカードで相手を引き寄せておいていきなりⅥカードでパンチを見舞い，まためまぐるしくⅦカードでこれを補償するパターンは，非常に両価的で彼女が他者を強く非難するパターンに似ている。彼女は他者を引きつけておきたいが，同時に攻撃したいことが示唆されている。

【Ⅷカード】

初発反応時間2秒で，「欲しいとき」という反応である。質問に対して「つまみ食いをする」と続けられACT（活動）ORA《口唇》とスコアされた。「ほしいとき」という直接的表現は，さらに「つまみ食い」という特殊な状況を付加された。彼女は「ほしい」が，それはすぐに与えてもらえないので，ひ

そかに「奪う」のである。彼女の両価的感情が，口唇期に由来するものであることを推測させる。

【IXカード】

初発反応時間2秒ですぐにカードを反転させ「バイバイ」と反応された。これは，さらりとしたCOM（伝達）反応で，これまでのカード継列で表現された直接的な内容からうまく脱出できている。彼女の機転のよさ，バランス感覚を感じさせる。

【Xカード】

白紙カードに対しても初発反応時間秒でスムーズに「ピース」と反応することができた。スコアはEXH（顕示）となった。あまり内面に立ち入ってほしくない被検者に見られる防衛的な反応である。

c　まとめ

ハンドテスト・プロトコルは，N子の他者を攻撃する行動スタイルをよく表わすものとなった。さらに，その背景には，口唇的な両価的感情があり，投影や同一視，さらに投影同一視の防衛機制を用いる傾向もよく現れていた。また，初発反応時間の短さから，彼女があまり熟考することなく行動してしまうことも予測された。このため，彼女の反応には，彼女の心理的傾向がかなりストレートに表現されたのだろう。

彼女は強いフラストレーションを抱えており，これが攻撃性の形で外に向けられるが，心理的防衛機制により，いつも「悪いのは第三者」と認知され，彼女の攻撃的行動は正当化され，心理的安全は守られている。さらにN子には，そのような葛藤や防衛を行動化して，表に出してしまいやすい幼さが見られるのである。これらのパターンは，いじめ行動の背景にしばしば見られるパターンであると思われる。

F　風景構成法

風景構成法は図5‐4に掲げられた。構成は立体的統合型（高石VI型。多田の分類模式型）（多田，1996)[6]。画面中央に太い川が立ち，風景が縦に二分されている。この構成は，発達に伴って認知的な変化の生じる時期を迎え，行動化傾向が強まることを示唆するといわれている。また，この川をはさんで左右

図5-4 【事例4】 他者を厳しく非難するN子の風景構成法

の画面はほぼ対称に配置されている。これは，物事を白黒二面に分割してしまうスプリッティングの防衛機制を感じさせる。画面が遠景になっており，高所から俯瞰した風景になっており，また飛行機が描き加えられていることから，彼女の視点が現実から遊離しがちであることを思わせる。また，動物が記号化されていたり，飛行機のほか田や石にも説明的に文字が書きこまれていることから，外界の対象に言葉のラベルを貼り，理解・適応しているスタイルがうかがわれる。これは言葉になりにくいニュアンスをもつ情緒的な体験について共感したり，表現することが苦手であることを示すかもしれない。また，多田（1996）によれば模式型の記号的表現は自己の投映を回避した防衛的表現であるという。

G　両テストの統合的な所見とそこから得られる対応への方針

　ハンドテストは，彼女の攻撃性の強さとともに投影的な防衛機制を明らかにした。しかし，病理的な傾向は認められなかった。また，風景構成法は，彼女が発達的に大きな変動期にさしかかっており，何らかの行動化が予測されるこ

とを感じさせた。総合的には，彼女の行動化傾向は，病理的なものというよりは，情緒的な発達段階の問題であると結論された。これは，すなわち積極的な教育・指導の対象であることを意味する。他者が直接自分に対して危害を与える場合でなければ，他者を攻撃・非難してはいけないという他者の存在，人権に対する尊重の教育・指導である。しかし，この教育・指導においては，彼ら自身の人格に対する愛情や尊重を保ちつつ行なわれることが重要であろう。教師から愛情を与えられない，学校場面でも阻害されていると彼ら自身が思い込んでしまうと，その攻撃性はますます強まるのである。

　彼女に対しては，たとえ相手が規則違反をしているとしても，その相手に対する暴力は許されないことをしっかりと理解してもらうように指導が必要であった。もともと規範に対して積極的にこれを守ろうとする彼女に，暴力は許されないことをしっかりと伝えることは効果があったようである。以後，暴力的な行動化は見られなくなった。ネガティヴな側面を他者に投影せずに，どのように自己に統合していくかという本格的な情緒的発達課題は，今後の成長とともに彼女が取り組むべき課題と思われた。

（吉川眞理）

第6章 ハンドテスト図版の特徴*

1 ハンドテスト図版の刺激価

　投映法において反応を詳細に検討する視点は，各カードの刺激特性を考慮に入れた継列分析といわれる解釈手続きによって行なわれている。片口(1987)[1]は，「継列分析的な解釈に際して，基本的かつ不可欠の条件は，各図版の知覚的特性や，それに対してなされる反応の特徴を知ることである」としている。そこで本章では，日本人集団におけるハンドテスト図版の知覚的特性を理解するために，各図版の印象をSD法によって検討した調査結果を紹介する。この結果は，ハンドテストの各図版が日本人被検者に対して，一般的にどのような印象をもたらしているかについて理解することを可能にするとともに，カード刺激がどのように変化していくかといったカード継列の理解をも促すものと思われる。こうしたデータを基にすることで，ハンドテストにおける継列分析をさらに深めることが期待されよう。

2 調査方法

A 対象者と調査方法

　日本人大学生140名（男性59名，女性81名），平均年齢19.3歳（男性19.4歳，女性19.2歳）を対象とした。調査は授業中に教示を与え一斉に行なった。

B 調査内容

　SD形容詞対として，井上と小林 (1985)[2]のまとめた形容詞対一覧から岡部

＊ 本章は，以下の論文の一部を加筆修正したものである。佐々木裕子「日本におけるハンドテストのカード特性について」『福岡教育大学紀要』第48号, 第4分冊, 1999, 215-228頁。

(1960)³⁾の研究を参考に，投映法刺激の印象評定として妥当と考えられた20項目を抽出した。調査には，各図版の右側にその絵の印象を，7件法(「非常に」「かなり」「やや」「まったく中間」「やや」「かなり」「非常に」)によって評定できるように作られた調査冊子が使われた。

3 調査結果

20項目それぞれの評定結果の平均値を求め，各カード別にプロフィールを作成した。まず，Ⅰカードの印象評定プロフィールは，全体としては「まったく中間」に位置しており，中立的な印象を与えるカードであったが，「強い・弱い」「男性的な・女性的な」の2項目において，「まったく中間」よりも1点以上「強い」(2.86)と「男性的な」(2.53)の方に偏っていた。このことから，このカードの手が，比較的中立的ではあるが，いくぶん強くがっしりとした印象を与えるものであることが示された(図6-1)。

Ⅱカードの印象評定の結果は，「暗い」(5.11)，「かたい」(2.71)，「冷たい」(5.11)，「陰気な」(5.10)，「醜い」(2.90)，「嫌いな」(2.96)，「はげしい」(2.88)，「苦しい」(5.22)，「気持ちのわるい」(2.74)，「男性的な」(2.62)，「こわい」(5.29)といったネガティヴな方に1点以上偏っていた。特に「こわい」の評定値はほかのどのカードよりも高かった(図6-2)。

Ⅲカードのプロフィールは，ほかのカードと比較して最も中心に寄ったものとなっていた。1点以上偏っていた形容詞は「積極的な」(5.06)のみで，このカードが積極的印象は与えるものの，9枚のなかで最も中立的な印象のカードであると考えられた(図6-2)。

Ⅳカードの印象評定結果は，「強い」(2.74)と「男性的な」(2.32)の方に1点以上偏っていた。これはⅠカードと同じ結果であり，プロフィールの形そのものも，ⅣカードとⅠカードは，大変良く似た形となっていた(図6-1)。

Ⅴカードは，20項目中15項目が1点以上偏っていた。このカードは，「暗い」(5.87)，「冷たい」(5.39)，「消極的な」(2.74)，「弱い」(5.56)，「静かな」(5.39)，「陰気な」(5.68)，「醜い」(2.90)，「不活発な」(5.44)，「嫌いな」(2.84)，「苦しい」(5.51)，「気持ちのわるい」(2.55)，「不愉快な」

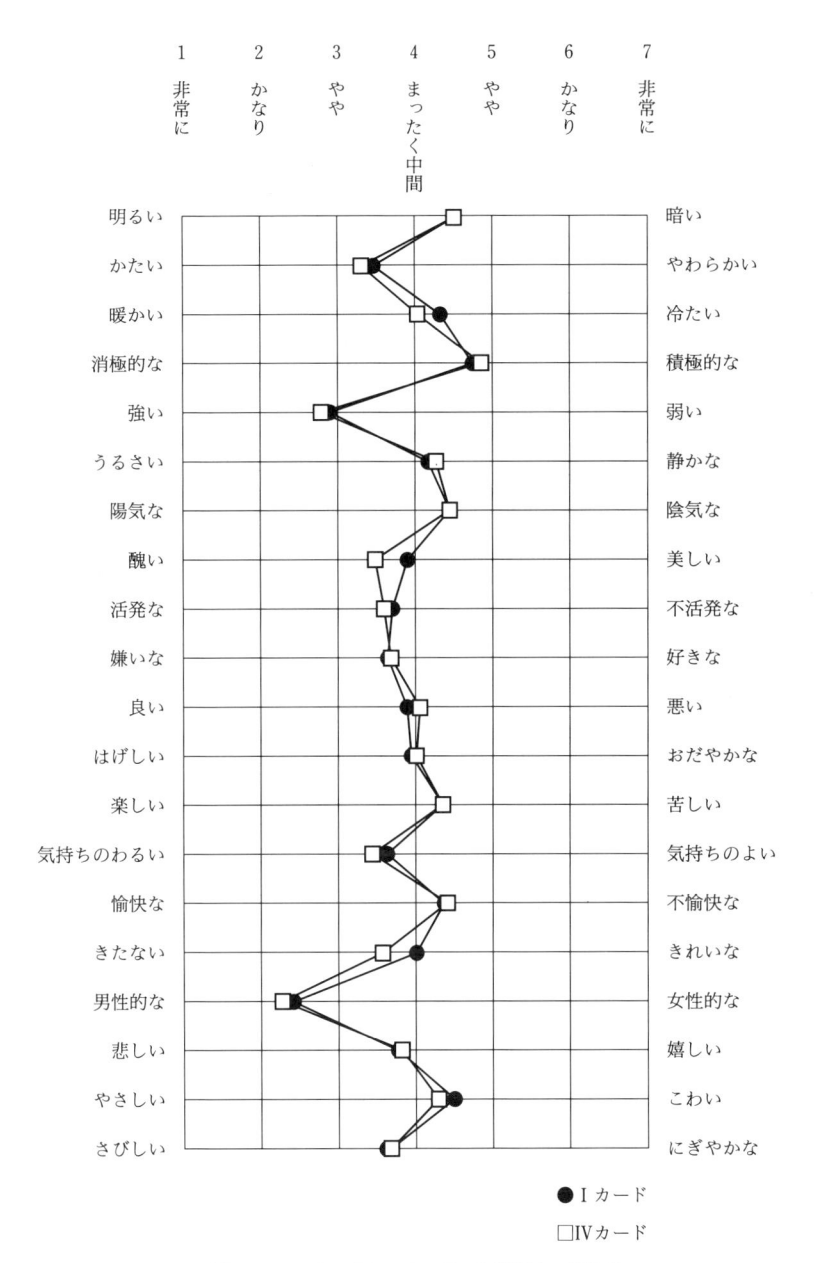

第 6 章　ハンドテスト図版の特徴　　171

	1 非常に	2 かなり	3 やや	4 まったく中間	5 やや	6 かなり	7 非常に	
明るい								暗い
かたい								やわらかい
暖かい								冷たい
消極的な								積極的な
強い								弱い
うるさい								静かな
陽気な								陰気な
醜い								美しい
活発な								不活発な
嫌いな								好きな
良い								悪い
はげしい								おだやかな
楽しい								苦しい
気持ちのわるい								気持ちのよい
愉快な								不愉快な
きたない								きれいな
男性的な								女性的な
悲しい								嬉しい
やさしい								こわい
さびしい								にぎやかな

● I カード
□ IV カード

図 6-1　 I カードと IV カードの印象評定の平均値

	1 非常に	2 かなり	3 やや	4 まったく中間	5 やや	6 かなり	7 非常に	
明るい								暗い
かたい								やわらかい
暖かい								冷たい
消極的な								積極的な
強い								弱い
うるさい								静かな
陽気な								陰気な
醜い								美しい
活発な								不活発な
嫌いな								好きな
良い								悪い
はげしい								おだやかな
楽しい								苦しい
気持ちのわるい								気持ちのよい
愉快な								不愉快な
きたない								きれいな
男性的な								女性的な
悲しい								嬉しい
やさしい								こわい
さびしい								にぎやかな

● IIカード
□ IIIカード

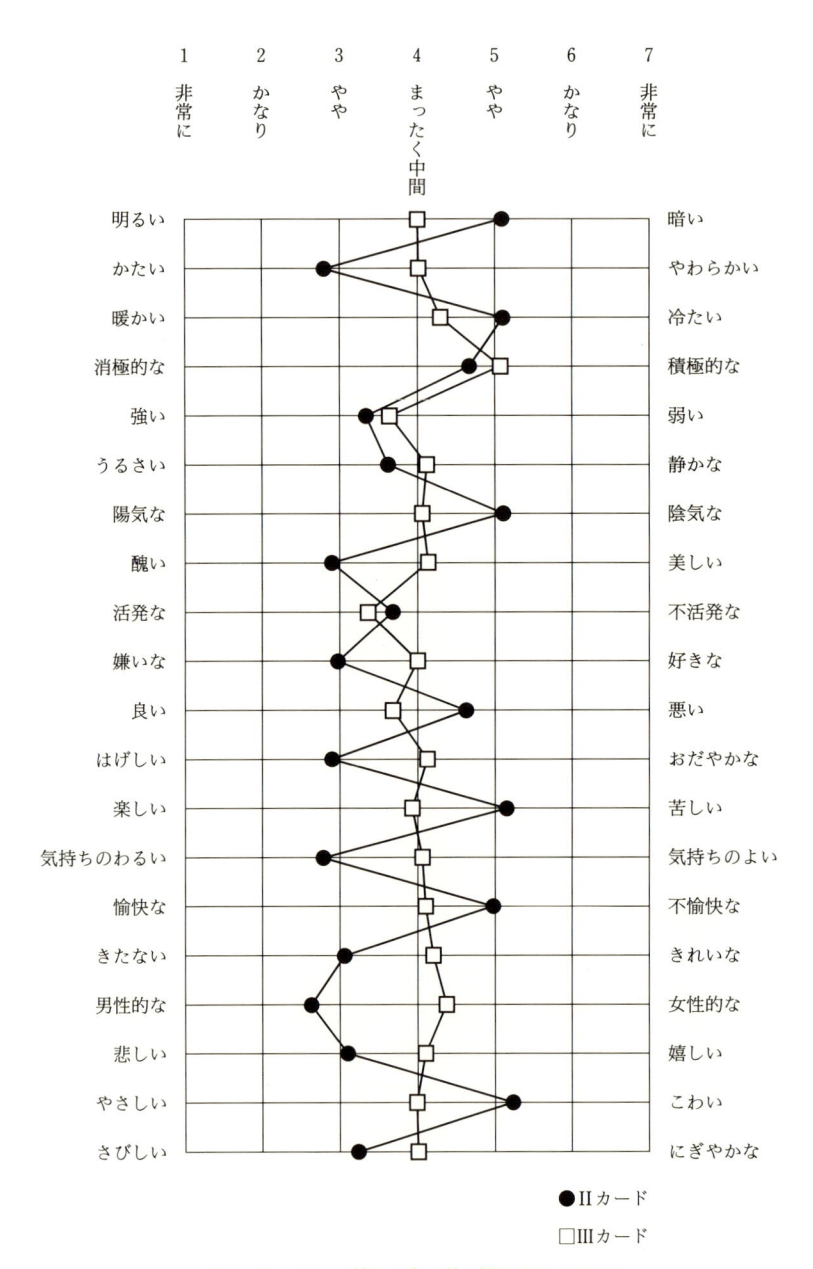

図6-2　IIカードとIIIカードの印象評定の平均値

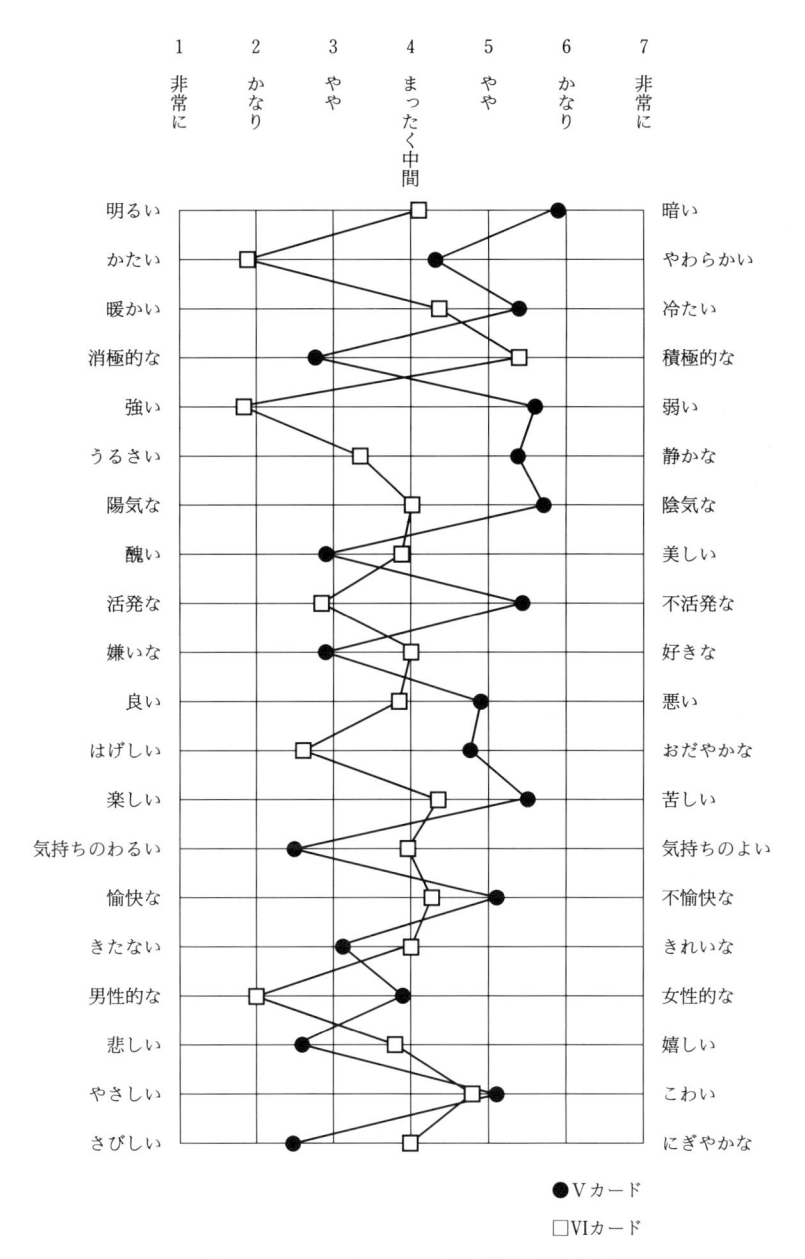

第6章　ハンドテスト図版の特徴　173

	1 非常に	2 かなり	3 やや	4 まったく中間	5 やや	6 かなり	7 非常に	
明るい				□		●		暗い
かたい	□				●			やわらかい
暖かい				□		●		冷たい
消極的な	●					□		積極的な
強い	□			●				弱い
うるさい				□		●		静かな
陽気な				□		●		陰気な
醜い		●		□				美しい
活発な			□			●		不活発な
嫌いな		●	□					好きな
良い			□		●			悪い
はげしい			□		●			おだやかな
楽しい			□			●		苦しい
気持ちのわるい		●		□				気持ちのよい
愉快な				□	●			不愉快な
きたない			● □					きれいな
男性的な	□			●				女性的な
悲しい			●	□				嬉しい
やさしい					□ ●			こわい
さびしい		●		□				にぎやかな

●Ｖカード
□Ⅵカード

図6-3　ＶカードとⅥカードの印象評定の平均値

	1 非常に	2 かなり	3 やや	4 まったく中間	5 やや	6 かなり	7 非常に	
明るい				● □				暗い
かたい				● □				やわらかい
暖かい			● □					冷たい
消極的な				● □				積極的な
強い				● □				弱い
うるさい					● □			静かな
陽気な			●	□				陰気な
醜い				● □				美しい
活発な				● □				不活発な
嫌いな				● □				好きな
良い				● □				悪い
はげしい					● □			おだやかな
楽しい			● □					苦しい
気持ちのわるい				● □				気持ちのよい
愉快な				● □				不愉快な
きたない				● □				きれいな
男性的な				● □				女性的な
悲しい				● □				嬉しい
やさしい			● □					こわい
さびしい				● □				にぎやかな

● VIIカード
□ VIIIカード

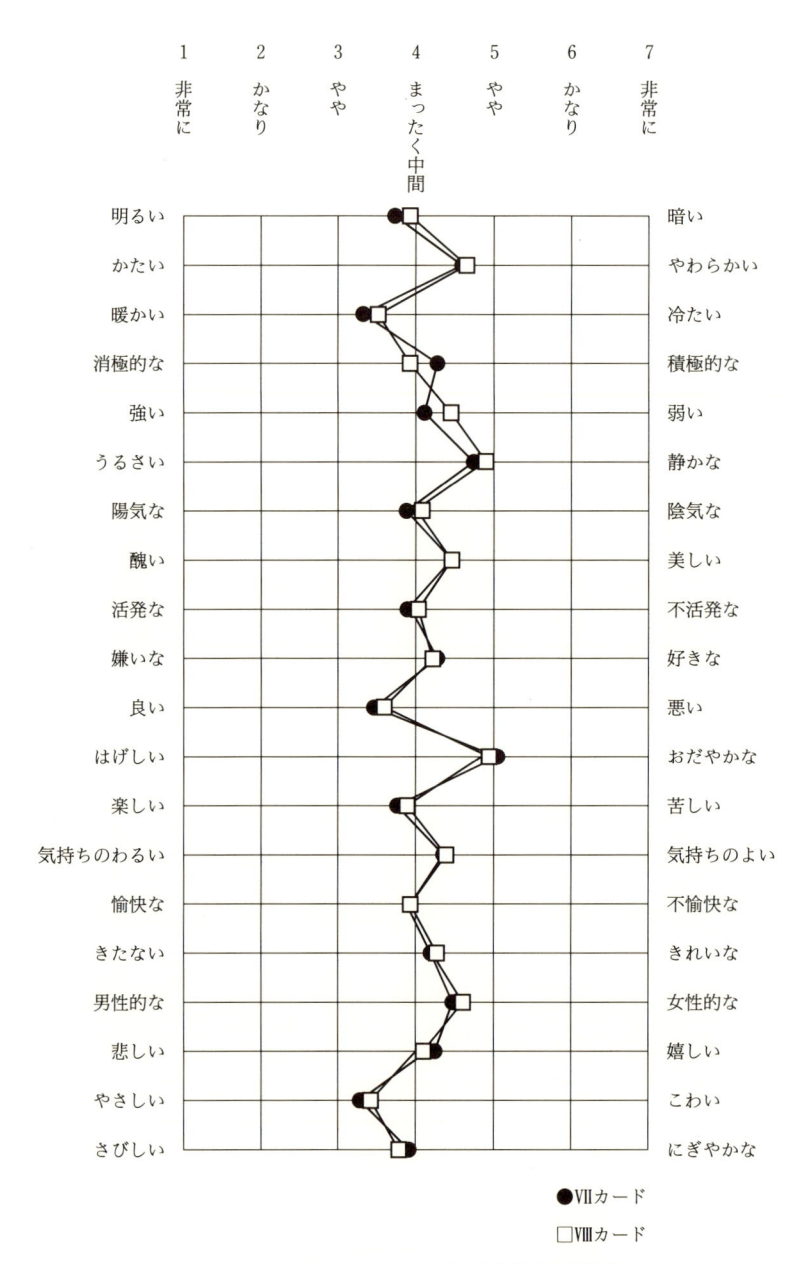

図6-4　VIIカードとVIIIカードの印象評定の平均値

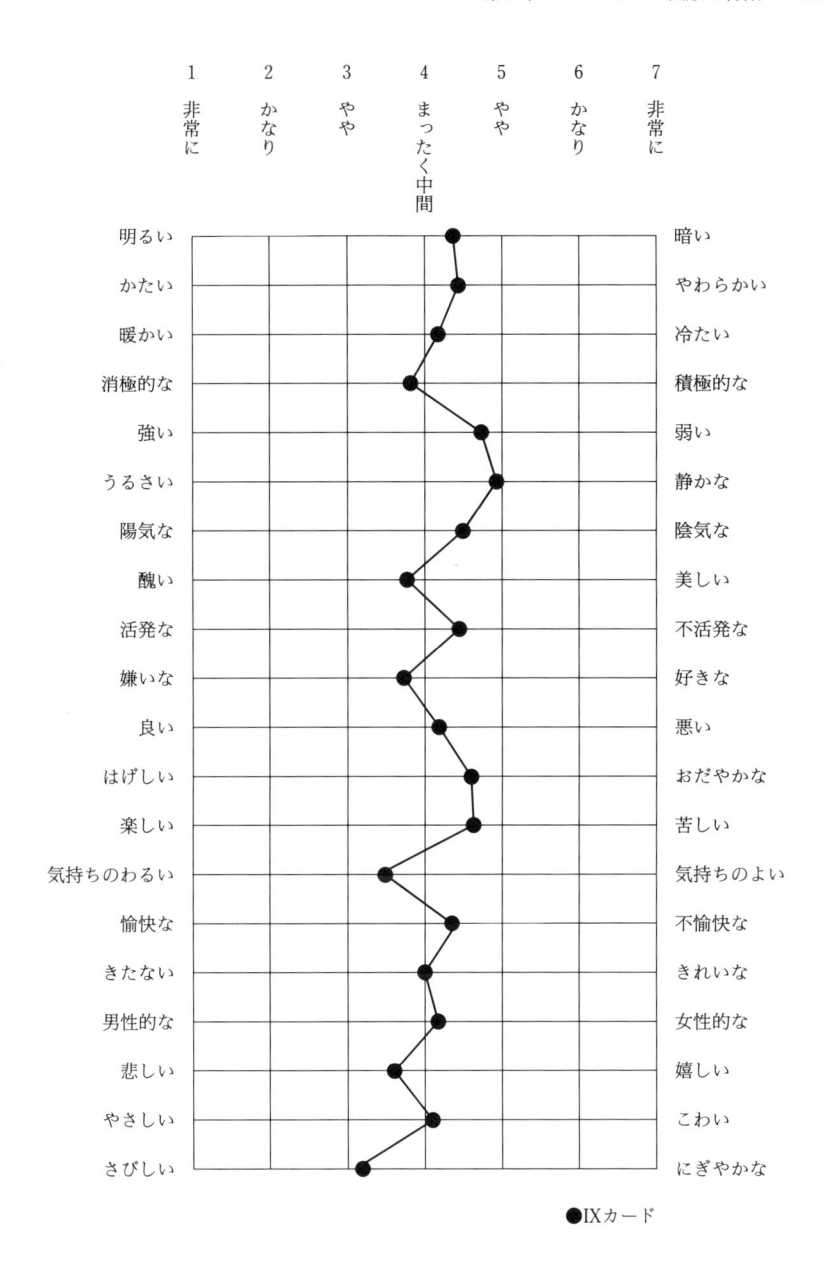

	1 非常に	2 かなり	3 やや	4 まったく中間	5 やや	6 かなり	7 非常に	
明るい				●				暗い
かたい				●				やわらかい
暖かい				●				冷たい
消極的な			●					積極的な
強い				●				弱い
うるさい					●			静かな
陽気な				●				陰気な
醜い			●					美しい
活発な				●				不活発な
嫌いな			●					好きな
良い				●				悪い
はげしい				●				おだやかな
楽しい				●				苦しい
気持ちのわるい			●					気持ちのよい
愉快な				●				不愉快な
きたない			●					きれいな
男性的な				●				女性的な
悲しい			●					嬉しい
やさしい				●				こわい
さびしい			●					にぎやかな

●IXカード

図6-5　IXカード印象評定の平均値

表6-1　Ⅰカード印象評定の因子分析（バリマックス回転後）

形容詞対	因子Ⅰ 情緒的印象	因子Ⅱ 評価	因子Ⅲ 活動性
陽気な・陰気な	−0.8007	−0.2241	0.1882
楽しい・苦しい	−0.7812	−0.1989	−0.0228
愉快な・不愉快な	−0.7610	−0.3834	0.0042
やさしい・こわい	−0.7246	−0.2345	−0.2149
暖かい・冷たい	−0.6916	0.0657	−0.0717
悲しい・嬉しい	0.6910	0.0482	0.1541
さびしい・にぎやかな	0.6769	0.1457	−0.0511
明るい・暗い	−0.6410	−0.2978	0.1107
きたない・きれいな	0.0997	0.7132	0.0264
良い・悪い	−0.4069	−0.6575	0.1117
嫌いな・好きな	0.4397	0.6354	−0.0113
醜い・美しい	0.1734	0.6056	0.1343
気持ちのわるい・よい	0.4727	0.5851	0.0360
はげしい・おだやかな	0.1272	0.1408	0.6765
強い・弱い	0.0362	−0.0376	0.5485
活発な・不活発な	−0.3239	−0.1568	0.5450
消極的な・積極的な	0.0636	0.2145	−0.5092
男性的な・女性的な	0.1643	0.1171	0.4699
うるさい・静かな	−0.1624	0.1041	0.3799
かたい・やわらかい	0.3015	0.1444	0.2606
因子負荷量2乗和	5.0736	2.5995	1.9065
寄与率（%）	25.3681	12.9973	9.5323
累積寄与率（%）	25.3681	38.3655	47.8977

(5.11),「悲しい」(2.61),「こわい」(5.12),「さびしい」(2.39) 印象を与えるカードであり，特に，「消極的な」「苦しい」「さびしい」は，ほかのカードと比べて最も得点が高くなっていることから，このカードが，力がなく苦痛や寂しさの印象を与えるネガティヴなカードであることが示された（図6-3）。

続くⅥカードもⅤカードと同様に大きな波形を描くプロフィールであった。印象評定の結果は，「かたい」(1.89),「積極的な」(5.44),「強い」(1.79),「活発な」(2.75),「はげしい」(2.64),「男性的な」(2.00) の6項目において中間よりも1点以上偏っており，特に，「かたい」「強い」「男性的な」は，最も得点が高くなっていた。つまり，このカードは，Ⅴカードの力のない弱い印象と正反対の力強い印象を与えるカードであることが示された（図6-3）。

表6-2 Ⅱカード印象評定の因子分析（バリマックス回転後）

形容詞対	因子 Ⅰ 情緒的印象	因子 Ⅱ 活動性
愉快な・不愉快な	−0.8774	0.0132
気持ちのわるい・よい	0.8068	−0.0787
楽しい・苦しい	−0.7891	0.1528
嫌いな・好きな	0.7773	0.0339
陽気な・陰気な	−0.7648	0.2779
良い・悪い	−0.7637	0.0641
やさしい・こわい	−0.7171	−0.1313
きたない・きれいな	0.6943	0.0685
醜い・美しい	0.6861	0.0650
暖かい・冷たい	−0.6375	0.0541
さびしい・にぎやかな	0.5871	−0.1946
悲しい・嬉しい	0.5858	−0.2605
明るい・暗い	−0.5537	0.0473
かたい・やわらかい	0.3171	0.1250
活発な・不活発な	−0.3074	0.7695
消極的な・積極的な	0.0953	−0.6907
強い・弱い	−0.0024	0.6832
はげしい・おだやかな	0.1320	0.6575
うるさい・静かな	−0.0034	0.6299
男性的な・女性的な	0.1776	0.3886
因子負荷量2乗	6.9367	2.7810
寄与率（％）	34.6836	13.9049
累積寄与率（％）	34.6836	48.5885

　Ⅶカードの印象評定では，唯一「おだやかな」（5.03）のみ1点以上偏っていた。また，Ⅷカードの印象評定では，1点以上偏っている形容詞対はなかった。このⅦ・Ⅷカードの二つのカードの印象評定プロフィールは，どちらもほぼ中心に寄ったものとなっており，しかも両者は大変類似した波形を描いていた（図6-4）。

　Ⅸカードは，1点以上偏った形容詞対はなく，ほぼ中心に寄ったプロフィールであった。したがって，このカードに特徴的な印象はなかったことになるが，しかしながら，このカードの印象評定プロフィールの波形は，ほかのどのカードのものとも異なっていた（図6-5）。

　次に，各カード毎の印象評定結果について因子分析を行ない，カードの印象

形成に関する因子構造を検討した。その結果，Ⅰカードのみ固有値1以上で3因子が抽出され，バリマックス回転の結果（説明率47.89％），因子Ⅰ（寄与率25.36％）は，「陽気な・陰気な」「楽しい・苦しい」「愉快な・不愉快な」「やさしい・こわい」など情緒的な印象に関する項目に因子負荷量が高く，因子Ⅱ（寄与率12.99）は，「きたない・きれいな」「良い・悪い」「好きな・嫌いな」「美しい・醜い」など評価に関する項目に因子負荷量が高くなっていた。そして，因子Ⅲ（寄与率9.53）は，「おだやかな・はげしい」「弱い・強い」「不活発な・活発な」「消極的な・積極的な」などの活動性に関する項目に負荷量が高かった（表6-1）。

これに対してほかのカードは，「気持ちの良い・気持ちの悪い」「愉快な・不愉快な」「好きな・嫌いな」といった評価に関する項目と情緒的な印象に関する項目が，第Ⅰ因子に統合され，「活発な・不活発な」「積極的な・消極的な」「強い・弱い」などの活動性に関する項目が第Ⅱ因子となり，2因子構造となっていた。例としてⅡカード印象評定の因子分析結果を付す（表6-2）。

4 考　察

9枚のハンドテスト・カードについて，SD法によって各カードの印象評定プロフィールを作成し，また，因子分析によって因子構造を検討した結果，各カードの図版特性，およびカードの提示順序に関する継列について次のような特徴が考察された。

まず，Ⅰカードは，強く男性的な印象を与えるものの，比較的中立的な刺激のカードであった。しかし，その印象形成には，ほかのカードとは異なった情緒的な要因が関与していることが示された。これは，このカードが最初に提示されることが影響しているのかもしれないが，しかしながら，このカードは情緒的な影響を与えつつも，それによって強い不安を喚起するほどにはならない，適度の刺激価をもっているカードと考えられる。

続くⅡカードは，9枚のカードのなかで，最も「こわい」印象を与えるカードであり，暗く，陰気で，苦しいといったネガティヴなイメージのカードであった。つまり，このカードは，Ⅰカードから一転して被検者に強い情緒的負

荷をかけるカードであると考えられる。このことは，ワグナー（Wagner, 1983）[4]が，このカードを「神経症的な傾向として解釈される驚きや恐怖を引き起こす」としていることにもつながり，このカードの「こわい」印象が，何らかの恐怖やショックを引き起こすものと推測される。

　こうした強い情緒的刺激のあと，次のⅢカードは9枚のカードのなかで最も中立的な印象のカードであった。このことは，マニュアルにおいて，このカードが「かなり構造化された」「無害でやさしい刺激」とされていることを支持する結果であったといえる。このカードのこうした特徴は，ⅠカードからこのⅢカードまでの継列を考えた場合，このカードで情緒的負荷がいったん軽くなることで，被検者はこれから続く検査に対する体勢を整え直すことができるのではないであろうか。

　さらに，次のⅣカードの印象評定プロフィールは，Ⅰカードと大変良く似た波形であった。つまり，ここで再びⅠカードと同じ刺激価に戻ることになるのである。このことを，中井（1997）[5]の指摘した，ロールシャッハ法の"流れ"を理解する視点を用いて検討すると，Ⅰカードで適度な刺激を与えたあと，Ⅱカードで強い情緒的負荷を与え，その後，Ⅲカードで負荷を軽くしてリラックスさせるという"流れ"で一つの系列を構成し，その後，Ⅳカードで再びⅠカードの刺激価に戻ることで，このⅣカードから新たな第二の系列が始まるといった構造になっていると考えられないであろうか。

　こうした視点から，続くⅤカードからⅨカードを検討すると，ⅤカードはⅡカード以上に刺激価の強いカードとなっており，力がなく苦痛や寂しさの印象を与える非常にネガティヴなカードとなっている。この強い情緒的負荷は，次のⅥカードにも続くが，しかし，Ⅵカードは，強くかたい男性的な印象を与えるカードで，Ⅴカードとは正反対の負荷をもつカードである。つまり，このⅤカードとⅥカードは，2枚がペアになって第一系列のⅡカードに相当しているといえよう。

　したがって，第一系列では，1枚ずつであった構造が，第二系列では，2枚ずつのペアになって類似の"流れ"を構成していると考えられるのである。実際，次のⅦ・Ⅷカードは，Ⅲカードと同様に中立的な印象のカードであり，しかも2枚のカードの印象評定プロフィールは，ほぼ重なるほど類似した波形を

描いているのである。

　そして，最後のIXカードは，特徴的な印象を与えないカードであったが，その印象評定プロフィールは，これまでのどのカードのものとも異なっていた。つまり，このカードの印象はほかのどのカードとも種類の違ったものであると考えられ，これは，また新しい第三の系列がこのカードから始まることを暗示しているのではなかろうか。このIXカードの次にくる情緒的負荷の高い変化のカードは，Xカードの白紙カードであり，被検者にとって非常に難しいカードのはずである。しかし，最終カードであることを考えると，これまでのまとめを被検者が自由にすることができるという柔軟性をもっていることにもなると考えられる。

　こうしたハンドテストの"流れ"をワグナーが意図して作成したかどうかは不明であるが，カードのもつ刺激特徴とその提示順の影響について充分検討し，こうした視点から反応を解釈することによって，被検者の反応をより深く理解することが可能となると考えられる。

5　ハンドテストのカード特性とその"流れ"

　日本人集団を対象に各カードの印象について検討した結果をまとめると，ハンドテストのカード特性は次のようにまとめられる。

【Iカード】

　「右手の手のひらを正面から見た絵で，親指以外の指はきちんとそろえられ，大きく手を開いて前へ出した状態の手である。ぴんと伸びた指が，強い意志を感じさせる絵である」が，印象評定の結果からも，強く男性的な印象を与えるカードであることが示された。また，その印象形成には，ほかのカードとは異なった情緒的な要因が関与している可能性があり，このことは，このカードへの反応傾向が，マニュアルで指摘されているDIR（指示）反応やCOM（伝達）反応，AFF（親愛）反応など，INT［対人］カテゴリーに集中していたことに表われているのであろう。しかしながら，このカードの全体的な印象は，比較的中立的なもので，強い情緒的なショックを与えるほどのものではない。こうしたことから，このカードは，最初に提示されるカードであることを

考えると，被検者に一定の情緒的な活性化を図りつつも，それによって強い不安を与えることなく検査に導入することができるという，大変都合の良い特徴をもったカードであると考えられる。

【Ⅱカード】

「手を開いた右手の甲を正面から見た絵であるが，それぞれの指が不規則に曲がっているため，力が入っているように見える絵である。歪んだ太い線で描かれているために不快な印象を与える」ことが推測され，印象評定の結果からも，このカードは，最も「こわい」印象を与え，暗く，陰気で，苦しいといったネガティヴな印象のカードであった。このことは，ワグナー（1983）[6]が，このカードを「神経症的な傾向として解釈される驚きや恐怖を引き起こす」としていることにもつながり，こうした「こわい」印象が，被検者に何らかのショックを引き起こすと推測される。したがってⅡカードはⅠカードから一転して被検者に強い情緒的負荷をかけるカードであり，この変化に被検者がどのように対処することができるかについての解釈が，このカードでの重要な視点となるであろう。

【Ⅲカード】

「人差し指を差し出した状態の右手を真横から見た絵である。動きの明確な指であること，描かれている線もすっきりとしていることから，単純で分かりやすいカード」とされ，このカードに逸脱した反応を出したり，反応を出せなかったりした場合は，重篤な問題を示唆するとされている。このことは，印象評定の結果でも，このカードが9枚のカードのなかで最も中立的な印象のカードであったことからうかがえる。したがってこのカードは，Ⅱカードのショックから立ち直るための休息的なカードであると考えられる。

このように見ていくと，まず，Ⅰカードで新奇場面における被検者の反応を確認し，Ⅱカードで情緒的なショックを受けた際の被検者の脆弱性を捉え，Ⅲカードでそうしたショックからの立ち直りの程度をみることができることになる。したがって，このⅢカードまでの第一系列で被検者の大まかな反応様式を知ることが可能となる。続く第二系列では，こうした反応様式について，さらに2枚ずつのペアになったカードから詳しく検討することになる。

【Ⅳカード】

「手のひらを下に向けた右手を斜め下から見上げるようにして見た絵である。親指が太いこと，手のひらの肉付きが良いことなどのために，力強い男性的な印象を与えるカードである」。印象評定の結果でも，強く男性的な印象であったことが示された。マニュアルでは，カードプルはないものの，しばしば攻撃的反応や攻撃に対するショックを引き起こすカードとされているが，しかし，日本人集団では，攻撃的な反応より AFF（親愛）反応が多い。これは，日本人の攻撃性表出の問題とも絡んでいると考えられるが，このカードが象徴的に「父親カード」とされていることにも関係していると思われる。このカードの刺激は，単に力強く攻撃的であるのではなく，そこに父親的な"頼もしさ"や"優しさ"も含まれているのであろう。Ⅰカードと類似の刺激価をもったカードであることを考えると，第二系列の始まりを意味するこのカードのこうした複雑な要因が，Ⅰカードと同様に適度な情緒的活性を促すものとなるのかもしれない。

【Ⅴカード】

「だらんと指を垂らした状態の右手の絵である。自分の手をこの角度から見ることは難しいため，他者の手として知覚することになると思われる。線が太く，滲んだようになっている箇所もあるため，不気味な印象を与える絵」と思われる。印象評定からも，このカードが，力がなく苦痛や寂しさの印象を与える大変ネガティヴなカードであることが示された。カードプルからみても，受動性への態度や，神経症的なショックを反映するカードとされている。また，日本文化的な「おばけのまねをしている」といった反応がこのカードに出ることを考えると，日本人にとってこのカードの無力な印象は特に強いことが指摘される。

【Ⅵカード】

「握りこぶしにした左手を手のひら側から見た絵である。親指が外に出ていること，濃く太い線で描かれていることから，強く握りしめた印象を与える絵である」。印象評定からは，このカードが前のⅤカードと同様，情緒的負荷の高いカードであり，Ⅴカードの力のない弱い印象とは正反対の力強く男性的な印象を与えるカードであることが示された。また，TEN（緊張）反応もこの

カードでは珍しくない反応である。したがって，被検者は，Ⅴカード・Ⅵカードというペアのカードによって，弱さと強さといった正反対の強い情緒的負荷をかけられることになる。

【Ⅶカード】

「5本の指をすべてそろえた状態で横に出した左手を手の甲側から見た絵である。手の動きそのものが少ないうえ，左手であることで反応に制限が加わるようである」。マニュアルでは，Ⅵカードの攻撃的なトーンがこのカードにも引き継がれるとされているが，印象評定プロフィールでは中心に寄ったものになっており，動きの少ない中立的な印象のカードであることが示された。

【Ⅷカード】

「右手の親指と人差し指を合わせ，ほかの指を軽く握った状態の手を親指側から見た絵である。比較的すっきりとした線で描かれていること，動きが明確であることから，反応のしやすい」カードとされている。印象評定プロフィールをみると，特徴的な印象が何もなく，Ⅶカードとほぼ重なるような中心に寄ったプロフィールであった。したがって，このカードは，反応の幅の限られた明確な動きをもった中立的な印象のカードであったと考えられる。

このように，Ⅴ・Ⅵカードは，弱さと強さといった正反対の刺激をもつペアで，次のⅦ・Ⅷカードは，静と動といった正反対の特徴をもつペアのカードとなっていると考えられ，この2枚ずつのペアが，Ⅳカードから始まる第二系列を構成していることになる。つまりⅤ・Ⅵカードのペアは，第一系列のⅡカード，Ⅶ・Ⅷカードのペアは，第一系列のⅢカードに相当し，最初に適度な情緒的刺激のカードが提示され，次に高い情緒的負荷となるカードが配置され，その後，刺激の弱い休息となるようなカードがくるという構成になっているのである。

【Ⅸカード】

「右手を開いて，指を下にした状態で手のひらを見せるようにした絵である。自分の手として知覚することは困難なため，他者の手として知覚することになるが，親指が太いこと，くっついている指と離れている指があること，手の向きが不自然であることなどのために，反応の難しいカード」である。マニュアルでも最も反応の難しいカードであるとされているように，この手の絵は多く

適度な情緒的刺激 ⇒ 強い情緒的負荷 ⇒ 情緒的負荷の軽減 ⇒ 全体のまとめ

↑ ↑ ↑

Ⅰカード ⇒ Ⅱカード ⇒ Ⅲカード

↑

第一系列

Ⅴカード（弱） ⇔ Ⅵカード（強） ⇒ Ⅶカード（静） ⇔ Ⅷカード（動）

↑

Ⅳカード

↑

第二系列

Ⅹカード

↑

Ⅸカード

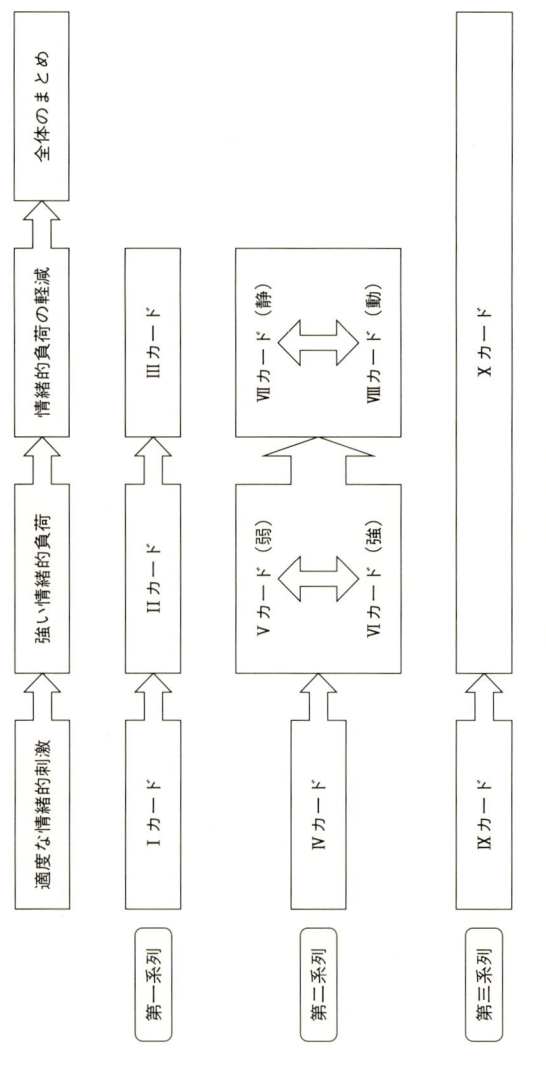

↑

第三系列

図6-6　カード特性の流れ

の被検者が違和感を覚えるものではなかろうか。しかし，印象評定の結果をみると，特に特徴的な印象はなく，むしろ情緒的負荷としては低いカードであった。しかしながら，印象評定プロフィールは，これまでのどのカードのものとも異なっていた。つまり，このカードは，まったく新しい新奇の刺激であると考えられ，このカードから，新たな第三の系列が始まることになるのである。

【Xカード】

最後のXカードは，白紙図版である。マニュアルで，このカードに対する反応は，被検者の想像的能力や将来の生活役割を思い描く能力と関連するとされているように，これまでの検査への受動的な関わりから，一転して主体的な取り組みが要求される情緒的負荷の高いカードである。しかし反面，このカードで検査が終わるというほっとするような場面でもある。実際，これまでのカードに出した類似の反応を簡単につけ加えるだけの被検者もいる。つまりこのカードは，IXカードからの第三系列における負荷と休息のカードであり，その負荷と休息を被検者が自由に選択・加工することで，検査のまとめという課題を果たすことにもなるカードであると考えられる。

　こうしたハンドテストの"流れ"を図示すると，図6-6のようになる。ハンドテストの各カードの特性をこのような継列的な視点から理解することで，被検者のハンドテスト反応を単に反応の種類といった視点から理解するだけでなく，情緒的刺激に対する対処の仕方や，またその回復力など臨床的な視点からの解釈を可能にするように思われる。今後，さらに多くの年齢層を対象に調査し，また，臨床事例による検討を進めることによって，本検査の解釈の可能性が深まるものと考えられる。

（佐々木裕子）

第7章　ハンドテストにおける投映のプロセス

1　ハンドテスト・カードの手は誰の手か

　ここでまず，ハンドテストの刺激図版の「手」に，被検者の行動傾向が「投映」されるというワグナーの仮定に着目したい。被検者は刺激として，静止している手の絵を与えられ，この手が行なっている動的な「行為」を答えるように求められる。この過程において，被検者は手の動きについて想像しなければならない。手がかりは，多少のあいまいさを保ちながらも，かなりはっきりと描かれている手のポーズである。多くの被検者は，これをもとに，その絵に描かれた手の主の体験していると思われる動作感覚に，最も近いと思われる自己の動作感覚の記憶を探索する。この探索において，しばしば動作として実際に体験されている手の動作感覚イメージや，動作として行動化されていなくとも，心的に活性化されやすい手の動作感覚イメージ，すなわち優位な動作感覚イメージを手の絵に移入して，あたかも，その手の主が体験している動作感覚であるように認知することになる。いわば手の動作感覚移入による手の絵の認知なのである。ワグナーの仮説でいわれる「原型的な行為傾向」とは，この優位な手の動作感覚イメージと深く関連したものと考えられる。
　このように，ハンドテスト・カードに描かれた手に被検者自身の手の動作感覚イメージが移入されているとき，被検者は，ハンドテスト・カードの手が被検者自身の手であるかのように認知していることになる。そこで，次のように仮定することができる。

　被検者自身の日常的な生活場面における行為傾向を投映したハンドテスト反応が産出される場合，手の絵に対して，自分自身の内的感覚イメージを積極的に移入しながら認知する過程が進行している。

しかし，すべてのハンドテスト反応においてカードの手の絵が被検者自身の手であるかように認知されるわけではない。ある場合は，カードの手は明らかに他者の手として認知されている。しかし，たとえ他者の手として認知されようとも，その他者の内的体験，動作感覚がいきいきと想像されているとき，そこには積極的な動作感覚移入が起こっているといえる。しかし「手が何をしているところに見えるか」というハンドテスト課題から逸脱したり，課題に失敗する場合には，この動作感覚移入の過程に困難が生じていると予測できるのである。

2 手の絵に対する動作感覚移入過程の障害

実際にテスト課題遂行に困難を生じている典型的なハンドテスト・プロトコルを，表7-1，表7-2，表7-3，表7-4，表7-5に掲げる。これらは，いずれも医師により精神分裂病と診断されている入院患者A氏，B氏，C氏，D氏，E氏のものである。

A氏（60代前半女性）の反応は，手の絵の説明が中心で，いわば手の絵を外側から見た反応となっている。手が開いているか，握られているか，によってグー，パーと関係づけられており，手は記号として見られている傾向がある。

一方，B氏（40代女性）は何枚かのカードに対しては動作感覚移入をともなう反応に成功しているが，第Ⅱ，Ⅳ，Ⅶといった脅威的といわれるカードに対しては，手以外のものを見る逸脱反応を示した。これらは一般群にもまれに出現することがあるタイプのBIZ（奇矯）反応である。

また，C氏（40代女性）の「開けている」「握っている」という反応には，動作感覚移入が見られる。しかし，能動的な動作感覚よりもむしろ，手は「怪我している」と見なされ，傷という受け身のイメージが繰り返して投映される。

また，D氏（40代男性）は第Ⅱ，Ⅴ，Ⅵ，Ⅶ，Ⅸ，Ⅹカードに対して「分かりません」と断言し，FAIL（失敗）優位のプロトコルとなった。ハンドテスト・カードの脅威に対して反応を拒否することで防衛がなされている。

表 7-1　入院患者 A 氏（60 代女性　診断：精神分裂病）のハンドテスト・プロトコル

カード番号	IRT	被検者の反応	スコアリング 量的	質的
I	20″ ∧	パーですね。	COM	(IM)
II	15″ ∧	これも開いてますしパーですね。こっちの方がよけい開いてますし。左手，左手です。	COM	(IM)(RPT)
III	14″ ∧	グー。グーの全部せんと，一つだけ出たはるし，一応グーにしときますわ。	COM	(IM)
IV	50″ ∧	親指が開いている。	DES	
V	20″ ∧	パーに関係してます。	DES	
VI	4″ ∧	グーです。じゃんけんして。	COM	(IM)(RPT)
VII	14″ ∧	パーの，ひっついたんです。	COM	(IM)(RPT)
VIII	27″ ∧	グーに関係してますけど。	DES	
IX	30″ ∧	親指だけたたんで，4 本の指が開いているように見えます。	DES	
X	20″ ∧	チョーしている手（注釈：チョキ）	COM	(IM)

AFF = 0	ACQ = 0	TEN = 0	DES = 4	R = 10	IM = 6
DEP = 0	ACT = 0	CRIP = 0	BIZ = 0	AIRT = 21.4″	RPT = 3
COM = 6	PAS = 0	FEAR = 0	FAIL = 0	H - L = 46″	
EXH = 0				PATH = 8	
DIR = 0				AOR = 6 : 0	
AGG = 0					
INT = 6	ENV = 0	MAL = 0	WITH = 4		

　最後の E 氏（30 代男性）は，手の絵の刺激から不気味な連想に飛躍した反応が見られた。これらの反応は典型的な BIZ（奇矯）反応である。しかし，E 氏は幸いにもあまりにも暴力的で悲惨な反応を「秘密」として表出しないでいられる現実検討力を保持していたようである。

　これらの防衛の成功は，分裂病患者にとってハンドテストが相当な脅威にもなりうるが，これに対する防衛的反応が容易であるために，心理的なダメージを軽くすることができることを示唆している。

　ワグナーは，上記のようなハンドテストにおける反応失敗や不完全な反応を

表7-2 入院患者B氏(40代女性 診断:精神分裂病)のハンドテスト・プロトコル

カード番号	IRT	被検者の反応	スコアリング 量的	質的
I	22″ ∧	じゃんけんしてるとこに見えます。 野球の選手がボールをうけるとこ。	COM ACQ	(IM)
II	16″ ∧	手袋に見えます。	BIZ	
III	6″ ∧	人を指差している。	COM	
IV	20″ ∧	鷹が飛んでいるみたい。	BIZ	
V	75″ ∧	人が踊っているとこの手みたいに見えます。	EXH	
VI	15″ ∧	じゃんけんしてる。	COM	(IM)
VII	22″ ∧	魚。カレイいう魚みたい。	BIZ	
VIII	5″ ∧	豆さん,つまんでいるところ。 影絵写しているみたい。	ACT EXH	(IM)
IX	20″ ∧	赤ちゃんをあやしているとこ。	AFF	(IM)
X	17″ ∧	編物をしてるところ。 卓球しているとこ。	ACT ACT	
AFF =1 DEP =0 COM=3 EXH=2 DIR =0 AGG=0 INT =6	ACQ=1 ACT=3 PAS=0 ENV=4	TEN=0 CRIP=0 FEAR=0 MAL=0	DES=0 BIZ =3 FAIL=0 WITH=3	R=13 AIRT=21.8″ H-L=70″ PATH=6 AOR=4:0	IM=4

ひとまとめにして,WITH[撤退]反応カテゴリーに分類している。このカテゴリーは,カードに描かれた手に関する説明や描写,描かれた手に対する感想や感情的反応をまとめたDES《記述》反応,被検者が部分的に,あるいは完全に実際の手の刺激を無視したり,自分の自閉的な,非合理的な知覚を手に投映しているBIZ《奇矯》反応,そして反応できなかったり,反応を拒否されたFAIL《失敗》反応の3種類の反応群である。いずれも掲げられた分裂病患者の反応にその例を見いだすことができる。

表7-3 入院患者C氏（40代女性　診断：精神分裂病）のハンドテスト・プロトコル

カード番号	IRT	被検者の反応	スコアリング 量的	質的
I	13″ ∧	手を開けているように見える。〈手を開けて何をやっていますか〉そうじでもやっている。	ACT	
II	9″ ∧	怪我している。	CRIP	
III	8″ ∧	指差しているとこ。	ACT	
IV	10″ ∧	手を握りかけているとこ。 怪我しているみたい。	ACT CRIP	(RPT)
V		分からんわ，これ。	FAIL	
VI	3″ ∧	握っているね。これ。怪我して握っているとこに見えるね。	CRIP	(RPT)
VII	13″ ∧	指伸ばしているとこ。	ACT	(DES)
VIII	8″ ∧	何か知らんけど，握っているように見えるわ。	ACT	(DES)(RPT)
IX	15″ ∧	手の皮膚を握っているとこに見えるわ。	ACT	(RPT)
X	30″ ∧	おそろし怪我しているとこに見える。	CRIP	(RPT)(FEAR)

AFF =0	ACQ=0	TEN =0	DES =0	R=10	RPT=5
DEP =0	ACT =6	CRIP =4	BIZ =0	AIRT=12.1″	
COM=0	PAS =0	FEAR=0	FAIL =1	H-L=27″	
EXH =0				PATH=6	
DIR =0				AOR=0：0	
AGG =0					
INT =0	ENV=6	MAL=4	WITH=1		

　ワグナーは，これらの反応について次のような解釈を述べている；WITH［撤退］反応は意味のある効果的な生活役割の放棄を表わしている。……（中略）……精神病的な人は，他者や物や観念と関わりをもつことが非常に困難なため，総体的にあるいは部分的に効果的な生活役割を捨てているのである。成人一般群のグループでは，WITH［撤退］反応は見られない。このため反応総数にかかわらず，WITH［撤退］反応が一つでも見られれば精神病の指標と考えられる（Wagner, 1983）[1]。そこでは，課題の要求から逸脱した反応や反応失敗が精神病状態の指標であることが明言されている。しかし残念なが

表7-4　入院患者Ｄ氏（40代男性　診断：精神分裂病）のハンドテスト・プロトコル

カード番号	IRT	被検者の反応	スコアリング 量的	質的
Ⅰ	3″ ∧	ものを止めてる。	ACT	
Ⅱ		分かりません。	FAIL	
Ⅲ	4″ ∧	人に指差している。	COM	
Ⅳ	7″ ∧	何かものをつかもうとしている。〈つかめそうなものですか〉つかみにくいけど近くにある。	ACT	
Ⅴ		分かりませんけど。	FAIL	
Ⅵ		分かりません。	FAIL	
Ⅶ		これも，分かりませんけど。	FAIL	
Ⅷ	10″ ∧	何かものをつかんだ。	ACT	
Ⅸ		分かりません。	FAIL	
Ⅹ		分かりません。	FAIL	

AFF＝0	ACQ＝0	TEN＝0	DES＝0	R＝4
DEP＝0	ACT＝3	CRIP＝0	BIZ＝0	AIRT＝6″
COM＝1	PAS＝0	FEAR＝0	FAIL＝6	H-L＝7″
EXH＝0				PATH＝12
DIR＝0				AOR＝1：0
AGG＝0				
INT＝1	ENV＝3	MAL＝0	WITH＝6	

ら，なぜそうなのかについては，精神病状態における「生活役割の放棄」と説明されるにとどまっているのである。

　そこで本章では，なぜ，あるタイプの臨床群にとってハンドテスト課題が困難となるのかについて，さらに考察をすすめたい。

表7-5 入院患者E氏（30代男性　診断：精神分裂病）のハンドテスト・プロトコル

カード番号	IRT	被検者の反応	スコアリング 量的	質的
I	20″ ∧	生命学，手相。（絵の各指を差しながら）ここが男，ここが女，ここが親指，ここが小指，長男，次男……。	BIZ	
II	75″ ∧	表がね，吸血鬼みたいな手。(絵の各部を差しながら) つめ，ここが歯や。	DES BIZ	
III	20″ ∧	あっちの方面いき〈？〉そういう印ね。	DIR	(INA)
IV	10″ ∧	手がねずみ色になっている。ボクシング	BIZ	
V	15″ ∧	どくろにも見える。	BIZ	
VI	10″ ∧	血みどろ ここに傷がある，ひびがある。殴りとばす。	CRIP AGG	(GRO)
VII		知りません。	FAIL	
VIII		知りません（笑い）秘密	FAIL	
IX		（笑い）秘密	FAIL	
X		思い浮かばない。	FAIL	

AFF＝0	ACQ＝0	TEN＝0	DES＝1	R＝7	GRO＝1
DEP＝0	ACT＝0	CRIP＝1	BIZ＝3	AIRT＝25″	INA＝1
COM＝0	PAS＝0	FEAR＝0	FAIL＝4	H-L＝65″	
EXH＝0				PATH＝17	
DIR＝1				AOR＝0：2	
AGG＝1					
INT＝2	ENV＝0	MAL＝1	WITH＝8		

3　ハンドテスト・カードの脅威性

　ハンドテスト課題に困難を生じる理由の一つとして，ハンドテスト・カードには，手という特定の身体部位が，かなり直接的な表現で描かれているという刺激の性質があげられる。一般群のなかにも，ハンドテスト・カードに対して，不快感を表明する人たちがいる。ワグナーは，ハンドテスト刺激には「脅

威がない」と述べているが，それは多数派の受けとめ方であったとしても，脅威を感じる少数派の存在を否定できない。

　精神分析学派の対象関係論によれば，身体部位は，「部分対象」として他者との関係性の象徴として体験されているのである。早期の乳幼児体験は，養育者との身体を媒介とした相互関係にほかならない。「乳房」は，乳児の求めに応えて差し出される「対象」（もの）であり，乳児の欲望の対象とされる。一方，手は乳幼児を介護する機能を直接に果たす。未だ他者を人格をもつ全体的な存在として認知できていない発達段階においては，養育者の手こそ，自己の意志と無関係に，自己の身体に近づき接触してくる，最初の「他者」であるといえるだろう。その「手」が，乳幼児が心地よいと感じられるように配慮をもって接触してきた場合，乳児は心地よく感じ，「手」は「良い」存在として受けとめられるだろう。しかし，配慮のない乱暴な扱いをされたり，あるいは，乳幼児の側に非常に敏感な，外からの刺激に脅かされやすい感受性が備わっている場合，「手」は恐怖を引き起こす存在として認知されるかもしれない。

　危害を加えようとして接近してくる「手」の不気味なイメージは，一般にも広く共有されている。たとえば，「しのびよる魔の手」と表現されるように，恐怖映画で主人公に迫る危険を強調するために，手のクローズアップが使われたり，また，その手はしばしば壁に映った影として表現されていたり，何もないところに突然手が出現するショットが使われて効果をあげている。

　手は，それに対して動作感覚移入がなされていない段階，すなわち共感的理解の対象として見なされていない段階では，まさしく了解不能な「他者」を象徴し，脅威の源として感じられると考えられるのはないだろうか。

4　ハンドテスト・ショックへの対処から積極的な動作感覚移入へ

　ハンドテストの何枚かのカードは，呈示された瞬間，人によっては脅威的な他者のイメージを喚起させると仮定すると，カードによって喚起された原初的な恐怖の感情を，どのように取り扱うことができるかによって，反応の個人差

が生じることになる。この原初的な恐怖の感情を，ハンドテスト・ショックと仮に名づける。このハンドテスト・ショックに対する対応は，たとえば被検者の原初的な他者に関わる恐怖感情への対応を反映していることが予測される。

　この考え方は，現実や内的な原初的感情に対処する受動的な人格機能の分析に関わるという点においてロールシャッハ法における色彩反応の吟味に似ている。たとえば，そのような恐怖感情がそのまま言語化された場合，その反応は，FEAR（恐怖）とスコアリングされ，MAL［不適応］カテゴリーに分類され，神経症の指標として解釈される。これは，神経症の人が，不安など内的不適応感を積極的に言語化したり，症状化する傾向をよく反映している。一方このような恐怖感情の認知そのものを回避したり，求められた課題から逸脱する背景には，FEAR（恐怖）反応に表現される恐怖の感情に対する防衛が機能している可能性がある。そこで用いられている防衛は，逃避や抑圧といった一次的な防衛なのである。精神病理群に関しては，直接的な「手」という原初的な刺激の脅威に対する敏感さと，それに対する未熟な防衛が，課題からの撤退を引き起こしていることが推測されるのである。

　一方，多くの心理的健康者は，ハンドテスト・カードによって脅威的な他者のイメージや感情を触発されても，それにとらわれることなく能動的な想像過程—対象への動作感覚移入を開始することができる。そのうえで，与えられた心理検査場面という特殊な対人場面にふさわしい反応を産出しようという努力がなされるのである。そこで「手が何をしているところに見えるか」答えるという課題の遂行において，その人が，対人場面においてどのような自己を呈示するかについての傾向性が反映される。

　ある人は常識的ステレオタイプな反応に終始するかもしれない。これは対人場面における自己開示に対して消極的な防衛的な構えを反映するものかもしれない。この検査セッションが，その人にとってどのような意味をもっているかという検査状況要因が，検査場面での自己開示への躊躇を引き起こすこともあるだろう。検査場面が自由な雰囲気で設定されていたにもかかわらず，このような反応に終始する場合は，このような防衛的な傾向がその人の生活場面にも広くあてはまると考えてよいだろう。

また，ある人は常識的な反応を心がけるかもしれない。あるいは，社会的に望ましい反応をめざすかもしれない。さらに，ある人はユニークで独創的な反応をめざすかもしれない。

そして，結果として，このような傾向は，被検者の生活場面における自己呈示傾向，すなわち社会的役割遂行の方向性に通じる可能性が高いのではないだろうか。

また，とりわけユニークで独創的な反応を出そうとすると，かなり能動的な想像過程―積極的な動作感覚移入が必要となる。ハンドテスト刺激図版の手のポーズは，素朴ながら明快な線ではっきり描かれており，多くの心理的健康者は，その図からその手の主の内的な動作感覚を，自己の内蔵していた動作イメージ，いわば動作イメージ記憶を素材として，自己の内面に組み立てることができる。そこに自己の内面に生じた動作イメージが二次的な刺激となり，動作イメージに付帯している情動体験や志向性が，被検者の内面に喚起される。被検者は，こうして喚起された情動体験や志向性を，描かれた手に投映する。換言すると，この感情（意志）移入過程を通して「手が何をしているのか」答えることになるのである。

このように，手の絵に対して，自分自身の内的感覚イメージを積極的に移入しながら認知する過程において想起され移入されやすいのは，被検者にとって日常的に優位な感覚，情動体験，志向性や，それらを総合した行為傾向であることが予測できる。この意味で，手という器官に関わる動作的イメージには，実際に生活において行動化されている行為傾向――生活役割――が反映されやすいというワグナーの解釈仮説の妥当性を，ある範囲で認めることができるのである。

5　ハンドテスト反応の内容と行動傾向の関連性についての再検討

前節で，ハンドテスト・プロトコルの解釈において，量的・質的スコアともに反応された内容と被検者の行動傾向を結びつけることの妥当性について論じた。

しかし，一方で「手の絵には典型的な行動傾向が投映される」というワグナーの解釈仮説は，ハンドテストの反応内容に示された行動が実際に行動化されるというピオトロフスキーのロールシャッハM反応に関する解釈を踏襲したものであり，やや安直にすぎる印象も否めない。ハンドテスト・スコアリングシステムの弱点は，このように，主要なスコアリングが，検査者ばかりでなく被検者自身にも明白な反応の意味内容に準拠していることといってもよいだろう。被検者は，反応の意味内容について意識できるため，いったん思い浮かんだ反応でも，たとえば社会的に望ましくないと判断して，その反応を回避することができるのである。

シンガーとドーソン（Singer & Dawson, 1969）[2]は，この点に着目して，ハンドテスト反応は被検者が最も作為を加えやすい反応内容を解釈の根拠にしているために偽造されるおそれがあることを指摘した。さらに，実際のハンドテスト場面において，被検者は反応がどのように解釈されるかをそれぞれに推測し，意識的な努力によって反応を作りえることを実験により示した。吉川（1988）[3]は，この結果を踏まえ，ハンドテストの検査目的に関する情報を呈示した際に，ハンドテスト反応にどのような影響が表われるかを調べた。この実験で，興味深い結果が明らかになった。検査定義の内容によって，特定のスコアに有意差が見られたばかりでなく，たとえば，同じPAS（受動）反応についても，ハンドテストが「情緒障害を調べる検査」と定義された群では，MMPIのHSおよびSI尺度と正の相関を示したが，一方「想像性を調べる検査」と定義された群ではMA尺度との正の相関が見られたのである。これらの結果は，ハンドテストの被検者が，与えられた検査定義によって何らかの構えをもち，その構えが反応に影響したことを示している。

シンガーとドーソンや吉川の実験は，ハンドテスト反応の内容には何らかの被検者の意図が反映されていることを示した。しかし，これらの知見はハンドテスト反応の内容と被検者の行動傾向が関連性をもつという仮説を否定するものではない。ハンドテストを実際に臨床的に利用してみると，むしろその逆であることが明らかになる。

例として，AGG（攻撃）反応が多く反応された高校生のプロトコルを表7-6に紹介する。

表7-6　ハンドテスト施行の数日後，けんかをした男子高校生の
　　　　ハンドテスト・プロトコル

カード番号	IRT	被検者の反応	スコアリング 量的	質的
I	20″ ∧	授業でさされて手を挙げているところ。 握手するとき。	DEP AFF	
II	5″ ∧	人をつかむとき。 大事なものを離さない（Q）離れていくものに「待て」	DIR	
III	2″ ∧	人を差している。何か相手をあざわらうとき。 （Q）面と向かって	AGG	
IV	2″ ∧	人の肩に手をあてようとするとき（Q）おどかすとき。 びっくりさせる。	AGG	
V	12″ ∧	肩を持たれたとき。知らない人が （Q）すごい怖い。	FEAR	
VI	5″ ∧	相手とか殴るとき（Q）けんかとかで	AGG	
VII	4″ ∧	握手するとき。 相手をひっぱたくとき。	AFF AGG	(PRT)
VIII	3″ ∧	何かをつかむとき。 小さいもの。こういうペンとか。	ACT	
IX	40″ ∨	こう見ると人を押し倒すとき。（Q）怒ったときに相手を思いきり突き飛ばす。	AGG	(GRO)
X	15″ ∧	もたれてくるような，力のぬけた手のような。 （Q）分かんないけど，だるい感じ。	PAS	

AFF = 2	ACQ = 0	TEN = 0	DES = 0	R = 12	GRO = 1
DEP = 1	ACT = 1	CRIP = 0	BIZ = 0	AIRT = 10.8″	RPT = 1
COM = 0	PAS = 1	FEAR = 1	FAIL = 0	H - L = 38″	
EXH = 0				PATH = 1	
DIR = 1				AOR = 3 : 6	
AGG = 5					
INT = 9	ENV = 2	MAL = 1	WITH = 0		

この生徒は，このテストを施行したわずか数日後に，友人にからかわれて腹をたて，暴力を振るった生徒である。AGG（攻撃）反応が標準値を超えて多く出されている。しかし，AGG（攻撃）反応の内容をみると「人を差している。何か相手をあざわらうとき」「人の肩に手をあてようとするとき。(Q) おどかすとき」「相手とか殴るとき」「相手をひっぱたくとき」「人を押し倒すとき」となっている。反応の多くはいずれも武器を使わず，かなり直接的な身体的攻撃である。実際の暴力行為も，ハンドテストに反応されていたように，素手での取っ組み合いで，相手の生徒のダメージは打撲程度ですむものであった。

　彼の攻撃的な行動化傾向はハンドテスト反応に前もって投映されていたともいえる。しかし，ここで着目したいことは，むしろ，AGG（攻撃）反応を出す本人は，これらの反応が攻撃的な意味をもつことを充分に承知のうえで出してきたという点である。

　実際に検査者と一対一で向き合うハンドテスト場面では，その攻撃的な意味を承知のうえでAGG（攻撃）反応を数多く産出すること自体，かなり勇気のいることである。検査場面も一つの社会的場面であるので，そこでAGG（攻撃）反応を出すことが，一種の反社会的な自己呈示であり，行動化であるともいえるだろう。

　実際に反社会的な行動化をする子どもたちは，その行動化の前にかなり顕著な攻撃的な自己呈示をすることが知られている。実際に何らかの危険物を持って登校したり，それを友人に見せびらかしたりするのである。ハンドテストにおいて明白に攻撃的な内容の反応をすることは，攻撃的なイメージの言語化であり，その言語化は検査場面という対人場面にある種の衝撃を与える。被検者が，ほかの対人場面でも同じ行動傾向を示すとすれば，これはすなわち行動化に結びつくことが予測されるのである。

　それゆえに，ハンドテストのスコア・カテゴリーのなかでもAGG（攻撃）反応をはじめとして明白な反社会的な意味をもつ反応ほど，実際の行動化と深い関連をもつと予想される。したがって，検査者がたじろぐような内容をもつ反応が出されるときほど，注意を要する。多くの場合，これらは，あからさまな暴力や性的な内容をもつ反応であることが多い。ハンドテストのスコアリン

グ・システムでは、これらの反応には、GRO《粗野》、SEX《性的》といった質的カテゴリーが付され、経験的にさまざまな診断群の指標として知られている（第2章20頁参照）。

同様に、社会的にタブーであると見なされる同性愛、薬物などの内容が、反応において言語化された場合には、その背景に社会的な抑制が無視されたり、これに挑戦する態度が見られるので、現実場面でも反応内容と同じ反社会的な行動が出現しやすい可能性が示唆されるのである。

ここで、あらためて検査場面を被検者と検査者との間のコミュニケーション場面であると見なすと、検査者の問いかけに対して、被検者はハンドテスト反応を通して何らかのメッセージを返そうとしていることが明らかになる。そのため、ハンドテストの解釈においては、まずその反応の意味内容についての共通認識や、その質や程度に対する常識的な感じ方を大切にするべきであろう。その受けとめを出発点に、ハンドテスト反応を通して被検者は検査者に対してどんなメッセージを送ろうとしているのか、あるいは被検者の自己呈示の方向性を読み取ることが重要になるのである。

6 ハンドテストにおける反応の困難が示唆する問題

ここで再び精神分裂病と診断された臨床群に特徴的に見られたハンドテスト課題からのWITH［撤退］反応について考察してみたい。彼らは、「手の絵が何をしているか」という問いかけに答えることができなかったり（FAIL反応）、せいぜいそこに手があるという認識や描かれている手を叙述する反応にとどまったり（DES反応）、あるいは刺激図版に自分の見たいものを認知して素材としてとりいれ、刺激図版から離れた奇矯な思考を展開させた（BIZ反応）。

精神病的な臨床群のこれらの撤退反応は、ハンドテスト・ショックの大きさの背後に、手の絵に対して、自分自身の内的感覚イメージを積極的に移入しながら認知する過程における何らかの困難を示唆していると考えられる。

一般に私たちは、他者の内的体験を正確に知ることはできない。しかし、他者とのコミュニケーションにおいては、少なくともある程度他者の内的体験を

推測しながらコミュニケーションのやりとりを行なっているのである。この推測の過程こそ，他者の内面で起こっていることを知覚し理解しようとする営みであり，まず他者の内的照合枠を理解し，他者自身が生きている状況や，関係や世界をどのようにみているかを知ろうとする試みであり，心理学において共感的理解と名づけられてきた他者理解へのアプローチなのである。

ロジャース (Rogers, 1961)[4]は，共感的理解の定義として「他者の内的枠組みを，あたかもその人自身であるかのごとく，しかし，その"ごとく"という条件を失うことなしに正確に，しかもそれに付随している感情的要因と意味とを感じながら感知することである」と述べている。

近年，この共感的他者理解のプロセスにおける障害について論じられるようになった。バロン＝コーエンらが自閉症の特徴として心を読む機能の発達の障害を指摘したのはその例である (Frith, Leslie & Baron-Cohen, 1985)[5]。彼らは人間が人の心を読み取るシステムを四つの成分に分けて，自閉症においては，そのうちの SAM：Shared-Attention-Mechanism と ToMM：Theory of Mind Mechanism がうまく機能していないことを指摘している。彼らの理論によれば自閉症者は自分と他者の間に興味の共有を確立することが難しく，とりわけ他者が何を知るのかを推論することや，他者の信念の理解を踏まえた情緒の認知が困難であるという。

たとえば「アンとサリーの実験」として知られている課題では，実験者と子どもがテーブルをはさんで向かい合った状況のなかで，テーブルの上のサリーとアンの人形を用いてストーリーが展開する。このストーリーのなかで，サリーはビー玉をバスケットのなかにしまって外出するが，留守の間にアンがそれを箱のなかに移してしまう。そのあと戻ってきたサリーはどこを探すかという課題である。この課題に対して4歳以降の幼児とダウン症児のほとんどは「バスケットのなかを探す」と正しく答えられたのに，彼らより年齢も知能も高い自閉症児たちは，一部を除いて「箱のなか」と答えたのである (Baron-Cohen, 1989)[6]。

この自閉症児に特徴的な困難について熊谷 (1998)[7]は，これらの心の理論課題を通過するためには，①特定の登場人物の主観にもとづいてその行動を予測できること，②その人物が特定の意図の保有者，運び手，実行者となること

を理解できること，の二点が前提になることを述べている。ここでは他者の内的枠組み（信念）を捉え，これに照らして他者の主観的な体験を推論する過程が問題となる。

　ハンドテスト課題において手が何をしているところかを答える際には，刺激図版の手の主の意図を想像することが求められる。おそらく，この他者の心の推論に困難を抱える子どもたちにとって，この課題は困難なものとなるだろう。彼らにとっては，絵に描かれた手は，まさしく絵に描かれた手に過ぎず，これが何をしているか，「分かるはずがない」と感じられるのではないだろうか。

　一方，ハンドテスト課題が困難である分裂病患者による主体他者すなわち対象としての他者でなく主観を備えた他者の存在の認識について，高野は「分裂病者には真の自由をもった主体他者が存在しない。彼は他者のまなざしを知覚することはできる。しかし，その他者からどう思われているかについては，問うことよりも先に答えを用意している」（高野，1969）[8]と述べている。

　また木村は，「通常の他者経験において出会う主体的他者の基本的性格が〈親密な他者性〉であったとすれば，分裂病性事態のなかで問題となる他者のそれは，いわば親密さの欠如した，不気味で異様な未知性だといってよい」（木村，1983）[9]と述べている。木村によれば，それは「自己と他者がともにその間をその根拠として共有」することによって実現する相互主体性の欠如によるものという。

　木村の述べる「自他の間の共有」とは，前述のバロン＝コーエンらが人の心を読み取るシステムとしてあげた四つの成分（Frith, Leslie & Baron-Cohen, 1985）[10]のうちの SAM：Shared-Attention-Mechanism に深く関わるものと思われる。

　こうして，多くの人にとって軽いゲームとして受けとめられるハンドテストが，特定の困難を抱える被検者にとっては，非常に難しい課題となることが予想できるのである。

7 身体感覚にもとづく共感的他者理解過程の指標としてのハンドテスト

　前節で論じられた自他の間の共有，すなわち自分と他者の間に興味の共有を確立する基盤として，浜田は，「人は，互いに同じ身体，同じ顔をもつ者どうしとして，その身体の姿勢，顔の表情を通して気持ちを表現し，理解し合うようにできている」（浜田，1995)[11]と述べ，基本的な身体構造の相似性を挙げている。浜田はさらに「人は身体をもっているがゆえに，他者と切り離された個別的存在であると同時に，その同じ身体を通して他者と通じる共同的存在でもある。その本源的共同性が一つには他者との〈能動-受動〉のやりとりからなる相補性として現れる」（浜田，1995)[12]と述べており，他者の内的体験を推測する共感的理解の源が，私たち自身の身体感覚であることを指摘しているのである。

　浜田のこの考察の背景には，フッサールの著作が挙げられる。フッサールは，主観すなわち自我をもつ他者の認識すなわち間主観性について，「孤独的自我の意識中における他我の構成」すなわち「感情移入を原理とする他我経験の構成」として論じている。すなわちフッサールによれば，他者理解は「自我の二重化」であり，「私の直接体験領域の内部で，あそこにいるあの人の体（物体としての他者の身体）と私のこの身体を結びつける類似性のみが，その体を他者の身体として類比的に把握する動機づけの基礎を与える」（Husserl, 1950)[13]という。

　ここに，ハンドテストが身体の一部位を刺激図版とし，この図版への感情移入的理解を求める課題であるゆえに，個人の身体感覚を通した共感的他者理解の過程を反映する投映法として機能する可能性が明らかになった。

　すなわち，ハンドテストにおける次の特徴的な反応の様態は，以下のように，さまざまな水準の共感的他者理解の困難や，共感的他者理解における傾向の指標として解釈することが可能であると思われる。

A 反応の困難および課題からの撤退（WITH カテゴリー反応）

　ハンドテストにおいて積極的な動作感覚移入による反応が困難な場合は，自分自身の身体感覚を経験する過程に何らかの困難があったり，さらに他者の内面にも，自分と同様に主観的な体験領域が広がっていることが理解できず，その結果「目の前にいる他者を，自分と同様のもう一つの主体として捉える相互主体性」に弱さをもつ状況にあることを示唆すると考えられる。その原因については，「人の心を読み取る」システムの発達の障害を予想することができる。この障害が，器質的な性質のものか，機能的な性質のものか，あるいは，いわゆる発達の遅れとして捉えられるものかであるかについては，ハンドテストだけから判断することはできない。

　しかし少なくとも，このように他者の内的体験を共感的に理解しようとする間主観的理解が困難である場合には，他者は了解不能であるために，ますます脅威的な存在として認知されがちになることが推測されるのである。

B ハンドテスト・カードに対する拒否や否定的な情緒的反応（カードを見て即座に反応不能を宣言する FAIL（失敗）反応，カードや課題に対する嫌悪感などの表出，極端な初発反応時間の遅れ）

　ハンドテスト・カードに対する否定的な情緒的反応は，刺激図版から相当に情緒的なインパクトを受けていることを予想させる。第一段階として意識されないまま自発的に手の絵に対する筋肉運動的な感覚移入や主観的な情緒的体験移入が生じているのだが，その過程は何らかの理由で，動揺や困惑として体験され，この感覚や体験の移入を言語化する作業が停止したり，遅延する。そこにはある種の感覚や情緒的体験に対する心理的防衛が作用しているようである。先の A では課題から完全に撤退することで心理的防衛に成功しているが，これと比較すると，防衛が不完全なものにとどまっており，被検者は不安を感じている。そこには自己の心的内容，感情的体験に何らかの脅威を感じ，これを抑圧しようとする神経症的な状態が反映されていると推測できる。

C ハンドテスト・カードに対する恐怖的な感情,不安感,不全感および強い攻撃的な感情など脅威的な情緒の移入と言語化(FEAR《恐怖》反応,CRIP《不自由》反応,GRO《粗野》をともなうAGG《攻撃》反応)

ハンドテスト・カードに対して強烈で脅威的な心的内容が移入される場合,現実場面においても被検者自身の不安や怒りが外在する対象に投映されやすい傾向を反映している可能性がある。この投映は分裂の防衛機制と結びついており,クラインの述べる妄想―分裂的態勢が優位な対人関係に陥りやすい。そこでの不安をやわらげるために出現する防衛機制は投影同一視であり,「自己の憎むべき部分が対象に同一視され,他者に向かう強烈な憎悪を引き起こす」(Klein, 1946)[14]ため,さまざまな破壊的な行動化が生じる可能性がある。

なお,上に掲げられた指標は,いずれも,経験的にハンドテストのPATH(病理スコア)の要素に組み入れられており,すでに病理指標として臨床に活用されている。本章では,その根拠について理論的考察を行なった。

(吉川眞理)

第8章　テスト・バッテリーとしてのハンドテスト*

1　心理検査法の統合

　心理検査法は一般に，質問紙法，作業検査法，投映法に大きく分類され，それぞれが意識から無意識までの異なったレベルを捉える検査だとして漠然と位置づけられるにとどまってきた。たとえば，"質問紙法は自己評定によって行なわれるため，意識水準の人格像を反映し，投映法は非構造的な検査のために無意識水準の人格像が投映される"といった具合に。しかし，こうした検査法の理解は，検査法——とりわけ投映法——についての誤解を招くばかりでなく，最悪の場合解釈を歪めてしまいかねないのではなかろうか。心理検査は，それぞれが独自の人格論にもとづいて作成されており，各検査が焦点を当てている心理的要素は当然異なっている。そのため臨床場面では，必然的に複数の心理検査法からなるテスト・バッテリーを組んでいる。その際われわれが必要としているのは，こうした意識，無意識の違いからなる漠然とした検査法の位置づけではなく，各検査が人格のどの側面を反映しているかについてのより理論的な概念であろう複数の検査から得られた情報がどのような関係にあるかを説明したり，また，ある検査から得られた情報が被検者の全人格においてどのような意味をもつかについて説明したりする概念は，心理アセスメント分野においてまだ充分に確立されていないのである。つまり，心理検査を統合するような「包括的な人格理論がない」(Wagner，1971)[1]のである。

　こうした心理検査による人格アセスメントの穴を埋めるのがワグナーの提唱

＊　本章は，以下の二つの論文の一部を加筆修正したものである。
　　佐々木裕子「〈構造分析〉理論の紹介(1)——投映法検査〈ハンドテスト〉の解釈から」『静岡大学人文学部人文論集』第51号の2，2001，77-92頁。
　　佐々木裕子「〈構造分析〉理論の紹介(2)——摂食障害事例の投映法検査統合解釈から」『静岡大学人文学部人文論集』第51号の1，2001，83-108頁。

した構造分析である。テスト・バッテリーの統合解釈において最初に必要となるのは，各検査が人格のどの側面に焦点を当てているか，もしくは，人格のどのレベルを反映しているのかを説明する概念であろう。構造分析は，人格を外面自己（FS）と内面自己（IS）の二構造から説明し，これをベースにすることで，さまざまな心理検査法が人格のどの構成物を捉え，人格のどのレベルを反映しているかについて説明している（Wagner, 1971[2]；Wagner, 1976[3]；Greene, 1978[4]；山上, 1993[5]）。つまりテスト・バッテリーの統合に必要となる心理検査間の関係（人格上の位置づけ）について，その基礎的な理論枠を提供しているのである。したがって，構造分析の視点から心理検査法を捉え直すことで，各検査の結果を被検者の全人格のなかに位置づけ，統合的なアセスメントへと導くことが可能となるのである。

2 投映法検査の位置づけ

心理検査法のなかでも特に投映法検査は，"非構造的な（あいまいな）刺激を提示し，それに対する反応から個人の内にある感情，欲求や思考など内的世界を捉えようとする検査"とされている。しかしながら精神分析理論でいう"投影"との混同から，無意識の欲求や受け入れ難い感情といった面のみが強調され，そのために投映法は無意識レベルを捉える検査と位置づけられてきた。しかし，「非構造的な刺激」に対する反応がすべて無意識の産物であるというのは無理があり，むしろ被検者独自の統覚や体験様式が被検者の意図とは無関係に映し出されたものであるという方が適切であるといえよう。

その意味からいうと，池田（1995）[6]が指摘するように，「投映法とは，新奇で，通常の意味では一義的でない不明瞭な刺激を提示し，それに対する自由度の高い反応を求めることによって，最もその人らしいありようを表出させ，それを通してその人個人を解釈的に理解しようとする方法である」と定義する方が理にかなっていると考えられる。

したがって，投映法の反応には被検者特有の体験様式が，刺激－反射といった自動化されたレベルのものから，抑圧された感情のような無意識のレベルのものまで，また，生活習慣といった日常的・具体的なレベルのものから，

価値観や信念といった観念的なレベルのものまで，意識・無意識の違いに関係なく幅広く映し出されているということが可能である。このように考えると，投映法（あいまいな刺激に対する反応を捉える検査）としてひとくくりにされている検査でも，それぞれが異なった人格のレベル（側面）を反映する質の異なる検査法であると考えることができるのではなかろうか。

　ハンドテスト（Wagner, 1962[7]；Wagner, 1983）[8]を考案したワグナーは，この検査法を開発するに際して，被検者の人格力動や精神病理を重層的な視点から描き出すことのできる人格論——先に述べた構造分析——を理論化した。この理論では，同じ投映法でも，ハンドテストとロールシャッハ法が異なる人格レベルを捉える検査法であることが明瞭に示されている。したがって，従来の質問紙法と投映法といったテスト・バッテリー構成ではなく，被検者の人格構造のどこに焦点を当てるかといった視点から，複数の投映法からなるテスト・バッテリーを構成することを可能にしているのである。

3　統合解釈のための人格論——「構造分析」

　ワグナーによって提唱された「構造分析」（Structural Analysis）は，人格構造として外面自己（Facade Self：FS）と内面自己（Introspective Self：IS）の二構造を仮定した人格論である。人格をこの二構造（表に表われたその人の外顕的特性と，直接観察することのできないその人の内的な特徴）に分けて理解することで，その人の内的体験と実際の行動との差，およびその葛藤や相補的な機能など，人格の二面性を理論的に説明することを可能にしている。さらにこのことは，本理論の最大の特徴である心理検査法の解釈とその統合に大きく貢献している。

　そこでまず，構造分析のこの基本仮説の概要をワグナー（1971）[9]の"Structural analysis：A theory of personality based on projective techniques"から紹介する。

A　ファサード・セルフ（FS）：外面自己

　構造分析では，人格を外面自己（FS）と内面自己（IS）の二構造から理解

するため，FSとISに関する仮説は，本理論の基本原理ともいえるものである。ここではまず，個体を形作る基本的枠組みであり，人格の外壁とも考えられるFSについて解説する。

ワグナーによるとFSは，「態度や行動傾向についての階層的に組織化されたまとまり」(organized set) であるとされている。これは，検証可能性を前提とした心理学のターゲットであるいわゆる"行動"にあたる部分であり，観察可能な表に表われた（外顕的な）その人の特徴であるといえよう。また，その人が他者や環境に対してどのように接しどのように振る舞うかといった"外界への態度"でもある。さらに，投映法によって捉えられるFSの側面を考えるならば，その人が日常生活をどのように生き，自分の周りの世界や環境をどのように感じ取っているかという"原型的な体験様式"であるともいえるのではなかろうか。こうした外界に対する基本的な"構え"であるFSは，「人生早期に獲得され，自動化され，基礎的な現実的接触を構成するもの」であるとされている。

さらにワグナーは，「FSは特別な環境上の出来事に呼応することで発達し，そして，良くも悪くも現実と結合している。言うならば，〈今ここで〉である」としている。つまり，FSはわれわれが今この時を"生きている"ための体験の基礎であり，われわれにとって必要最低限のその時どきの"自分のまとまり"を構成するものである。そのため，「もしFSが存在しないならば，〈現実〉は存在しない」とまでされている。このようにFSは非常に原初的なものであるため，それは「単なる反射であり」，「根本的には学習された知覚と反応の一連の処理」でもある。しかし決してFSは単純なものではなく，非常に複雑で多種多彩な環境に対して敏感に反応することができるものなのである。したがって，このFSの学習と発達が阻害された場合，その個体は非常に困難な状況に立たされることになる。「世界は彼にとって理解し難いものとなり，混乱し恐怖に満ち，秩序の崩壊した状況が続き，分裂病と呼ばれる状態となる」という。つまりFSは，現実をどのように意味づけ，世界に対してどのように反応するかという体験の意味の基礎をも担っているのである。

このように構造分析では，人格におけるFSの機能やその役割を非常に重視している。その一端は，精神分析理論において自我の中心的機能とされる防衛

機制についての構造分析による説明からも明らかである。構造分析では，防衛機制は個体が現実との接触を保つためにいかに FS を保持しようとするかという視点から説明している。いくつか例を挙げると，「抑圧：FS の機能を妨害するような衝動や動機づけを制限すること，解離：意識水準が低下し，FS が機能していない間，抑圧された衝動を解放すること，否認：FS によってうまく操作できない現実の一面があることを認めることを拒否すること」とされている。

しかし，最終的には FS のみでは個人は全体として機能することはできない。「人は自分自身を機能しているものとして認識し，同一性の感覚を獲得し，主観的な理想像や目標，自己評価を形成する」ものと考えられ，外的世界に方向づけられている FS のみでは，われわれが当然もっている基本的な欲求や意志を発現することはできない。つまり，「FS と IS は複雑で独特な人格を形成するために相互に作用し合う」ことで，初めて個性的な人格となるのである。

B イントロスペクティブ・セルフ（IS）；内面自己

FS が人格の基本的枠組みと考えられるのに対して，二構造のもう一方である IS は人格の奥行きを構成するものと考えられる。ワグナーは，「それ(IS) は最初，FS の操作に対する気づきから発展した同一性の感覚に由来し，次に道徳的な判断や個人的な願望，生活スタイルや常識，世界に対する一般的で哲学的な見解などへと発展していく」としており，FS が発達したあとに形成される「全人格の複雑さや深さ，特異性を生み出す」ものと定義されている。つまり IS は「内的で主観的な現象」であり，おもに言葉に依存した，「個人の自己の行動に関する認知」であり，「自己概念の形成や，さらに空想や理想，人生スタイルを生み出すものとなる」ものである。

したがって，IS は自己の同一性の認識そのものであるため，人格を統治する主体として機能することが期待される。つまり，「IS は FS を通して間接的に表現されるものではなく，行動の底にいつも存在してなければならないもの」であり，われわれが生きて活動し，体験する際，いつも機能しているものである。FS が"生きている"ための体験の基礎であると考えるならば，その体験を認識し，統合するのが IS である。IS と FS の両者が機能して初めて，

われわれは"生きている"体験を経験することが可能なのである。よって，ISとFSは絶えず相互に作用し合い，両者が機能的に活動することで適応的な人格となり得ると考えられる。

　仮にISが充分に発達しなかった場合は，人格障害の精神病理が生じるとされている。「彼らは実際的で適応的であり，ある場合には外的な現実に関する客観的な側面に対して極端に同調的であるが，彼らの良心や忍耐力，動機づけ——これらはISから生じる——は貧弱なものである」という。反対に脆弱なFSを補う形でISが肥大した場合は，「こうした現象はパラノイドやある種の分裂病において見られ，彼らは空想や幻覚，特異な思考に浸っている。その拠り所となっている現実は，外的世界の一貫した妥当性や具体的な現実によってほとんど検閲されない希薄で内的なものである」ことになる。そして，「FSとISが合理的によく発達しているが，しかし葛藤が顕著な場合は，神経症の土台が敷かれることになる」という。

　このように人格をISとFSの二構造に分けて理解することで，人格発達の様態やさまざまな精神病理を，FSとISの発達障害から理解したり，これらの相互作用の機能障害から説明したりすることが可能となるのである。このことは，構造分析が，「FSとIS構造の相互作用を分析することによって提示されるいわゆる"人格"とされているものを，有意味によりうまく説明して」いることを示している。

　しかしながら，ワグナーは構造分析の限界についても明確に言及し，「構造分析は人間の行動や重要なパラメーターである動機づけや習性，知能や学習能力などを完全に説明するには不充分である」として，FSとISのみが人格を構成しているのではないことを強調している。こうした限界を充分に踏まえたうえで本理論を活用することで，さらに人格理解を深めることが可能となるのではなかろうか。

4　構造分析と心理検査法

　以上のように構造分析は，人格をFSとISの相互作用として理解するのであるが，このFSとISは，それぞれが独立した構造でもあることが仮定され

ている。実際われわれは，自己の内的体験と表に表われた行動とが，必ずしも一致していないことを日常的な経験から了解しているのではなかろうか。心とは裏腹に自然に口をついて出てくるお世辞や謙遜など，多くの人が体験していることであろう。また，人の良い社交的な人として周りから認知されている人が，強い対人不信を抱いていたりすることも想像に難くない。このようにわれわれは，自己の内的世界とは異なる次元で，これまでに学習し獲得してきた外界に対する態度や構えを形成しているのである。それは自動化された反応様式であり，行動パターンや社会的スキルといわれるものと考えられる。内的体験は当然これらに影響され，また影響もするはずであるが，しかし，それらは各々が独立して機能するものでもあると考えられる。

ワグナーは，さまざまな心理検査法が，こうした内的体験（IS）から外界に対する態度や構え（FS）までの一連の構造の，ある領域を捉えていると仮定した。とりわけ投映法については，「投映法をFSからISへの連続線上の位置，もしくは"レベル"を意味するものとして理解する」(Wagner, 1976)[10]とされており，同じ投映法でも捉える人格のレベルに違いがあるとしている。そこで，構造分析による心理検査法の位置づけについて，上述のワグナー(1976)[11]の論文からその概要を紹介する。

心理検査法をFSとIS構造に位置づけるにあたって，まずFSとISがともに，「"知性 intellect"と"情緒 emotion"のモダリティを通して活性化される」ことを紹介する必要があろう。構造分析では，知性と情緒，そして行動の三つのパラメーターが人格の幅を構成し，これらは人格の深さ（レベル）を意味するFSとISを活性化する。そして，FSとISからなる人格は，知覚運動スクリーン（PMS）を通して環境と交流するとされている。人格は知性や情緒によって活性化された理想やファンタジーなど，ほとんど行動としては表われないようなISから，実際の行動として表われるFSまでの力動的な連続体として概観することができる。そして，さまざまな心理検査法はその検査が人格のどの側面（知性，情緒，行動）に焦点を当てているか概念化することで，この人格構造のなかに位置づけることが可能になっている。これらの関係を図示したものが図8-1である。

まず，客観的な人格検査については，「知性として示されるラインに沿った

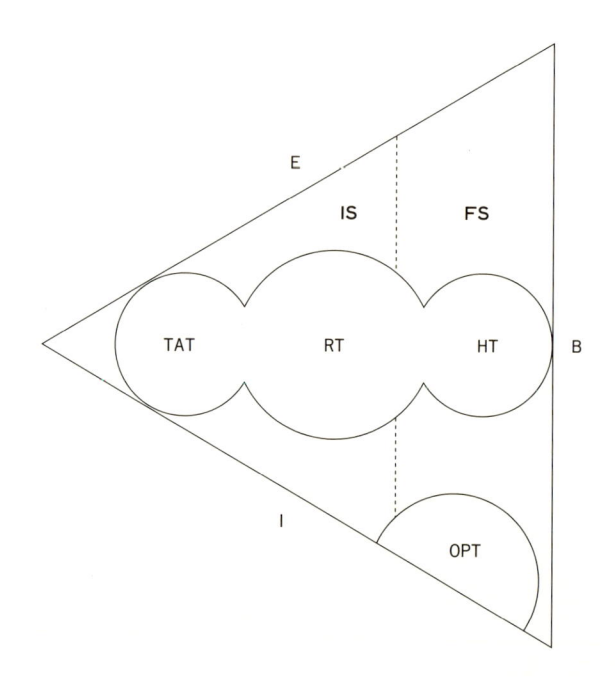

FS : Facade Self（外面自己）
IS : Intorospective Self（内面自己）
E : Emotion（情緒）
I : Intellect（知性）
B : Behavior（行動）

HT : Hand Test
RT : Rorschach Technique
TAT : Thematic Apperception Test
OPT : Objective personality tests

図8-1　構造分析における投映法の位置づけ（Wagner, 1976）[12]

領域」に位置するとされている。これは，多くの質問紙法による性格検査が知的な判断にもとづいて行なわれることを考えると，"知性"の領域に位置することは充分了解できるであろう。これに対して投映法は，「知性と情緒のベクトルから生じる幅をもったある仮説的な領域をカバー」しているとされる。つまり，知性と情緒の融合した複雑な体験を反映していると考えられる。ただし，先に述べたように同じ投映法でもそれぞれの検査が，ISからFSまでの異なるレベルに位置づけられている。

　代表的な投映法であるロールシャッハ法は，ほかのどの検査よりも幅広い人格のさまざまな領域をカバーしている検査であるとされる。ワグナーによるほかの検査との比較によると，ロールシャッハ法は，知覚運動スクリーンを捉えることにおいてのみ"弱い"（poor）が，FSは"適度"（fair）に捉え，ISは"良く"（good）捉えているとしている。また，知性と情緒の幅に関しても"良く"（good）捉えるとされている。このことは，ロールシャッハ法の解釈において非常に重要な意味をもつ決定因に象徴されている。さまざまな決定因は，さまざまな心的機能を表わしていると考えられ，これらはFSとISの幅広い領域に渡っている。

　これに対して，ハンドテストは，知性と情緒は"良く"（good）捉えているが，深さに関しては，FSのみを"良く"（good）捉える検査とされ，ISや知覚運動スクリーンに関しては"弱い"（poor）検査とされている。このことは，ワグナー（1983）[12]が「ハンドテストは，ほかの診断アセスメント用具と組み合わせて使うようにデザインされている」として，ハンドテストの限界を指摘していることにもつながると思われる。

　そのほか，文章完成法（Rotter's Incomplete Sentences Blank）は，FSを"良く"（good）捉えるが，知覚運動スクリーンやISは"適度"（fair）に捉えているとされ，TAT（Thematic Apperception Test）は，ISのみ"良く"（good）捉えるとされている。また，描画法に関しては，ワグナーは人物画法に関して，知覚運動スクリーンとFSを"良く"（good）捉えるとしているが，山上（1993）[13]は風景構成法とスクィグルを比較し，「風景構成法は全体のまとめ方やアイテムの了解性などおもにFS側面が関わっている」とし，「スクィグルはISがより多く関わっている」と指摘している。このように，構造

分析理論においては，それぞれの投映法のもつ特徴（刺激のあいまいさや特質，また施行法など）によって捉える人格の深さは異なっていることを明確に示すことが可能なのである。

A 構造分析とロールシャッハ法

さまざまな投映法検査を構造分析の枠組みによって分類することができることを紹介したが，ここではさらに，代表的な投映法であるロールシャッハ法が，構造分析による人格理解によって，どのように説明されるかについて紹介したい。ワグナー（1971）[14]は，ロールシャッハ法の決定因が，これまでの理解と矛盾することなく，構造分析の枠組みにおいて理解され得るとしている。

まず，純粋形態反応Fは，図版の実際の形にもとづいた判断であることから，現実に対する客観的で冷静な対処の指標とされている。構造分析では，「この定義を厳密にし，Fが"外的現実"に方向づけられており，そのために毎日の対人的やりとりを処理することのできるファサードが存在していることを意味する」としている。ただし，当然のことながら，F反応は単に環境に対する適応性を反映しているだけであるため，このF反応によって「FSを構成している対人関係的傾向について正確に特徴づけることはできない」。ただし，ロールシャッハ法において対人関係的特徴を解釈するには，一般に運動反応（M，FM，m）が用いられている。

しかしながら，構造分析において運動反応（M，FM，m）は，「実際の行動としては表われないIS過程を表わしている」とされる。これは，「Mが空想上の産物を反映している」というロールシャッハ（1921）[15]の仮説と一致する見解のようであるが，ワグナーはむしろ運動反応についての意味をピオトロフスキーの「Mが生活における原型的な役割」（Piotrowski, 1957：上芝訳, 1980）[16]を反映するとする説に依拠している。つまり，「人間運動反応Mは，ある人生役割についての概念を表わしているが，しかし，その役割の行動化は，その生体の心理的統合性に依存している」というのである。したがって，「IS傾向が空想のなかに追い払われているか」（M反応が実際の行動としては表われないIS過程における観念的な人生役割を表わしているのか），それとも「不安や実際の行動に表われるのか」（M反応に示された人生役割が，FS

の領域にまで浸透しているものなのか)について,「ISとFSの力動的な相互関係を見極める」必要があるというのである。

そのうえで構造分析では,運動反応を次のように定義している。

(1) 人間運動反応M:IS傾向のうちの人生におけるその人の役割に関する概念を明らかにし,その人の想像性や計画性,内的生活に関する能力を反映する。
(2) 動物運動反応FM:IS傾向のうちのMよりもより発達的に早期に獲得した人生役割を表わす。それはたいてい原始的で未熟なものであるため,意識の低下した状態か社会的抑制の少ない状況で表われやすい。
(3) 無生物運動反応m:IS傾向のうちの確かではあるが受け入れ難いと主観的に認知されている潜在的な行動を意味する。無生物運動反応もまた平均以上の知能,内省力,秘めた欲求不満の感覚を意味している。

(Wagner, 1971)[17]

これに対して色彩反応は,一般に感情や情緒性を意味するとされ,環境に対する反応性として解釈されているが,構造分析においても同様に,「色彩は,構造分析の枠でいうと情緒を意味しており,それは環境によって誘発されるものであり,FSを通して体験される」とされる。動いていない図版に運動を知覚する運動反応とは異なり,現実に描かれている色にもとづいていることを考えると,色彩反応が外的世界に対する指向性を反映していることは充分了解できるであろう。このことから,構造分析では「体験型(M:ΣC)は,まさに〈体験のタイプ〉を示しているのであり,M優位の人はISを通して〈内的に〉自らの情緒を表現しようとするのであるが,一方,色彩優位の人はFSを媒介して環境に対して情緒的に反応しているのである」としている。このようにロールシャッハ法の解釈の中心をなす体験型に関する構造分析における理解は,これまでのロールシャッハ解釈に無理なく組み込めるものである。

また,陰影や濃淡反応についても,従来のロールシャッハ解釈を歪めること

なく構造分析の枠組みで理解できることが示されている。構造分析による理解を付け加えるとするならば,「陰影 (Dark shading) は,(略) 不安や抑うつ,同時に報復的な行動を意味する」とされ,実際の行動として表現され得る可能性をもった不安や抑うつ感などを意味すると考えられよう。さらに,濃淡反応 (light shading) に関しては,「環境による制約に直面して FS 傾向をうまく表現できないでいることを反映している」とされている。したがって,構造分析ではこれら陰影や濃淡を,情緒的体験と実際の行動との間の関係を反映する指標として理解する視点が付け加えられていると考えられる。

B 構造分析とハンドテスト

ハンドテストは,「手は発達的にも機能的にも外的世界と影響し合い,関わり合うのに決定的な部位であるため,手の絵には典型的な行動傾向が投映される」(Wagner, 1983)[18]との仮説から,被検者の行動傾向に焦点を当てて作成された投映法である。手は人間が外界へ働きかけるうえで最も重要な機能を果たす身体器官であり,人間の内的世界と外的世界とを橋渡しする機能をもつものと考えられる。ワグナーはさらに大脳と手の相互フィードバックからも手と実際の行動との関連性を指摘しており,吉川 (1994)[19]は「ワグナーが手は外界との関わりの接点であると述べるとき,(略) もっぱら外界に向けて働きかけようとする能動性が強調されているように思われる」ともしている。このように物を触ったり,働きかけたりという外界への基本的働きかけの前提となるものが手であり,「われわれが日常生活において,手を通して世界とつながっているという〈手〉の心的作用」(佐々木, 1999)[20]を考えると,本検査の反応が「自分の周囲の世界に対する基本的態度」を反映していると考えることは充分可能であろう。これはまさに構造分析でいう FS であり,ハンドテストは最初からこの FS を捉えうる検査として開発されたのである。

したがって,ハンドテストは被検者の外的世界との交流の仕方である行動傾向を測定する検査である。しかしながら,単に FS のみしか捉えられないということではなく,FS には当然その背景に IS が存在しているため,ときには「反応数の乏しいハンドテスト記録は,FS も IS もともに脆弱なことを示している」(Wagner, 1971)[21]といった解釈も可能となる。このように,構造分析

理論は，ハンドテストの解釈において重要な役割を果たすことができ，これによって，矛盾することなくハンドテスト解釈を全人格に位置づけられるのである。

5　テスト・バッテリーとしてのハンドテスト

　ハンドテストは，「表面に表われやすい態度や行動傾向を映し出し，その人の行動を明らかにする投映法」（Wagner, 1983）[22)]として開発された検査法である。そのため，ハンドテストはまさしくFS――現実との接点であり，外的世界に対して示す学習された態度や行動パターンを構成する人格領域――に焦点を当てた投映法といえよう。したがって，ロールシャッハ法がISからFSまでの幅広い領域をカバーしているのと比べると，ハンドテストは"幅の狭い"投映法ということになる。この点はワグナー自身が「ハンドテストは，ほかの診断アセスメントと組み合わせて使うようにデザインされている」と述べている通りである。

　しかし，ロールシャッハ法とハンドテストを組み合わせて用いることで，ハンドテストは，人格アセスメントにおける非常に貴重な情報を提供してくれるものとなる。たとえば，ハンドテストの反応が明らかに精神病的な色彩によって占められているような場合や，また，ロールシャッハ法とハンドテストの両方ともが反応数の乏しい貧困なプロトコルとなるような場合は，被検者の問題が現実接触のなかにも露呈してしまっていることを意味しており，被検者のFS機能そのものが低下していることを読み取ることができる。したがって，被検者の生活上のサポートが非常に重要な問題となるであろう。そのうえで，被検者の内的世界における問題――IS機能の問題――をロールシャッハ法から詳しく捉えることになり，被検者をより重層的な視点から理解することが可能となるのである。

　また，たとえロールシャッハ法で主観的な現実検討の低い反応を出していたとしても，その被検者がハンドテストではそつのない標準的な反応を出すこともある。こうした場合は，内的世界ではさまざまなファンタジーを体験していると考えられるが，それがただちに現実世界に反映されるのではなく，現実

(外的世界）との交流においては，常識的・慣習的な日常的行動を遂行することができていることを意味していると考えられる。このようにハンドテストによる情報を加えることで，こうした現実生活における被検者の適応状況についての新たな理解を得ることができるのである。

　以上のように，ハンドテストはFSに焦点を当てた検査法ではあるが，ほかの検査と組み合わせて用いることで，人格を多面的な視点から理解することを可能にし，検査結果を統合的に描き出すことを容易にするものである。したがって，テスト・バッテリーとしてさまざまな用い方が可能である。たとえば，短時間に行なえる予備検査として，被検者の現実適応状況をおさえたうえで，ほかの心理検査を実施するといった用い方も可能であるし，また，被検者の内的世界と臨床像との関係を統合するために，ハンドテストとロールシャッハ法を組み合わせて解釈するといった用い方も可能であろう。このように用いることで，ハンドテストは，さまざまな心理検査結果を統合する際の"要"の役割を果たすことが可能であると思われる。

（佐々木裕子）

第9章　象徴としての手

1　はじめに

手は人間である，翼が鳥であるように
ジェルマン・ヌボー

　ブラン（Brun, 1963）[1)]の紹介したヌボーのこの言葉を待つまでもなく，手は人間を特徴づけるものであり，人類が直立歩行を始めて以来，円滑な日常生活を過ごすためになくてはならないものとなっている。実際，朝起きてから夜眠るまで，働く農夫はときに大きな収穫物をつかみ，また母親はあるとき泣く子どもを抱いてあやすなど，肯定的な行為に有効に機能している。そして一方，怒りの発散に物を投げたり他者をたたくなど，否定的な行為のなかでも手は重要な役割を担っている。このように手はいろいろな生活場面で合目的的行動に用いられるだけでなく，目的をもたない遊びの場においても手は大きな力を発揮する。幼い頃の影絵遊びのとき，指の組み方一つで出現した鳥やキツネに驚き，そして楽しんだ人は多いであろう。このように手は現実空間をわくわくする異空間に変える不思議な力ももっているのである。
　また，手は年齢を隠せないともいわれるように，顔が化粧や主体の意志によってその表情を装い得るのに比べて，手は主体のありさまを隠し得ず，むしろ意識的防衛をしようとすればするほど，主体の真実を吐露してしまう可能性をもっている。「顔で笑って，心で泣いて」というとき，手は震え，ときには固く握り閉められて，その悲しみを閉じ込めようとする努力をあらわにし，またあるときは茫然自失の無防備な手として投げ出され，その心の真実を映し出してしまう。手そのものが，何の行動や修飾を加えずとも自己存在そのものであり，その人らしさが否応なくにじみ出る器官なのである。
　この自己存在そのものである手は，その多機能性と形態の可逆性や多様性ゆえに，さまざまな象徴にこれまでもなり得てきたし，またこれからも新たな象

徴を生み出していくであろう。

　ここで，本章では，ハンドテストにイメージされる手の行動や形態の基盤になるものとしての観点から，象徴としての手を探査したい。手が具体的，日常的であるがゆえに，手への投映は社会や文化，宗教，歴史などを色濃く反映する側面をもつ。これらの諸側面のなかで手がどのような象徴となってきたか，また美術や文芸などの芸術作品のなかで，どのように手が表現されているかについて考察したい。そしてまた，実際生活のなかでの具体的な手の行為はそれ自体から離れて抽象性を表現しうることがあるが，そのときの手は何の象徴となっているのかを見ていきたい。さらに手のイメージの言語表現としてのハンドテスト結果から，手が社会的，個人的現実のどのような象徴になりえたのかなども考察する。これらは，ハンドテストの象徴的解釈の可能性を視座に入れたものとなるであろう。

2　社会，文化，宗教などにおける手の象徴

　宗教心が薄いといわれる日本人であるが，信仰の有無にかかわらず，新年の初詣には出かけるという人は多い。多くの神社はこのときとばかりに老若男女でにぎわい，近年ますますファッション化されている初詣であるが，そのとき神社の正面に立ち，柏手を二回打ったあとに願いごとをするのが普通である。とりたてて意味を考えず，半ば無意識的にしているこの手を打つという行為にも，宗教的な意味がある。つまり手を打ち，音を出すのは，その神社に祭られている神を呼び出すためだともいわれており，このような然るべき手順を整えたあと初めて主体と神との交流が始まるのである。この多神教の神道において，その神社に祭られている神を呼び出すという行為に手を用いるだけでなく，仏教においては手を合わせて祈り，キリスト教においても手を組み合わせ，とりわけカソリックでは，十字を切る手の行為は祈りに欠くことのできないものである。またイスラム教での両手を高く挙げた後に大地にひれ伏す所作においても手の果たす象徴的役割は大きい。これらの祈るという宗教的行為において，ほかの身体諸器官が特別のポーズを要求されないのに対して，手だけは独特の動きをもち，ときに両手が合わされ，あるいはまた大きく広げられて

大地と交歓し，全身が手に焦点化され自己の象徴となる。こうして自己そのものでもあり媒体でもある手を通してはじめて，神仏に自分を預けるという行為が可能になる。

　このように手が自己の象徴となりうることについては，ベッツ（Betz, 1991）[2]が『象徴としての身体』においても述べている。つまり「アリストテレスによれば手は道具中の道具であり」「手の多面的な用途が事実手を理想的な道具にしている」が，「手はそれ以上のもの，その人全体の自己表現であり，精神的な現実の鏡でもある」と。そのため宗教者の手はとりわけ重要な意味をもっており，ベッツによれば「あらゆる宗教には祝福の身振りがあり，こうした身振りの背後には力の伝達や委託という考え方がある」としている。実際，「手かざし」という手の仕草は，祝福を与える者から受ける者に力が伝わるという信念にもとづいてなされているし，気功でも手を通じて施術者の気というエネルギーが伝播し，癒されるとされている。

　このような宗教的行為としての手を合わしたり組んだりという動作あるいは形態は，さらに洗練されて密教やヒンズー教のムドラー（印相）へとつながりうるものである。その手が宗教的行為に用いられる根拠の一つとして手の造形性をあげたのがギリシャ哲学者のブランである。彼によれば手は自分で形を造ることができるのであるが，このとき手は手段であってしかも同時に手仕事の対象でもあり，「手のもつこうした造形性は手に内蔵されている印を悉く完成させようとする思弁や儀式を生み出した」とし，儀式の領域としてムドラーを挙げたのである。[3]

　『ハンドテスト・マニュアル』の著者ワグナーは，ハンドテスト図版の決定において，このムドラーをどのように参考にしたかについて正式に言及しているわけではないが，数々のムドラーと照らし合わせた可能性も浮かんでくる。偶然の一致かもしれないが，密教における曼荼羅を用いる修法である十八基本道のムドラーのなかに，類似したものを見つけることができるのである。たとえば，ムドラー「仏部三昧耶」は本テストのVカードを正位置とは逆の方向から見た場合とそっくりである。『密教の本』（1992）[4]によると，このムドラーは「修行者が曼荼羅における仏部の仏，つまり各如来に対して帰依し，慈悲を受ける体制であることを示す段階」とされている。本カードに対して神経症的

な傷つきを反応する人がいる一方,「何かちょうだいと手を出している」という直接的な依存反応を述べたり,「水をすくっている」という自然との一体感や癒される感覚を反応する人がいることと考え合わせると興味深い。また, Ⅵカードの握りしめたポーズは「道場観」のポーズの裏側ともいえる。このムドラーは「道場を精神的に現出させる法」とされている。本カードへの反応の一領域として決意や決心があるのと呼応している。これらを始めとする数々のムドラーは,単に宗教的祭儀において用いられるだけでなく,仏画や仏像においてその仏性を特定したり,仏陀の生涯のエピソードを語るときにも重要な役割を担っている。

　このように手の造形性が手を宗教的象徴に成らしめている一つの根拠でもあるわけだが,この宗教と思弁との渾然と調和したところにあるのが指話法かもしれない。ブランの紹介したジョゼフバーロワは「人類の始祖の身振りは手の仕草による言語である」と述べ,その「言語を生み出すような手の仕草の秘教的理論」を,考古学と神学の複合的研究から考察している。そのアルファベットの指話法的起源を見ると,本テストのⅢカードの縦位置(人差し指を立ててあとの指は握られた状態)のポーズは古代ギリシャ以前の指話法で用いられたものの一つであり,現在の書体ではEとIを示すとされている。この手の形態は文字Iと同じであり,EもIもともに類似の発音をする母音であり,音声学的には重要な役割がある。この手のポーズの構成度が高く,単純明快であることと,EとIが主要な音声であることとを考え合わせると興味深い。

　次に指話法の一つでもあり,手の象徴性を示す例として,狩猟民族の指のサインが挙げられるであろう。そこでは手の形態の可逆性がフルに活用されて,さまざまな動物のシンボルが出現している。亀のように姿全体を形態化したもの,駝鳥のように腕を駝鳥の首と見立てて大きく形象化したもの,きりんのように巧みに指を用いて耳と短い角を表わした頭部で形象化したもの(図9-1)など,形態の模倣によりそれぞれの動物のシンボルとなっているものと,形態ではなく,その跳躍を手で造形化したとびうさぎのように,特徴的な動作を手で模倣することでそのシンボルになっているものがある。ブランが「手は自分を形態化することによって,世界の個々の形態と合体すると同時に,それに統合される」と述べたように,ブッシュマンにとっての指のサインは単にサイン

第9章 象徴としての手　223

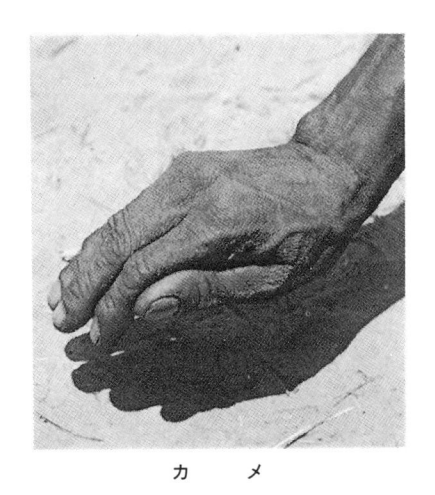

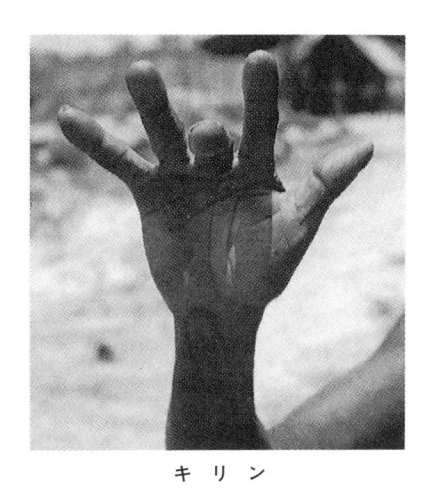

　　　　カ　メ　　　　　　　　　　キ　リ　ン
図9-1　狩猟民族の指のサイン
〔タイム・ネーチャー・ライブラリー『原始人』タイム・ライフ・ブックス，1975, p.190, 191〕[5]

に留まらず，象徴になり得ているのであろう。つまり彼らが手を形態化するとき，同じ世界に生きる仲間であり，獲物であり，信仰の対象ともなりうる動物に合体し，多義的な意味を表象化しているのである。

　このブッシュマンの指サインや原始言語としての指話法は，北米インディアンのサイン言語や聾者の手話へと通底していくのかもしれないが，構造的にはまったく別のものである。つまりサイン Sign と呼ばれる手話は，ブランの紹介したストーキーによれば，「独自の入り組んだ内部構造をもつ複雑で抽象的なシンボルであり，語彙目録，統語法や命題を無限に生成する機能をもつ言語」である。サックス（Sacks, 1989）[6]が「四次元の言語」と述べているように，音声言語が「線状的，連続的，経時的」なのに対して，手話は「同時的，共在的，重層的」に現れ，空間パターンに時間が加わった四次元の言語である。このように繰り広げられる豊かな表現力を担うのが手なのである。グリーン（Greenberg, 1970）[7]の『手のことば』の主人公が，聾者の娘であり，そして健聴者でもある自分をしっかり自己同一化できたのもこの「手のことば」があったからこそなのである。今ここで筆者の臨床経験上思い出されるのは，精神科病棟で面接した聴覚障害者のF子さんである。先天性聾のF子さんは興

奮しやすく，社会的不適応ということで入院されていたが，手話のできない筆者は筆談でコミュニケートしようとした。そのときのＦ子さんのもどかしそうな様子は，健聴者側の伝達手段に強引にひきずりこまれそうになった不安を表わしていたのかもしれない。そのあと絵を描いて自由になったＦ子さんは，手で何かを語り始めた。そのときのひらひらと舞い語るＦ子さんの手は手を生きており，それに応じられないでたたずんでいる筆者の手は，手を生きていなかったといえるであろう。

3 美術における象徴としての手

　手が美術史上に初めて登場したのははるか旧石器時代の洞窟壁画にまでさかのぼる。洞窟壁画としてはラスコーの壁画が有名であるが，おびただしいほどの手が洞窟中に描かれているのはフランス南西部のペシュメルルである。延長２キロにおよぶ長大なこの洞窟には馬，牛，マンモス，人物などとともに手形がここそこに描かれ，馬とともに描かれた手形（図9-2）はこの馬を捕らえるという呪術的意味をもつともいわれている。古代人にとっての手は外界の攻撃から自分を守る直接的な武器でもあり，生きる糧を収穫する貴重な道具でもあった。したがって洞窟のなかに描かれた手は，手という身体のある部位そのものではなく，このように人間の生殺与奪を握る万能的な力を象徴していたと考えられるのである。

　さらに手の美術における象徴については，年代的には中世の図像（イコン）のなかに宗教的意味を開示するものとして数多く表現された。ここで取り上げるのはその時代を経て，ルネッサンスに入り，レオナルド・ダ・ヴィンチの描いた手である。天才的な科学者と天才的な芸術家が，一人の人間のなかに同時に存在する希有な例の代表としてレオナルド・ダ・ヴィンチがいるが，彼は自分自身の絵画のなかで，手にとりわけ重要な役割を与えている。ノイマン (Neumann, 1954)[8]が『芸術と創造的無意識』のなかで述べているように，「手はレオナルドの場合いつも——最後の晩餐のときだけでなく——本質的な表現象徴である」。ここで触れられた最後の晩餐では，実際にキリストとその弟子たちの手が彼らの実存を生き生きと開示している。そのとき手は顔の表情

図9-2　フランスの洞窟壁画の人間の手型
〔タイム・ネーチャー・ライブラリー『原始人』タイム・ライフ・ブックス，1975，p.166〕

や姿勢とともに，あるいはそれ以上にそれぞれの苦悩や猜疑心や中傷や受容の象徴となったのである。

　さらにレオナルドの作品のなかで，手が突出した役割を担っているのが，作品「洗礼者ヨハネ」（図9-3）と作品「バッカス」であろう。この二つの作品ではヨハネとバッカスの不思議なほほ笑みとともに，指差しているその手の所作が見るものに強い印象を与えている。ヨハネの光の当たった右手は十字架を差し，もう一方の手は暗やみに消えている。そしてバッカスの右手は上方に向けて杖を差し，左手は下方の大地を差している。ノイマンが「洗礼者ヨハネとバッカスの絵の手の動きは，秘儀における秘密の開示を象徴する」と言っているように，これらの手が含みもつ光と闇，上昇と下降という対概念の共存はヨハネとバッカスの本質的特徴である「永遠の少年性」を示唆している。もちろん手のみならず，二つの作品で描かれた二人の人物がふくよかで美貌の青年であり，フロイト（Freud, 1947）[9]のいう「女らしい姿形の，女らしい優しさを備えた美青年」は「男性と女性の本質のこのような幸福な結合」を表現してい

ることと考え合わせると，よりその元型的意図は明らかになってくる[10]。このように両性具有的性格を備えた二つの作品を描き，ノイマンがいうように「母と神の子の結合のモチーフを不可思議な方法で追求し続けた」レオナルドこそ「太母の若い息子」としての生涯を生き続けたのである。

　次に近代ヨーロッパ絵画に目を向けると，ムンクほど手を象徴として描き続けた画家はいないのではないかと思われる。彼は愛と死の問題を繰り返し執拗なまでに追求したのであるが，その人間存在の根本的なテーマを描くとき，手が重要な役割をはたしていることに気づかされる。ムンクは主に女性の姿を通してこの愛と死のテーマを表現したが，製作初期の作品「思春期」（図9-4）にすでにその手のメッセージ性の強さは表われている。この「思春期」では，何の飾り気もない少女の部屋らしからぬ空間が孤独感を呼び起こし，暗い色調と少女に寄り添う影が深く魂の世界へいざなうモチーフを示唆する。さらに左前方から当てられた光と，その光に浮かぶ少女の肢体は無垢と期待と不安に満ちており，その見開いた瞳はどこに焦点を置いているのか定かでない。そしてこの思春期固有の愛への期待と性的萌芽への恥じらいや恐怖，これらの複雑な思いを象徴しているのが手である。身体の前で交叉された腕と，両ひざに無意識にはさまれた手は，この少女の微妙な気持ちを指先まで伝えている。

　さらに手が象徴的に描かれた作品がほかにもある。5歳のときに母を失い，13歳で妹を失ったムンクにとって死は身近なものであった。その死の意味を見出そうとしてか，人生早期に愛する者を失った悲しみを癒そうとしてか，作品「母の死」はムンク個人の体験を彷彿とさせるものである。そこでは画面後方に頬の痩せこけた女性が床に伏し，そのベッドと垂直な位置で，幼女が前方に立っている。今死の瞬間が来たのか，それとも来ようとしているのか定かではないが，この異様な雰囲気に幼子は震えている。その恐怖をよりリアルに伝えるのが手である。幼女は両手で耳を押さえている。死の床から少し離れた所に立ち，母に背を向けて両手で耳を押さえこの現実を拒否している。

　この両手で耳を押さえる所作で思い出されるのは，同じくムンクの「叫び」であろう。坂崎（1978）[11]が述べるように，「作品〈叫び〉では形式と内容が完璧に一致しており，このとき，内容とは画家の盛ろうとする思想であり，形式とはゆえ知らぬ恐怖と戦慄を端的に示す波のような描線である」のだが，さら

図9-3 「洗礼者ヨハネ」ダ・ヴィンチ
〔Leonardo da Vinci, John the Baptist, 69×57, 1513-16, パリ・ルーヴル美術館〕

図9-4 ムンク「思春期」
〔E. Munch, Puberty, 150×110, 1894, 国立美術館オスロ〕

にその存在自体を危うくさせるほどの驚愕を，耳を押さえる両手が凝縮している。このように手の所作がその主体の苦悩の象徴であることを考えるとき，筆者はあるクライエントがセッション中に示した手の動作を思い出さずにはおれない。

そのクライエントは疾病恐怖の中年男性で，これまでの人生に不全感を抱き，妻との関係にも不満と憤りを感じていた。ある日，彼の述べた言葉に対して治療者である筆者が応答した途端，両手で耳をふさぎ，頭を抱え込み，髪をかきむしり，最後には両腿を両手でたたき，そして静まった。その後ふりしぼるように，「ちがうんです」と，自分の思いが伝わらなかったことへの悔しさと苦しさを述べた。転移状況といえるそのとき，彼は妻に怒り，治療者に憤り，社会を憎悪した。このように彼にとってネガティブな状況すべてに憤る意味を，彼の手の所作が示していたのである。

ムンクに戻ると，1893年油絵で描いた「叫び」は，1895年改めて石版で制作されたが，その同じ年，作品「手」（図9-5）が石版で制作されている。そこでは，画面中央に振り向いた女性が描かれ，その肌も露な女性に向かって無数の手がのびている。後ろから，横から，そして前からも，しのびよる手はいつまでたっても同じ距離で，届くことはない。すでに精神的変調を来していたムンクではあるが，幻覚や妄想の反映と位置づけるだけでは足りない，深い意味があるように思われる。八十年のムンクの生涯で何人もの愛人と関わりをもちながら，結局，終生独身であったことと考え合わせると，求めても，求めても手に入れることのできない内なる女性アニマへの渇望を手が象徴していたと考えることはできないだろうか。

エロスと死に取りつかれ，不安と恐怖の象徴となったムンクの手の表現であったが，それとは対照的にエネルギーにあふれた手を描いたのが，メキシコの画家シケイロスである。メキシコ革命に参加した行動する画家シケイロスは，闘う人らしくたくましい手を多く描いている。作品「陸軍大佐の自画像」では，画面後方から画面前方に向けて突き出された大きなこぶしが，その筋力を鍛えあげた腕とともに，迫力をもってせまってくる。太い指の一節一節に気力がみなぎり，爪からは火花が散っているようである。そこでは信念が手によって象徴化されている。

図9-5　ムンク「手」
〔E. Munch, The Hands, 48×29, 1895, 市立ムンク美術館, オスロ〕

図9-6　シケイロス「すすり泣き」
〔EL SOLLOZO, Duco on composition board, 123.2×62.9, 1939, Col. ニューヨーク近代美術館〕

また作品「わが現代のイメージ」では甲冑のような身体と月の表面のようなのっぺらぼうの顔をもった人間が手を前に差し出している。両手を大きく広げ、手のひらいっぱいに何を受けようとしているのであろうか。目も鼻も口もない無機物と化した顔に比して、手だけは生き生きと血が通っている。その手は飽くなき欲望を象徴しているのだろうか。また作品「すすり泣き」(図9-6)や作品「嘆き」のように悲しみの表現ですら、その手は意志に満ちている。シケイロスにとって手は正義を希求する強い自我そのものを象徴しているのかもしれない。

4 近代詩のなかで詠われた手のイメージ

「風と花と雲と子どもを詠っていればうれしかった」と自らが述べた立原道造 (1972)[12]は、その作品のなかにどのような手の象徴を見たであろうか。今もなお若い人たちに愛読され続け、青春そのものであるともいわれる立原道造であるが、彼の遺した詩のあるものは、山上 (1981)[13]が指摘するように、青年期特有の晴れやかな期待と可能性を包含し、自己肥大的であるとさえいえる。

　　その日は　明るい野の花であつた
　　まつむし草　桔梗　ぎぼうしゆ　をみなへしと
　　名を呼びながら摘んでゐた
　　私たちの大きな腕の輪に
　　　　　　　　　　　　〔立原道造「甘たるく感傷的な歌」〕

と詠うとき、手を介しての野の花を摘むという行為には軽躁的ともいえる軽やかさと満足感があり、大きな腕の輪という手の形態は、ひとときの他者とのつながりをもてた喜びや自然との一体感、さらには宇宙性をも象徴しているかもしれない。しかし、このような万能感的な手の表現は長くは続かなかった。

人の心を知ることは……人の心とは……
　　私は　そのひとが蛾を追ふ手つきを　あれは蛾を
　　把へようとするのだらうか　何かいぶかしかつた
　　　　　　　　　　　　　　　〔立原道造「はじめてのものに」〕

　と詠い，蛾を追うという手の行為のなかにその行為の主体者の真意を推し量ろうとしている。しかしそのときすでに立原には，他者の心は分からないものだという気持ちがアプリオリにあり，そこでは前掲の「腕の輪」の全面的信頼にもとづく一体感は消失してしまっている。逆に蛾を追う手つきは蛾そのものを追うのではなく，別の意味があるのではないかと考えたようである。実際「虫などの小動物を追い払う」という具体的動作には，接近するものを避けたり拒んだりという抽象的な意味を含んでいると考えることもでき，ハンドテストでこれと類似の反応である「何かがくっついているようで振り払う」「何か来るものを追い払う」という反応を産出するとき，対他関係で受容と拒否が問題になっていることが多い。ここで立原が「何かいぶかしかつた」と詠うとき，彼の心には自分が拒否されるのではないかという恐れがよぎったのかもしれない。あるいは自分のなかの他者を忌避する気持ちの投影として「人の心とは……何かいぶかしかつた」と詠ったのであろうか。このようなボウルビィ(Bowlby，1969)[14]のいう不安定な愛着ともいえる対象関係をもっていた立原であったが，最後には，

　　手はしなしなと　ためらうな
　　手は翼となれ

　　雄叫びとなりて　空を打たう
　　　　　　　　　　　　　　　〔立原道造「風のうたった歌」〕

　と詠うことになる。ここでの「手」はくじけそうになる自己自身とそして飛躍へと導く勇気ある心を象徴しているのかもしれない。このように立原の詩における「手」は精神性を中心にした自己や対象関係の在り方を象徴していた。

一方，それとは正反対に身体性，肉体性を手の表現によって追求し続けたのが大手拓次（1971）[15]である。彼ほどおびただしい数の手を詠った詩人はいないのではないかと思われるくらい，手を通して彼自身の官能性が詩のなかに表現されている。

　　……
　　きんいろのこなをちらし，
　　ぶんぶんとはねをならす蜂のやうに，
　　おまへのまつしろいいたづらな手で
　　わたしのあしのうらをかいておくれ，
　　水草のやうにつめたくしなやかなおまへの手で，
　　思ひでにはにかむわたしのあしのうらを
　　しづかにしづかにかいておくれ。
　　　　　　　　　　　　　〔大手拓次「水草の手」〕

　このように詠うとき，まっしろで冷たくしなやかな手は大手のあこがれであり，羞恥心いっぱいで小さくなっている自分を，その手でなだめてほしいと願っている。しかも「おまえ」という全体対象に慰めてほしいと言っているのではなく手という部分対象にあくまでこだわっている。大手の性的倒錯行為については，山上（1986）[16]が指摘するように，「ふっくらとして息づいている手首」に魅了されての映画館での痴漢的行為や，銭湯での窃視行為など現実生活でのフェティシズムによる行動化にまで至っている。まさに大手にとって手は性愛そのものだったようである。そしてその手はフェティシュに留まらず，彼の実存を脅かす妄想にまで発展してしまう。

　　空はかたちもなくくもり，
　　ことわりもないわたしのあたまのうへに，
　　錨をおろすやうにあまたの手がむらがりおりる。
　　街のなかを花とふりそそぐ亡霊のやうに
　　ひとしづくの胚珠をやしなひそだてて，

ほのかなる小径の香をさがし，
　もつれもつれる手の愛にわたしのあたまは野火のやうにもえたつ。
　しなやかに，しろくすずしく身ぶるひをする手のむれは，
　今わたしのあたまのなかの王座をしめて相姦する。

〔大手拓次「むらがる手」〕

　このように詠うとき，狂気への道すじはひかれ，大手にとって手は死を予言する脅威となり自己崩壊への導き手の象徴となったのである。

5　実際生活のなかで表現される手の象徴

　手はこれまで見てきたように，宗教，文化，芸術などのなかで数々の象徴になっているだけでなく，実際生活の言語表現のなかでもさまざまな象徴として用いられている。たとえば慣用句のなかで手はどのような象徴になっているのであろうか。「手に汗握る」「のどから手が出る」「手を焼く」「手に手を取る」などの慣用句はそれぞれ「興奮，緊張」「切望」「困難」「協力」などの抽象的事象を表わし，そのときの手は手という身体の一部位のみならず，主体全体の代表でもある。また，「手に負えない」はコントロールできないことを，「その仕事は自分の手から離れた」というときは自分の責任が済んだということを表わし，手はそれぞれ統制力と責任性を象徴している。そして「手を切る」というとき，「ナイフで手を切る」のような実際的動作に用いられるだけでなく，「彼と手を切る」という用法では関係を断つということを意味し，そのときの手は関係や関わりを象徴している。また慣用句のみならず，手の具体的な行為も抽象的事象を表わすことがある。

　実際ハンドテスト自体が，手の刺激図から誘発されたイメージを，検査者に言葉で語り伝えるものであり，その喚起された具体的な一つの動作をスコアリングカテゴリーに分類することが抽象的意味を見出す過程であるともいえる。ここで一つの例を挙げてみよう。IIカードに対して「高い所にある物を取ろうとして手を伸ばしている」と反応する人がいる。このスコアはACQ（達成）であり，主体の困難なことに対する努力が反映されている。この反応にさらに

「うーんと背伸びをして，でも届かない」という言葉が加わると，主体者の熱意にもかかわらず課題達成は困難というイメージがその被検者に生じていることが想像される。また「上から大きな物が落ちてきそう」という言葉が添えられると，挑戦には危険がともなうというイメージがその被検者にはあるといえる。

イメージのもつ具象性がより的確に抽象的事象を表わすことについては，河合（1991）[17]が夢の報告に関して述べており，ハンドテストも言語表現によるイメージ伝達という点では同じである。このように日常的な手の行為から被検者の一般的な態度やファサードが抽象されるのである。サックスが聾者の手話についての考察から，「具象のもつ豊かさが，抽象に力を与え」，「具象の回復と再生のありようは手話のような写像性も備えた言語では，抽象化の力を通じてはっきりこの目で確認することができる」と述べているように，手はその豊かな具象のイメージを作り出す重要な要素の一つである。

では次にその実際生活における手の象徴を，種々の集団のハンドテスト結果を検討することで考えたい。まず本テストは多民族国家のアメリカで生まれたことである。多民族ということが関係してなのか，「握手」を始めとして「give me five」（手のひらを差し出し，相手がそれに重ねて喜びを交歓する仕草），「肩を抱き合う手」など手を用いての対人交流様式が多く，本テストにもしばしば投映される。したがってアメリカ人にとっての手の元型的イメージの一つに対人関係の媒介を考えることも可能であろう。

それに比して日本人は対人関係においてあまり手を直接的な媒介手段としない。むしろ手の象徴としては，原著者ワグナー（Wagner, 1997）[18]が筆者への私信のなかで「総反応数の多い日本人は勤勉である」と指摘したように，日本人にとっての手の元型的イメージの一つは労働と考えることも可能であろう。石川啄木の有名な短歌である「働けど働けど我が暮らし楽にならざりじっと手を見る」はまさにこのことを示している。そしてもう一つの日本人にとっての手の元型的イメージは「手を合わせて拝む」という日常的な宗教的行為ともいえる姿であるかもしれない。この反応がⅦカードに日本人に出やすく，しかも本カードが比較的穏やかで優しい反応の出やすい女性カードであるといわれていることを考え合わせると，包み込む性としての女性と，拝むという日常

生活のなかの宗教的行為の共有する場として，Ⅶカードの手のポーズがあることは興味深い。

このように国や民族，地域などを基盤とする文化の違いが手の象徴性に大きく影響するのであるが，たとえ同じ文化に属していても，性や世代の違いによって手の象徴も異なってくるかもしれない。実際Ⅵカードの握りこぶしのポーズをした刺激図に対して攻撃性を投映する男性はごく平均的範疇に入るであろうし，（もちろんその表現方法は考慮されなければならないが），また同じカードに対して，学園紛争世代は「がんばろう」の突き上げるこぶしを見るかもしれない。事実，1970年代の大学生へのハンドテスト施行では，この集団的な意志発揚の手が少なからずイメージされていたが，最近の大学生ではほとんどこのような反応は見られない。これは反応者の属する世代の違いであると同時に，時代の違いであるかもしれない。したがってパーソナル・コンピュータの普及してきた現在，本テストにもパソコン操作の手が投映されて，IT革命による個人の疎外をその手が象徴化する日はそう遠くないであろう。

またテスト施行の「時」が手の象徴化に影響を与えることを考えるなら，特殊な状況下でなされたハンドテストも考慮に入れなければならない。ここに筆者の資料としてあるのは，阪神大震災により精神的変調を来した人たちのハンドテストである。被災により躁や鬱の気分障害に陥ったり，避難所で被害的，妄想的になって精神科病院に入院した人たちは手の刺激図に何を投映したであろうか。

その多くの人たちが「擦り傷」「怪我して痛そう」という傷ついたイメージを述べたり，「おそろしい」「握りつぶす」という破壊のイメージを見ており，これらはラファエル（Raphael, 1986）[19]のいう災害の衝撃時の心象であるかもしれない。そして，その後の混乱した非日常的な実際生活は，ラザルス（Lazarus, 1990）[20]のいう日常ハッスルズともいえるストレスを生み出し，「重いものをいっぱい持つ」という負荷とがんばるイメージを誘発し，「入るな」という他者からの支配や拒否のイメージが加わって，「ぐったりしてる」という疲労感や無力感のイメージを頻発させた。要約すれば，精神的変調を来した被災者は手に対して傷つきや破壊や無力感を象徴したといえる。

以上のように実際生活におけるさまざまな手の象徴は，文化や「時」や性や世代などの違いによってその内容を変え得ることを見てきた。これらはいわば所属する集団の集合意識が手の象徴化を規定しているともいえよう。そして集合無意識の手への象徴化はすでに述べた宗教や文化のなかに浸透しているのであるが，それらをハンドテストに重ねて考察することが，ハンドテストの象徴的解釈の可能性へとつながっていくのかもしれない。マッカリー（McCully, 1971）[21]がロールシャッハ象徴学でしたように，それぞれのカードに元型的イメージを仮定し，個人の提出される反応を照応させながら解釈していくこと，そのことがハンドテストにも可能であろうか。

　前述したⅦカードの包む性としての女性元型的イメージを始めとして，Ⅰカードの救済者元型のイメージ，Ⅳカードの支配的男性元型のイメージ，Ⅸカードの挑発するアニマとしての女性元型のイメージなど試案としていくつか考えられるが，さらなる研究発展が必要であろう。

　また手の二大機能としての「つかむ」と「触れる」の観点からその元型的イメージを考えることも可能であろう。つまり「つかむ」が物や力や権力と通底しており，「触れる」は人や心や情緒とつながっているといえないだろうか。言い換えれば，前者は主体と客体が明確に区別された権力制御の象徴となり，男性元型のイメージにつながっていると考えられる。そして後者は，坂部（1983）[22]が言うように，「触れることはつねに触れあうこと，いうなれば惰性化した日常の境域の侵犯であり能動 - 受動，内 - 外，自 - 他の区別を越えた原初の経験である」。言い換えれば，触れることは自我境界をめぐる微妙な体験であり，ウィニコット（Winnicott, 1971）[23]のいう移行対象などもここに含まれるかもしれない。したがって触れることは，この融合性をめぐっての女性元型のイメージにつながるだろう。ハンドテストにおいてこの「つかむ」と「触れる」のいずれの反応に重きが置かれているか，またその内容はいかなるものなのかを見ることで，その人の核となる元型が浮かび上がってくるかもしれない。ここにハンドテストの象徴的解釈の可能性があるのだが，あくまで本テスト本来の持ち味であるファサードを捉えることを忘れてはならない。深層は表層を通して出現することに留意しながら，重層的にその人を理解したいものである。

6　おわりに

　「私のやわらかな手のすがたは物語を始める」と，その作品のなかに多くの手の象徴を詠ったのは大手拓次であったが，ハンドテストという手の姿を見せられた人は，その刺激図に誘発されて，その人固有の物語を始める。ある人は静かに抑制のきいた語り口で，またある人は親しげな他者への接近で始まるそれぞれの物語。このわずか十枚の手のポーズから想起されるイメージの言語伝達がその人のありさまの物語でもある。その物語をより深く理解する一つの手立てとして，ここにさまざまな手の象徴を考察した。

　手は「あかずきん」のおおかみがその手によって正体を現していったように，その存在そのものが事態を急展開させる重要な鍵にもなる。また形態的には左右の手は対であり，機能的にも破壊と救済，連帯と孤独，聖なるものと汚れたものという対極的な役割を果し得る。しかも手は外の世界と内の世界をつなぐ境界帯でもある。さらに人間界と異界をだぶらせるものとしての手もある。『夕鶴』の手が，手であり翼でもあるその身体をけずることで，自分を生かし殺していったように，そしてその翼で飛び立ち向こうの世界に飛び立っていったような，手の可能性と残酷さ。このように手の意味するところは広く深い。手の象徴性はこのような果てしなさから生じるのかもしれない。

（山上栄子）

注・文献

第1章

1) Piotrowski, Z. A., *Perceptanalysis*. New York : Macmillan, 1957. (Z. A. ピオトロフスキー『知覚分析』上芝功訳, 新曜社, 1980)
2) Wagner, E. E., *The hand test manual (rev. ed.)*. Los Angeles : Western Psychological Services, 1983.
3) 箕浦康子「テスト紹介——ハンドテスト」『臨床心理学研究』9巻, 1号, 1970, 37-41頁。
4) 前掲, *The hand test manual (rev. ed.)*.
5) E. E. ワグナー『ハンドテスト・マニュアル』山上栄子, 吉川眞理, 佐々木裕子訳, 誠信書房, 2000。
6) 吉川眞理, 山上栄子, 佐々木裕子「日本人の標準データ」E. E. ワグナー『ハンドテスト・マニュアル』誠信書房, 2000。
7) Wagner, E. E., *The hand test manual*. Los Angeles : Western Psychological Services, 1962.
8) 前掲, *The hand test manual (rev. ed.)*.
9) Norman, D. A., Categorization of action slips. *Psychological Review*, 1981, *88*, pp.1-15.
10) 田中昌人, 田中杉恵『子どもの発達と診断 1-5』大月書店, 1981-1988。
11) 同。
12) 丸山尚子「手の運動を育てる」『手の運動を育てる』〈運動を育てる3〉林邦雄・谷田貝公昭編著, コレール社, 1986。
13) 同。
14) 丸山尚子「〈手〉研究のこれまでとこれから」『徳島大学総合科学部創立記念論文集』1987, 333-349頁。
15) 秦野悦子「指差し行動の発達的意義」『教育心理学研究』31, 1983, 255-264頁。
16) Wundt, W., Volkerpsychologie : eine Untersuchung der Entwicklungsgesetze von Sprache, Mythus und Sitte, 1900. (ヴント『身振り語の心理』中野善達監訳, 福村出版, 1985)
17) 同。
18) 麻生武「子どもの他者理解——新しい視点から」『心理学評論』23(2), 1980, 135-162頁。
19) Freud, S., Dos Ich und das Es, 1923. (フロイト「自我とエス」『フロイト著作集』井村恒郎, 小此木啓吾ほか訳, 人文書院, 1969, 297頁)

参考文献
・H.ロールシャッハ『精神診断学』東京ロールシャッハ研究会訳, 牧書店, 1958。
・河合隼雄『ユング心理学入門』培風館, 1967。

第2章

1) 吉川眞理，山上栄子，佐々木裕子「日本人の標準データ」E. E. ワグナー『ハンドテスト・マニュアル』山上栄子，吉川眞理，佐々木裕子訳，誠信書房，2000。
2) Wagner, E. E., *The hand test manual (rev. ed.)*. Los Angeles : Western Psychological Services, 1983.
3) E. E. ワグナー『ハンドテスト・マニュアル』山上栄子，吉川眞理，佐々木裕子訳，誠信書房，2000, 117頁。
4) 前掲「日本人の標準データ」。
5) 前掲『ハンドテスト・マニュアル』。
6) 同。
7) 前掲『ハンドテスト・マニュアル』。
8) 前掲「日本人の標準データ」。
9) 箕浦康子，武田由美子「ハンドテスト解釈仮説の再検討——日本の非行少年の特徴を中心に」『犯罪心理学研究』9, 1972, 38-46頁。
10) 前掲『ハンドテスト・マニュアル』。
11) 同。

第3章

1) E. E. ワグナー『ハンドテスト・マニュアル』山上栄子，吉川眞理，佐々木裕子訳，誠信書房，2000, 74頁。

第4章

1) 河合隼雄『臨床場面におけるロールシャッハ法』岩崎学術出版社，1969。
2) 辻悟，河合隼雄，藤岡喜愛，氏原寛編著『これからのロールシャッハ——臨床実践の歴史と展望』創元社，1987。
3) 中村紀子，中村伸一「ロールシャッハ フィードバック セッション (Rorschach Feedback Session : RFBS) の方法と効用」『精神療法』第25巻，第1号，星和書店，1999, 31-38頁。
4) Wagner, E. E., *The hand test manual (rev. ed.)*. Los Angeles : Western Psychological Services, 1983.
5) Young, G. R., A Comparison of Three Rorschach Diagnostic Systems and Use of the Hand Test for Detecting Multiple Personality Disorder in Outpatients. *Journal of Personality Assessment,* 1994, 62(3), 485-497.
6) 萩原朔太郎「猫」『月に吠える』
7) 斎藤学「多重人格と家族機能」『精神科治療学』12 (9), 1997, 1025-1029頁。
8) 岡野憲一郎「外傷性精神障害のスペクトラム」『精神科治療学』10 (1), 1995, 9-19頁。
9) 吉川眞理，山上栄子，佐々木裕子「日本人の標準データ」E. E. ワグナー『ハンドテスト・マニュアル』山上栄子，吉川眞理，佐々木裕子訳，誠信書房，2000。
10) 佐々木裕子「日本におけるハンドテストのカード特性について」『福岡

教育大学紀要』第48号，第4分冊，1999，215-228頁。
11) 前掲「外傷性精神障害のスペクトラム」。
12) 上芝功博「ロールシャッハ法からみた多重人格」『精神療法』21，1995，533-540頁。
13) American Psychiatric Association, *Diagnostic and statistical manual of mental disorder (DSM-IV)* (4 th ed.). Washington, D. C. : Author, 1994.（「精神疾患の診断」『統計マニュアル』高橋三郎他訳，医学書院，1996)
14) 前掲「日本人の標準データ」。
15) 笠原嘉『不安の病理』岩波新書，1981。
16) 高橋徹『対人恐怖――相互伝達の分析』医学書院，1976。
17) Freud, S., Hemmung, Symptom und Angust. 1926.（フロイト「制止，症状，不安」『フロイト著作集6　自我論／不安本能論』井村恒郎，小此木啓吾他訳，人文書院，1970)
18) Klopfer, B. & Davidson, H. H., 1962.（クロッパー，デイビッドソン『ロールシャッハ・テクニック入門』河合隼雄訳，ダイヤモンド社，1964)
19) Wagner, E. E., Advances in Interpretation : New Parenthesized Scores. Young, G. R. & Wagner, E. E. *The Hand Test : Advances in Application and Research.* Florida : Kringer Publishing Company, 1999.
20) 高橋雅春，高橋依子，田中富士夫監訳『現代ロールシャッハ・テスト体系』（上）金剛出版，1991 [Exner, J. E., *The Rorschach : A Comprehensive System. Vol. 1: Basic Foundations.* (Second Ed.) New York : Wiley, 1986]
21) Lenihan, G. O. & Kirk, W. G., Personality Characteristics of Eating-Disordered Outpatients as Measured by the Hand Test. *Journal of Personality Assessment,* 1990, 55 (1 & 2), 350-361.
22) 前掲『ハンドテスト・マニュアル』。
23) Winnicott, D. W. *The Maturational Processes and the facilitating Environment.* London : Hogarth Press Institute of Psycho-Analysis, 1960.（ウィニコット『情緒発達の精神分析理論――自我の芽ばえと母なるもの』牛島定信訳，岩崎学術出版社，1977)
24) Winnicott, D. W., *Playing and Reality.* London : Tavistock Publications Ltd. 1971.
25) Emmett, S. W., *Theory and treatment of anorexia nervosa and bulimia biomedical. sociocultural. and psychological perspectives.* New York : Brunner ／ Mazel, 1985.（エメット『神経性食思不振症と過食症』篠木満，根岸鋼訳，星和書店，1986)
26) *op. cit.* Personality Characteristics of Eating-disordered outpatients as measured by the Hand Test.
27) 山上栄子「ハンドテストの臨床的実際（2）――摂食障害群の特徴と事例による検討」『日本心理臨床学会　第17回大会発表論文集』1998，448-449頁。
28) 前掲「日本におけるハンドテストのカード特性について」。

29) 融道男，中根文，小見山実監訳「ICD-10 精神及び行動の障害——臨床記述と診断ガイドライン」医学書院，1993。(World Health Organization 1992 *The ICD-10 Classification of Mental and Behavioral Disorder : Clinical descriptions and diagnostic guidelines*)
30) 相田葉子，石井雄吉，細岡英俊，加瀬昭彦「青年期 Asperger 症候群と分裂病との関連：ロールシャッハ法からの検討」『神経精神会雑誌』44，1994，95-103 頁。
31) Wagner, E. E., The use of drawings of hands as a projective medium for differentiating normals and schizophrenics. *Journal of Clinical Psychology*, 1961, 3, 279-280.
32) 山上栄子，武田由美子「精神分裂病者のハンドテスト」『犯罪心理学研究』第 14 巻，1977，23 頁。
33) 山上栄子，西田美穂子「阪神・淡路大震災を契機に入院に至った精神科患者への投影法による接近——風景構成法に表現された混乱と回復」『精神科治療学』13 巻，12 号，1998，1455-1462 頁。

第 5 章
1) 土居健郎「見立てについて」『精神医学』11，1969，2-3 頁。
2) 吉川眞理，山上栄子，佐々木裕子「日本人の標準データ」E. E. ワグナー『ハンドテスト・マニュアル』山上栄子，吉川眞理，佐々木裕子訳，誠信書房，2000，244-264 頁。
3) 同。
4) 高石恭子「風景構成法における構成型の検討」『風景構成法——その後の発展』山中康裕編，岩崎学術出版社，1996。
5) 山中康裕『心理臨床と表現療法』金剛出版，1999。
6) 多田昌代「風景構成法における個性と構成」『風景構成法——その後の発展』山中康裕編，岩崎学術出版社，1996 年。

第 6 章
1) 片口安史『改訂　新・心理診断法』金子書房，1987。
2) 井上正明，小林利宣「日本における SD 法による研究分野とその形容詞対尺度構成の概観」『教育心理学究』33，1985，253-260 頁。
3) 岡部蓉子「ロールシャッハ・テストにおける色彩の効果と Semantic Differential」『ロールシャッハ研究Ⅲ』1960，199-212 頁。
4) Wagner, E. E., *The hand test manual (rev. ed.)*. Los Angeles : Western Psychological Services, 1983.
5) 中井久夫「ロールシャッハ・カードの美学と流れ」『アリアドネからの糸』みすず書房，1997。
6) 前掲，*The hand test manual (rev. ed.)*.

第 7 章
1) Wagner, E. E., *The hand test manual (rev. ed.)*. Los Angeles : Western Psychological Services, 1983.
2) Singer, M. M. & Dawson, J. G., Experimental falsification of the Hand Test. *Journal of Clinical Psychology*, 1969, 25, pp.204-205

3）吉川眞理「ハンドテスト検査場面に関する実験的研究」『心理学研究』1988, 381-387頁。
4）Rogers, C. R., *Significant Learning : in therapy and in education*. In "On becoming a person", 1961, pp. 279-296.
5）Frith, Leslie & Baron-Cohen. Does the autistic child have a "theory of mind"?, *Cognition*, 1985, 21, pp. 37-46.
6）Baron-Cohen, The autistic child's theory of mind : A case of specific developmental delay, *Journal of Child Psychology and Psychiatry*, 1989, 30, pp. 285-297.
7）熊谷高幸「自閉症：心を読むのが苦手な子どもたち」『子どもが「こころ」に気づくとき』丸野俊一，子安増生編，ミネルヴァ書房，1998年。
8）高野良英「精神分裂病者における他者と世界」『精神神経誌』71巻6号，1969, 578-592頁。
9）木村敏「他者の主体性の問題」『分裂病の精神病理』12, 東京大学出版会，1983。
10）前掲, *Does the autistic child have a "theory of mind"?*
11）浜田寿美男『意味から言葉へ』ミネルヴァ書房，1995。
12）同。
13）Husserl, E. Husserliana : Gesammelte Werke, Nijhoff, 1950, Vol. 1, 140.
14）Klein, M., *Note on Some Schizoid Mechanisms*, 1946.（クライン「分裂的機制についての覚書」メラニー・クライン著作集4『妄想的・分裂的世界』小此木啓吾・岩崎徹也編訳，誠信書房，1985）

第8章

1）Wagner, E. E., Structural analysis : A theory of personality based on projective techniques. *Journal of Personality Assessment*, 1971, 35, pp.422-435.
2）同。
3）Wagner, E. E., Personality dimensions measured by projective techniques : A formulation based on structural analysis. *Perceptual and Motor Skills*, 1976, 43, pp.247-253.
4）Greene, R. S., Study of structural analysis : Comparing differential diagnoses based on psychiatric evaluation, the MMPI, and structural analysis of the Hand Test and Rorschach. *Perceptual and Motor Skills*, 1978, 46, pp.503-511.
5）山上栄子「分裂病者における投影法についての一考察——風景構成法，ロールシャッハ，ハンドテストの有効性と限界」『芸術療法学研究』24巻，1993, 30-40頁。
6）池田豊應『臨床投映法入門』ナカニシヤ出版，1995。
7）Wagner, E. E., The Hand Test : Manual for administration, scoring and interpretation, Los Angeles : Western psychological Services, 1962.
8）Wagner, E. E., *The hand test manual (rev. ed.)*. Los Angeles : Western Psychological Services, 1983.

9) 前掲, Structural analysis.: A theory of personality based on projective techniques.
10) 前掲, Personality dimensions measured by projective techniques: A formulation based on structural analysis.
11) 同。
12) 前掲, *The hand test manual (rev. ed.)*.
13) 前掲「分裂病者における投影法についての一考察——風景構成法, ロールシャッハ, ハンドテストの有効性と限界」『芸術療法学研究』。
14) 前掲, Structural analysis: A theory of personality based on projective techniques.
15) Rorschach, H., Psychodiagnostik: Methodik und Ergebnisse eines wahrnehmungsdiagnostischen Experiments. Deutenlassen von Zufallsformen: Hans Huber, 1921. (ロールシャッハ『新・完訳 精神診断学——形態解釈実験の活用』鈴木睦夫訳, 金子書房, 1998)
16) Piotrowski, Z. A., *Perceptanalysis*. New York: Macmillan, 1957. (ピオトロフスキー『知覚分析』上芝功博訳, 新曜社, 1980)
17) 前掲, Structural analysis: A theory of personality based on projective techniques.
18) 前掲, *The hand test manual (rev. ed.)*.
19) 吉川眞理「投影法ハンドテスト研究序論」『山梨大学教育学部研究報告』45号, 1994, 184-191頁。
20) 佐々木裕子「日本におけるハンドテストのカード特性について」『福岡教育大学紀要』第48号, 第4分冊, 1999, 215-228頁。
21) 前掲, Structural analysis: A theory of personality based on projective techniques.
22) 前掲, *The hand test manual (rev. ed.)*.

第9章

1) Brun, J., *La main et l'esprit*. Paris: Presses Universitaires de France, 1963. (ブラン『手と精神』中村文郎訳, 法政大学出版局, 1990)
2) Betz, O., *Der Leib als sichtbare seele*. zürich: Dieter Breitsohl, 1991. (ベッツ『象徴としての身体』西村正身訳, 青土社, 1996)
3) 前掲, *La main et l'esprit*.
4) 『密教の本——驚くべき秘儀・修法の世界』学習研究社, 1992。107頁。
5) タイム・ネーチャー・ライブラリー『原始人』改訂版, タイム・ライフ・ブックス編集部編, 寺田和夫訳, タイム・ライフ・ブックス, 1975。
6) Sacks, O., *Seeing voices: a journey into the world of the deaf*. Berkeley: University of California Press, 1989. (サックス『手話の世界へ』佐野正信訳, 晶文社, 1996)
7) Greenberg, J., *In this sign*. New York: Holt. Rinehart and Winston, 1970. (グリーン『手のことば——聾者の一家族の物語』佐伯わか子, 笠原嘉訳, みすず書房, 1997)
8) Neumann, E., *Kunst und schopferische Unbewusstes*. Zürich, Rascher Verlag, 1954. (ノイマン『芸術と創造的無意識』氏原寛, 野村美紀子訳, 創元社, 1984)

9) Freud, S., Gesammelte Werke, Chromologisch Geordnet, London: Image Publishing Co. Ltd., 1947. (S.フロイト『芸術論』高橋義孝，池田紘一訳，日本教文社，1970)
10) 前掲『芸術と創造的無意識』。
11) 坂崎乙郎『夜の画家たち――表現主義の芸術』講談社，1978。
12) 立原道造『立原道造全集』角川書店，1972。
13) 山上栄子「立原道造論 (1) ――そのメルヘン性」『日本病跡学雑誌』22, 1981, 68-74頁。
14) Bowlby, J., *Attachment and loss*. London: Hogarth P.: Institute of psycho-Analysis, 1969. (ボウルビィ『母子関係の理論』黒田実郎ほか訳，岩崎学術出版社，1976)
15) 大手拓次『大手拓次全集』白鳳社，1971。
16) 山上栄子「大手拓次論――空想の狩人として」『日本病跡学雑誌』32巻, 1986, 47-54頁。
17) 河合隼雄『イメージの心理学』青土社，1991。
18) ワグナー，私信，1997。
19) Raphael. B., When disaster strikes: how individuals and communities cope with catastrophe. New York: Basic Books, 1986. (ラファエル『災害の襲うとき――カタストロフィの精神医学』石丸正訳，みすず書房，1989)
20) Lazarus, R. S., Measuring stress to predict health, 1990. (ラザルス『ストレスとコーピング――ラザルス理論への招待』林峻一郎編訳，星和書店，1990)
21) McCully, R. S., Rorschach theory and symbolism: a Jungian approach to clinical material. Baltimore: Williams & Wilkins, 1971. (マッカリー『ロールシャッハ象徴学』片口安史，金城朋子，沢見茂春訳，新曜社，1977)
22) 坂部恵『「ふれる」ことの哲学――人称的世界とその根底』岩波書店，1983。
23) Winnicott, D. W., *Playing and reality*. London: Tavistock Publications, 1971. (ウィニコット『遊ぶことと現実』橋本雅雄訳，岩崎学術出版社，1979)

　　　　　　　　　　あ と が き

　E. E. ワグナーによる『ハンドテスト・マニュアル』（山上栄子，吉川眞理，佐々木裕子共訳，誠信書房，2000）を翻訳した3人によって，日本の心理臨床場面でハンドテストを用いようとする臨床家のニーズに応えるために，マニュアルだけでは十分に理解しにくい施行や解釈の細部の解説やその臨床的適用の際の留意点や成果について，臨床事例を織り込みながら紹介する本書の企画が出発した。
　世代やバックグラウンドの異なる3人の臨床心理学徒がそれぞれにハンドテストと出会い，ハンドテストを携えて心理臨床実践を積み重ねて，それぞれのアプローチで臨床心理の研究者としての道を歩んできた。その道がちょうどひとつに交わったのが，『ハンドテスト・マニュアル』翻訳の共同作業であった。詳しい経緯については『ハンドテスト・マニュアル』の解説「ハンドテストの歴史と新たな可能性の展望」（前掲，ワグナー，2000所収）を参照されたいが，このマニュアルが日本において刊行されたことで，多くの心理臨床家や臨床心理学徒がハンドテストに触れる機会が増すことになった。またハンドテスト図版やスコアリング・シート（代理販売：誠信書房）も国内で入手できるようになり，ハンドテストを臨床場面や研究に用いることが可能になったのである。
　しかし，同時にハンドテストが間違った理解のもと，間違った方向で活用されるのではないかという危惧もまた生じることになった。ハンドテストは，簡便な投映法であるため初心者にも施行しやすい。また標準化作業や妥当性研究が蓄積されており，さまざまな診断群に特徴的な反応なども明らかにされている。これらはテストの長所である反面，それゆえに安易にハンドテストを単独でスクリーニングに用いたり，マニュアルの各スコアに対する解説を何らの吟味なしに取り入れた心理所見が書かれることで，被検査者が不利益を被る危険が発生することになる。これを防ぐために，マニュアルにおいても，ハンドテストは「用途の広い臨床的な補助テスト」と位置づけられ，ほかの診断アセス

メント用具と組み合わせて使うように勧告されてきた。しかし，何より重要なことは，これを用いる検査者自身の，本テストに対する理解および心理アセスメントに対する心構え，そして得られたデータをもとに被検査者の人格を尊重しつつ，その内的体験の推論につとめる共感的な感覚であろう。この点について，本書が日本の臨床心理学徒および心理臨床家の理解をさらに深めるための一助となれば真に幸いである。

　いわば，ハンドテストは，投映法についての安直な理解が招く過ちやその危険性について私たちに問いかけてくれるテストである。私たち三人はその問いを受けとめ，三者三様のかたちでこれに答えようとしてきた。そして，その答えは未だ完全なものとはいえない。本書の発表を機会に，読者諸氏よりご指摘を受ける部分も多々あると思われる。これらのご指摘をもとに，ハンドテストに向き合う心理臨床家としての私たちの姿勢を，また新たに問い直していきたいと考えている。

　第1章「ハンドテスト入門」，第2章「ハンドテスト・スコアリング体系と解釈の検討」，第3章「ハンドテストQ＆A」（分担），第5章「学校臨床におけるハンドテスト」，第7章「ハンドテストにおける投映のプロセス」を担当した吉川は，スクールカウンセリングの現場においてハンドテストを活用している。その基礎となる研究をまとめた論文によって，このたび学位を取得することができた。その論文の一部が，本書の目的に沿うように修正を加えて本書に収められている。学位取得の背景には，京都大学大学院の岡田康伸教授，桑原知子助教授，皆藤章助教授の労を厭わないご支援があった。3人の先生方に深く感謝を申し述べたい。また，教育学研究科長として学位授与式に臨席してくださった山中康裕教授から受けた長年のご指導にも心からの感謝をお伝えしたい。

　第3章「ハンドテストQ＆A」（分担），第4章「精神科臨床におけるハンドテスト（1　精神科臨床における心理査定の実際とハンドテストの位置づけ，2　精神科臨床事例：分担）」，第9章「象徴としての手」を担当した山上は，これまで積み重ねてきた心理臨床実践と研究の流れにひとつの形を与えるべく，現在，英国ハートフォードシャー大学大学院に留学して芸術療法の研鑽を積み，アートセラピスト資格（英国国家資格）取得予定である。本書の装丁

に用いられた和風の斬新な手のデザイン画は，前回の『ハンドテスト・マニュアル』の表紙と同じく山上の作品であることを申し添えておきたい。

　第3章「ハンドテストQ＆A」（分担），第4章「精神科臨床におけるハンドテスト（2　精神科臨床事例：分担）」，第6章「ハンドテスト図版の特徴」，第8章「テスト・バッテリーとしてのハンドテスト」を担当した佐々木裕子は，2002年3月より，文部科学省在外研修で米国アクロン大学客員研究員として10カ月の滞在中である。アクロン大学はハンドテストを考案したワグナー博士が在職していたハンドテスト研究の拠点であり，現在その後を引き継いでいるウィーラー助教授からハンドテスト研究の最先端を学ぶことが研修の目的である。今回，本書をまとめるにあたって不明な点を，ウィーラー助教授やワグナー博士に質問して確認する作業を引き受け，米国の研究者とのつながりを保つ上で重要な役割を果たしてくれている。この場であらためて私たちの些細な質問にいつも即座かつ丁寧に返答を下さるワグナー博士，ウィーラー助教授に謝意を表したい。

　振り返ると，同じハンドテストに向き合いながらも私たち3人は，それぞれに個性ある歩みを続けてきた。ひとつのテストに対する情熱を共通項とする3人がチームを組み，それぞれの貢献が組み合わさって本書をなすことになった。こうして本書が世に出ることを喜び，このような私たちの研究を支援してくださった多くの方に感謝したい。とりわけハンドテスト研究の先駆者である箕浦康子先生が，時代の求める新しい研究テーマに次々チャレンジされながらも，一方で何十年と同じテーマに取り組む私たちへの応援を続けて下さることは大変心強いことである。

　また，『ハンドテスト・マニュアル』の刊行に続く本書の出版については，河合隼雄先生に大変お世話になった。日本心理臨床学会理事長として臨床心理士資格の問題に取り組まれながら，文化庁長官までお引き受けになった超御多忙のなか，地道な臨床心理学の研究にも目を向けて力惜しまずに御支援を下さる先生の無尽のエネルギーに，私たちは大いに助けられ，かつ励まされている。

　そして，3人が臨床場面で出会い，このハンドテスト場面をともにした多くの方々に感謝をささげたい。本書が，この多くの方々の協力をより多くのユー

ザーに対する心理専門的サービスの質の向上へとつなげるものとなれば幸いである。また，本書の性質上，本書に掲載された事例については，個人の同定ができないように修正が加えられている点についてご了解いただきたい。

　最後に本書の完成に至るまでの困難な道は，ひとえに誠信書房の柴田淑子社長のご理解ならびに松山由理子さんの根気強い導きがなければとうていゴールをみることはできなかった。忙しい心理臨床活動に従事したり，海外研修に出ているために連絡のとりにくかった私たちに，心あたたかく最後までお付き合いしてくださったご尽力に深くお礼を申し上げたい。

　　平成 14 年 8 月

　　　　　　　　　　　　　　　　　　　　　　　　　吉　川　眞　理

著者紹介

吉川　眞理（よしかわ　まり）：Mari Yoshikawa

1960年	生まれる
1982年	京都大学教育学部卒業
1989年	京都大学大学院博士課程単位取得退学
2001年	教育学博士
現　在	学習院大学文学部助教授（臨床心理学）
共著書	『臨床的知の探究』創元社，1988，『子どもの心身症』東山書房，1988，『臨床心理検査入門』東山書房，1988，『いまなぜ結婚なのか』鳥影社，1992，『日本人のヒューマンリレーション』宣協社，1996，『青年期カウンセリング入門』川島書店，1998，『臨床心理士のスクールカウンセリング――全国の活動の実際』誠信書房，1998，『キーワードで学ぶカウンセリング』世界思想社，1999
共訳著	C.G.ユング『子どもの夢』人文書院，1992 ワグナー『ハンドテスト・マニュアル』誠信書房，2000

山上　栄子（やまがみ　えいこ）：Eiko Yamagami

1946年	生まれる
1969年	神戸大学教育学部卒業
現　在	英国ハートフォードシャー大学芸術学部大学院（アートセラピー専攻）臨床心理士
共訳書	ワグナー『ハンドテスト・マニュアル』誠信書房，2000，A.フロイト『アンナ・フロイト著作集第5巻――児童分析の指針』（上）岩崎学術出版社，1984

佐々木　裕子（ささき　ひろこ）：Hiroko Sasaki

1968年	生まれる
1991年	筑波大学第二学群人間学類卒業
1996年	筑波大学大学院博士課程心理学研究科単位取得退学
現　在	静岡大学人文学部助教授（臨床心理学）
共訳書	ワグナー『ハンドテスト・マニュアル』誠信書房，2000

臨床ハンドテストの実際

2002年8月23日　第1刷発行　　　　定価はカバーに
　　　　　　　　　　　　　　　　　表示してあります

　　　　　　　　　吉　川　眞　理
著　者　　　山　上　栄　子
　　　　　　　　　佐々木　裕　子
発行者　　　柴　田　淑　子
印刷者　　　芳　山　光　雄

発行所　株式会社　誠信書房
☎ 112-0012　東京都文京区大塚 3-20-6
電話　03 (3946) 5666
http://www.seishinshobo.co.jp/

芳山印刷　協栄製本　　落丁・乱丁本はお取り替えいたします
検印省略　　無断で本書の一部または全部の複写・複製を禁じます
Ⓒ Yoshikawa, Yamagami & Sasaki, 2002　　Printed in Japan
ISBN4-414-40005-8 C3011

TAT― 絵解き試しの人間関係論
鈴木睦夫 著

絵を見て物語を作るとはどういうことかとか。それはどういう心のプロセスであって、どういう人間理解の地平を切り開くのか。パーソナリティ・テストとして、投映法テストの面白さと奥深さを教えてくれる書。

ハンドテスト・マニュアル
E・E・ワグナー著／山上栄子・吉川眞理・佐々木裕子 訳

手の絵の描かれたカードを見て「手が何をしているところか」答えるように求める。被検者の日常的な行動傾向を反映しており、主として人格の外向的な機能の対象選択やその効率性など推測できる簡便な投影法。

S―HTP法
三上直子 著

● 統合型HTP法による臨床的・発達的アプローチ

S―HTP法の成立過程、実施と評価の仕方、精神分裂病・うつ病・境界例などの臨床的研究、幼児から大学生までの発達的研究について一三五枚の絵から論述。

描画テストに表れた子どもの心の危機
三沢直子 著

● S―HTPにおける一九八一年と一九九七～九九年の比較

七六八名の統計データと一六三枚の絵により、この二十年間における子どもの心の変化を詳細に示す。予想以上の深刻な結果から、さまざまな問題が浮かび上がる。

誠信書房

氏原 寛 著
心理診断の実際

● ロールシャッハ・テストとTATの臨床的解釈例
ロールシャッハ六例、TATから三例の解釈例をとり上げ、プロトコルのもつ多様な情報の中から何を選びどのように被験者の人間像を描き出すかの手順を示す

大塚義孝 著
衝動病理学〔増補〕

● ソンディ・テスト 深層心理学と遺伝学との出合いの過程に誕生したソンディの運命分析学を基礎に、三十年に及ぶ著者の臨床的成果を衝動病理学として集大成。若き心理臨床家に向けて待望の増補版刊行成る。

鈴木睦夫 著
TATの世界

● 物語分析の実際 TAT反応は語り手の創造物であり、その人のパーソナリティに関する手がかりを豊富に含んでいる。従来、R・テストより使われることの少ないTATに関する考え方を一新した手引き書。

鈴木睦夫 著
TATパーソナリティ

● 26事例の分析と解釈の例示 著者はTATの事例集の通念を打ち破る26という多数の事例を興味深くテーマごとにまとめると共に、著者にして初めて可能な視点から、詳細にしかし限度を保って解釈している。

誠信書房

ハンドテスト・マニュアル

E. E. ワグナー著／山上栄子・吉川眞理・佐々木裕子 訳

　1950年代に考案された簡便な投影法。手の絵の描かれたカードを見て「手が何をしているところか」答えるように求める。被検者の日常的な行動傾向が反映されており，主として人格の外向的な機能の対象選択やその効率性など推測できる。初診検査用具として有効(**専門家に限定。直接販売のみ**)。

目　次
日本版への序
1983年版改訂に寄せて
◇第Ⅰ部　ハンドテスト・マニュアル
第1章　序論
第2章　テスト施行の実際とスコアリング
第3章　解釈
第4章　さまざまな診断群の指標
第5章　信頼性・妥当性と調節変数の検討
◇第Ⅱ部　児童・青年のためのハンドテスト解釈
第6章　児童・青年への適用
第7章　児童・青年を対象とする信頼性・妥当性の検討
第8章　児童・青年の解釈標準
第9章　事例研究
第10章　テストバッテリーにおけるハンドテストの実際
文　献
見　本
付　表　年齢別標準表
◇付　録　日本人の標準データ
付録Ⅰ　日本人のハンドテスト標準データ
付録Ⅱ　日本人のカードプル
　解説――ハンドテストの歴史と新たな可能性の展望／ハンドテスト追想／訳者あとがき
A5判上製282p

ハンドテスト・ピクチャー・カード

E. E. ワグナー作
WPS(Western Psychological Services)発行
日本発売元　(株)誠信書房
(専門家に限定。直接販売のみ)

ハンドテスト・スコアリング用紙

E. E. ワグナー作
山上栄子・吉川眞理・佐々木裕子　訳編
日本版　(株)誠信書房発行
(専門家に限定。直接販売のみ)

誠　信　書　房